U1069442

高职高专连锁经营管理专业规划教材

连锁经营采购管理

覃常员　编著

机 械 工 业 出 版 社

本书突出了实用性、操作性的特点。全书大部分篇幅阐述了实务性内容，但也不忽视对连锁经营采购管理的理论介绍。在充分吸收国内外连锁经营采购管理的理论成果和实践经验的基础上，还融入了作者本人的实践工作经验。本书共分十三章，包括连锁经营采购概述、采购计划管理、采购组织管理、采购人力资源管理，商品及服务市场调查、采购质量管理、采购数量和时机管理、采购价格与成本管理、采购验收流程、供应商管理、采购谈判和采购合同、采购绩效考核评估及采购方式的发展。为了便于教学，体现新的教学方法，引导学生积极思考、主动参与，本书在编写过程中采用了案例引导模式，每章前均有学习目标，章末都安排了案例分析题和丰富的习题。

本书可作为高职高专、本科二级院校、成人高校连锁经营管理专业的教材，也可作为在职人员学习、培训的参考用书。

图书在版编目（CIP）数据

连锁经营采购管理/覃常员编著. —北京：机械工业出版社，2009.2（2018.1重印）
高职高专连锁经营管理专业规划教材
ISBN 978-7-111-26027-1

Ⅰ. 连… Ⅱ. 覃… Ⅲ. 连锁商店—采购—商业管理—高等学校：技术学校—教材 Ⅳ. F717.6

中国版本图书馆CIP数据核字（2008）第214166号

机械工业出版社（北京市百万庄大街22号 邮政编码100037）
策划编辑：孔文梅 责任编辑：孙 聪
封面设计：鞠 杨 责任印制：李 昂
三河市宏达印刷有限公司印刷
2018年1月第1版第4次印刷
169mm×239mm · 18印张 · 337千字
8001—9900册
标准书号：ISBN 978-7-111-26027-1
定价：35.00元

凡购本书，如有缺页、倒页、脱页，由本社发行部调换

电话服务	网络服务
社服务中心：（010）88361066	教材网：http://www.cmpedu.com
销售一部：（010）68326294	机工官网：http://www.cmpbook.com
销售二部：（010）88379649	机工官博：http://weibo.com/cmp1952
读者购书热线：（010）88379203	**封面无防伪标均为盗版**

高职高专连锁经营管理专业
规划教材编审委员会

主任委员：靳和连

副主任委员：蒋　令　蓝伙金

秘书长：薛　威

委　　员：（排名不分先后）

黄　慧　胡红玉　李长霞　盛　梅　覃常员

王吉方　王　鹏　王晓阔　吴小梅　杨立佳

杨叶飞　郑　昕　孔文梅

序

随着我国改革开放的不断深入，我国商品流通体制发生了重大变化，特别是20世纪90年代以来，沃尔玛、家乐福等国外著名零售商大量进入我国，促进了我国零售业前所未有的发展和繁荣，每年保持着 8%～10%的增长速度。目前，超市、便利店、专卖店、快餐店等连锁商店比比皆是，连锁经营已成为我国最富有活力、发展最迅速的一种经营方式。

连锁经营业态以其特有的集约化经营、标准化运作、规模化发展、品牌化战略等科学有效的经营管理方法，催生了一个个商业神话：2002 年登上《财富》杂志全球500强榜首的沃尔玛，世界著名快餐连锁店巨头麦当劳、肯德基，中国家电行业的“航空母舰”国美电器、苏宁电器，等等，无不是借助连锁经营的优势快速发展壮大的。连锁经营正以惊人的速度快速向餐饮、零售、教育等不同行业渗透。

由于连锁业在我国发展的时间不长，尚处于摸索阶段，虽然经过几年的实践，在店铺发展、配送中心运作、采购系统有效控制、统一的销售体制推行等方面，积累了许多具有中国特色的经验，并培养和造就了一些连锁经营方面的管理人才，但是就整个连锁业而言，这些人才的数量还只是杯水车薪。尤其是当今世界已进入新经济时代和高度信息化时代，整个市场竞争呈现出明显的国际化和一体化趋势，连锁业面临日益激烈的市场竞争，这使本已匮乏的连锁经营专业化管理人才竞争加剧。而我国的连锁经营教育与连锁经营发展相比，显然十分滞后，如不加快连锁经营管理与技术人才的培养，人才匮乏必将阻碍我国连锁经营的发展，成为连锁发展的瓶颈。

而连锁业的人才教育，是多层次、多样化的教育。为保证连锁业发展所需要的各类技术和管理类连锁经营人才，在加强高等学校的高层次连锁经营与管理人才的培养教育的同时，更要通过高等职业技术院校培养造就大批第一线的连锁经营技术操作和运作管理实用型人才。

为迎合连锁业发展对人才的需要，全国多所高职高专院校协同规划了这套专业规划教材，并成立了高职高专连锁经营管理专业规划教材编审委员会。参与这套教材编写的人员大多是长期从事连锁经营管理、教学和研究的一线专家、教授和企业管理人员。这套规划教材介绍了最新的连锁经营管理理念与技术，吸收了国内外最新连锁经营实践经验和理论研究成果，具有简洁、实用和操作性强等特点，既可作为高职高专院校连锁经营管理专业课程的教材，也可作为各类、各层次学历教育和短期培训的教材，也适合作为广大连锁经营企业从业人员的学习参考用书。

由于连锁经营业在我国正处于成长发展阶段，各种新的论断、见解和理论多之又多，加之时间仓促，编者水平有限，书中难免有不足之处，恳请广大读者提出宝贵意见，以使这套教材与时俱进，保持其时代性和实用性。

高职高专连锁经营管理专业
规划教材编审委员会

前　言

目前，连锁经营正风靡全球，在欧、美等经济发达国家的商业领域占据了主导地位。20世纪90年代，连锁经营在我国大城市应运而生，上海、广东、山东、江苏、浙江成为我国连锁业发展最为迅速的地区，这些地区的连锁企业在占领本地市场后开始向外扩张。连锁经营已经成为我国最具吸引力的经营方式，连锁业也因此成为零售领域中最富有活力和发展潜力的行业。

作为现代连锁业三大核心技术之一的采购管理技术，直接关系到连锁企业是否具有核心竞争力，因而直接关系到连锁企业在激烈的市场竞争中是否能够生存，是否能够做大做强。

然而，采购管理作为一门学科引入我国的时间并不长，并且目前我国还没有真正形成一套完整的适合我国国情的连锁企业采购管理体系，许多方面还处于经验总结和理论探索阶段。这方面的参考书也非常少，更没有适合高职高专连锁经营专业及相关专业教学使用的教材。因此，作者在吸收国内外连锁经营采购管理理论及优秀连锁企业的先进经验的同时，结合自己多年经商中商品采购和担任连锁企业顾问的经验和体会，对优化采购过程，提高采购组织的管理水平等方面进行了探索性研究，在本教材中比较系统地阐述了采购业务中的谈判、采购合同、供应商管理和风险控制及绩效评估等内容。

本教材的实用性和操作性都较强，充分体现了“基本理论知识够用，注重实际运用与操作技能培养”的高等职业教育的特征。

为方便教学，本书配备了电子课件等教学资源，凡选用本书作为教材的教师均可登录机械工业出版社教材服务网 www.cmpedu.com 免费下载。如下载中出现问题，或对电子课件有宝贵建议，欢迎致电 010-88379375。

由于作者理论水平和实践经验有限，对有些问题考虑得还不够成熟，书中难免会有错误和不足，敬请广大读者多提宝贵意见。

编者

目　录

第一章 1

连锁经营采购概述

学习目标

技能目标：1. 学会将连锁经营采购原则应用于采购实践
2. 能够从采购实例中找出采购的程序和环节
3. 初步学会为连锁店构建商品结构

知识目标：1. 掌握连锁经营采购的概念
2. 明确连锁经营采购的特点、目标和主要内容
3. 了解经常采用的连锁经营采购方式

引导案例

国美的采购大订单

2000 年，国美㊀成功地与《经济参考报》联合在上海举办了集家电博览会、订货会、高峰研讨会三会合一的家电盛会，一举抛出 100 亿元人民币的采购大订单。国美此举受到业界广泛关注，海尔、长虹、TCL、康佳、美的、海信、创维、索尼、东芝、松下、LC 伊莱克斯、西门子、夏普等国内外近百家著名厂家的总裁悉数到场。这些在家电行业呼风唤雨的人物的到来，既是给国美捧场，带来了最能体现厂家实力的最新、最好的家电产品；同时也是借助这个难得的聚会，共论未来中国家电流行趋势，为家电市场把脉，引导家电潮流。由国美电器与《经济参考报》联合举办的上海展览会，有确定的 100 亿元人民币的订单等着企业来签订。在展览会的现场能够看到，参展的中外企业竞争非常激烈，只要有好的产品，就能拿到订单，展览会成为了签单的市场，而不只是产品的展场。

分析：

国美通过举办家电博览会来优化供应商结构，打破了原有的“今天采购一个

㊀ 目前中国最大的家电连锁经营组织。

品种、明天采购一个品种”的采购格局，在时间上加快了采购速度，在空间上缩短了采购进程，既发挥了自己作为一个大采购商的主动性，又大幅度降低了采购成本，充分体现了连锁经营采购的特点和优势。

第一节　采购及连锁经营采购

一、采购的涵义

所谓采购，一般认为是指采购人员或者采购单位基于某种目的（如转售）和要求而购买商品或劳务的一种交易行为，它具有明显的商业性。

狭义的采购就是指买东西，就是企业根据需求提出采购计划，制订方案，选择供应商，确定质量、价格、交货期、交货方式等，经过商务谈判，最终签订合同并按要求收货付款的一系列工作过程。

广义的采购是指除了以购买的方式占有物品之外，还可以用租赁、借贷、交换等途径取得物品的使用权，来达到满足需求的目的。

在一个大型的企业里，采购就其功能来讲不单单是采购员或采购部门的事，而是企业整体供应链的重要组成部分，是集体或团队的工作。同时采购也是物流的重要组成部分。

“购买”一词描述的是选购过程：了解需求，寻找并选择供应商，就价格和其他相关条款谈判，最后是确保货物运送。

“采购”一词的涵义比“购买”更广一些，它包括购买、储存、运输、接收。

“供应管理”或“供应链管理”通常是指采购部门为寻求更好的、更能迅速作出反应的供应商所作出的努力。目前，已经成功的企业正把他们的注意力转向建立世界级的供应网络。

购买、采购、供应、供应链管理，这些概念的使用随企业的不同而不同，所有这些概念的核心都是采购职能。本书主要论述连锁经营采购与供应管理定义中所包括的职能，重点放在货源选择、采购者与供应商的关系、决定支付价格以及满足企业顾客需求变动等方面。

需要特别说明的是：采购的对象不仅包括有形物品（商品），而且还包括无形的物品，这种无形的物品有服务、资本设备和运输等。例如，连锁经营企业需要的商品运输、包装、装卸、仓储等服务。这些采购成本其实是相当高的，但目前还没有引起大多数企业的足够重视。

二、采购的类型

采购的类型比较多，按照不同的标准，可将采购划分为不同的类型：

1．按采购制度划分

集中采购：由公司总部采购部门统一进行采购，总部的各部门、分公司及各工厂均无采购权责。例如医药连锁药店、连锁超市等，由总部进行统一采购。

分散采购：将采购工作分散给各需用部门自行办理。例如，传统的零售经营企业，就是由各门店或各商品部独立进行采购。

混合型采购：兼取集中、分散两者优点而成，凡属共同性商品，采购金额较大、进口品种较多的采购工作，均集中由总部的采购部办理；小额、临时性的采购，则授权分公司或各工厂执行。

2．按采购方式划分

直接渠道采购：直接向商品生产厂商进行采购。

间接渠道采购：通过代理商或批发商向商品生产厂商进行采购。

3．按采购地区划分

国内采购：是指企业以本币向国内供应商采购所需商品或劳务的一种交易行为。国内采购主要是针对货币而言的，并不是说采购的商品都是国内生产的，它可以是向国外企业设在国内的代理商采购所需商品或劳务，以本币支付，不以外汇结算。

国内采购又可分为本地采购和外地采购。通常情况下，采购人员首先应考虑本地采购，这样可以节省采购成本，减少运输，节约时间，同时又能保证及时供应；在本地市场不能满足需要时，再考虑从外地采购。

国外采购：是指国内采购企业，直接向国外厂商采购所需商品或劳务的一种交易行为。这种采购方式一般是直接向国外厂方咨询，或者向国外厂方设在国内的代理商咨询采购，主要采购对象为成套机器设备、生产线、在价格上有优势的产品，如进口汽车、农产品等。

国外采购的好处是选择的余地比较大，因而质量更有保证，性价比也更高。但是，国外采购也存在一些不足，例如交易过程复杂，影响交易效率；需要较高的库存，加大了储存费用；纠纷追索困难；无法满足急需交货等。尽管国外采购存在一定的风险，但当国外商品价格低、品质高、性能好、综合成本比国内采购低时，还是应该考虑国外采购。国外采购仍然是我国企业采购的一种重要途径。

4．按采购批量大小划分

大量采购：一次采购数量多的采购行为。

零星采购：一次采购数量少的采购行为。

5．按采购时间划分

长期固定性采购：是指采购企业和供应商通过合同，确定双方的交易关系，一般合同期在一年以上的采购行为。合同期内，采购方承诺在供应方那里采购其所需的产品，供应方承诺保证满足采购方在产品数量、品种、规格等方面的需要。

长期固定采购的优点是：有利于增强供需双方的信任，建立稳定的供需关系；有利于降低双方洽谈成本；双方的利益有明确的法律保证。但是，这种方式也存在一些不足：如果市场供求关系变化，采购方要求供应方调整价格有一定难度；合同数量固定，采购数量调整有难度；容易形成采购人员对供应商的依赖，如果在合同期内，有了更好的供货渠道，采购商也不能选择更好的供应商。长期固定采购可以使供需关系稳定，主要适用于采购方需求量大、需要连续不断的供货的情况。

非固定性采购：指采购企业和供应商通过合同，实现一次交易，以满足采购企业的需要的采购行为。非固定性采购双方之间关系不稳定，采购产品的数量、品种随时变化，对采购方来讲有较大的灵活性，能够依据变化的市场环境，调整供应商。但由于这种不稳定性，也会出现价格洽谈、交易及服务等方面的不足。

非固定性采购适用于：机器设备、车辆、电脑等非经常消耗物品的采购；由于供求关系变化，为弥补长期合同造成的供货中断，签订短期合同补充的产品采购；供应商和采购商都不希望签订长期合同的价格波动大的产品采购；农产品、新试制产品等质量不稳定的产品采购。

紧急采购：是指无计划的紧急采购行为。

6．按采购订约方式划分

订约采购：买卖双方根据订立合约的方式进行的采购。

口头电话采购：买卖双方不经过订约方式，而是以口头或电话洽谈方式进行的采购。

书信电报采购：买卖双方通过书信或电报而进行的采购。

7．按采购价格方式划分

招标采购：将采购商品的所有条件详细列明，刊登公告。投标供应商按公告的条件在规定时间内，交纳投标押金，参加投标。招标采购按规定必须至少有三家以上供应商报价，投标才可以开标；开标后原则上是报价最低的供应商中标；若中标的报价仍高过标底时，采购人员有权宣布废标，或征得监办人员的同意，以议价方式办理。

询价现购：采购人员选取信用可靠的供应商，将采购条件讲明，询问价格或寄送询价单并促请对方报价，比较后现价采购。

比价采购：采购人员请数家供应商提供价格，从中加以比较后，决定向哪家供应商进行采购。

议价采购：采购人员与供应商经讨价还价后，议定价格进行采购。

一般来说，询价、比价和议价是结合使用的，很少单独进行。

8．按采购的主体划分

采购主体即承担具体采购的人员，按采购主体不同，将采购可分为如下两类。

(1) 个人采购。个人采购一般是指消费者为满足自身需要而购买消费品的行为，如购买生活消费品。它实质上是一种购买活动，购买对象主要为生活资料，其特点为购买量小、品种少、购买过程简单。

(2) 组织采购。组织采购是指一个组织的采购行为，是为实现组织目标而发生的采购行为。组织可按照不同标准分类，但从组织的经济活动，特别是从采购的角度，一般可分为：家庭组织，通常的购买是以生活资料为主；政府、事业单位、军队，按照国家相关的法律、法规规定，在一定价值以上都应实行招标采购；企业组织是社会经济的主体部分，我们阐述的重点是企业采购。

企业采购一般分为生产企业采购和流通企业采购。生产企业采购是为了生产而采购，是一种生产性消费，因而采购对象以生产资料为主；流通企业采购是为了销售而采购，是一种生活消费，采购对象为生活资料。当然流通企业除了商业流通企业，还有物流流通企业、外贸流通企业等。这些企业又可以分为批发企业、零售企业、代理企业等。本书阐述的重点是商业流通企业采购，且对服务产品采购不进行重点阐述。

三、商业采购和消费者购买的区别

消费者购买是零买型的，即一般的商品都有很多供应商，每个客户都是在当前需求的基础上购买，并同时是所购产品或服务的最终消费者；产品价格可能会随供应商的不同而变动，这主要取决于供应商选择的营销策略；消费者可以自由选择产品质量和类型以及合适的供应商；除非是例外，否则单个顾客没有能力影响产品价格和营销方式，也无法改变由供应商所选定的生产企业，每个顾客的交易量占供应商销售总量的比例也非常小。

商业采购则通常是专业化的，并且采购规模一般都非常大。潜在的货源也很少，甚至可能在整个市场中也只有几个供应商能提供。很多采购企业的规模比他们的供应商大得多，因此在与供应商打交道的过程中可能会扮演多重角色。一方面，他们需要专门的技能来保证准确地满足需求；另一方面，为了达到连续而有效的运行效果，还需要有合适的体系和程序作保证。供应商每年都花费大量的投入来寻找各种途径说服采购人员购买其产品，所以采购部门必须花费足够的精力来抵御这种营销攻势，以确保企业现在和未来的需求能够被充分满足。在这种情况下，仅对来自供应商的外部压力作出反应是不够的，有远见的和长期的计划更加重要。只有这样，才能在计划的基础上，发现和满足企业未来的需求。

四、连锁经营采购的特点

连锁经营与商业集团或其他零售经营方式相比，在降低成本、提高效率、降低经营风险、标准化经营、树立企业形象等方面有其独特的优势。与此相对应，连锁经营的采购具备如下特点：

1．实行统一采购

连锁经营最大的特征是统一化，如统一的店名店貌，统一的广告、信息等。支撑着连锁经营的是价格优势，而价格优势则首先来自于统一进货，即统一采购。统一采购的特点决定了连锁经营必须建立总部采购组织和采购人员，进而进行人员责职分工，制定相应的规章制度及制衡机制，培训采购人员。相对来讲，连锁经营的采购专业化水平更高，实行统一采购可以更有效地规范采购行为，防止商业贿赂。

2．采用大批量订购

由于连锁经营规模甚大，加之实行统一采购，这使大批量订购成为可能。因为订购量大，厂家自然愿意低价供应并提供许多优惠条件。这样，大批量的订货确保了商品的最惠进价，并有利于物流配送，降低配送成本。

3．对生产厂商影响大

虽然也有连锁经营企业采取的是从生产到销售的一体化经营战略，但绝大多数连锁经营企业还是一种零售业态。其总销售量相对于一个供应商（生产厂商）的供应量（产量）来说是巨大的，因而在连锁经营企业与供应商之间，连锁经营企业处于优势地位，掌握着交易的主动权，在进货价格、品质上对生产厂商形成很大影响，这就是商家常说的“商大压厂”。所以，连锁经营企业在采购中可以主动选择供应商，而且往往是直接向生产厂家订购。同时，连锁经营企业也更有可能与生产厂家结成紧密的战略伙伴关系。

4．强调标准化

标准化是连锁经营的一大特征，它包括选址标准化，形象标准化，商品和服务标准化，销售标准化，陈列规模、方法标准化，商业票据、设施 、容器等标准化。

商品和服务的标准化使消费者无论在哪个连锁店都能享受到同样标准化的商品和服务。而要保证商品的标准化，采购就须强调商品的标准，尤其是质量标准。

5．统一的物流配送

如果没有统一配送，各分店建立自己的仓库，而店铺一般都选址在地价较高的商业地段，仓库成本就会极高，同时还需要建立自己的庞大的收验货队伍。这样库存成本和人员成本大大增加。而将统一的配送中心建在城郊地价较低的地段，供货商将商品统一送到配送中心，再由配送中心将商品送到各连锁店，同时向供货商按供货额收取一定比例的配送费，这样就可以很好地解决成本高的难题。由此可知，配送中心保证了商品的及时、适量供应。

6．更低的经营成本

首先，连锁经营采用统一采购，大批量订货，可以争取更多的商品价格折扣和优惠，使商品进价降低；其次，连锁经营总部建立了一套统一采购的组织机构，而不必像分散采购那样需各店建立自己的采购队伍，从而降低了采购费用；其三，配送中心的建立降低了连锁店仓储、收货费用；其四，连锁经营企业还可以获得商品供应商更多的进店费、年节赞助费、促销费等。总之，连锁经营与传统的商业集团化经营相比，经营成本更低。

以上特点主要体现了连锁经营采购的优势和长处，不过，连锁经营采购也存在着一些局限性。如采购流程过长，延误时效，难以适应紧急情况；对当地生产的、采购量不大的商品没有明显的优势；采购与需求单位分离，不能充分满足各连锁店的需要。

第二节 采购的决策与管理

一、采购方式

采购方式是指企业在采购中运用的方法和形式。从企业采购的实践来看，经常采用的是议价采购、比价采购和招标采购三种采购方式。

（一）议价采购

议价采购是指由采购企业与供应商双方直接讨价还价实现交易的一种采购方式，议价采购一般不进行公开竞标，仅向特定供应商直接采购。

议价采购通常是先由采购商向供应商分发询价表，邀请供应商报价。如果供应商报价基本达到预期的价格标准，即可签订采购合同，完成采购活动。议价采购主要适用于需要量大、质量稳定、定期供应的大宗商品的采购。

议价采购的优点是节省采购时间，节省采购费用；采购中心灵活性大，可依据条件变化，对采购规格、数量及价格等作灵活的调整；有利于和供应商建立互利互惠关系，稳定供需关系。

议价采购的缺点是缺乏公开性，信息不对称，这往往使价格较高，容易形成不公平竞争等。

（二）比价采购

比价采购是指在选定多家供应商的基础上，由供应商公开报价，最后选择报价最低的为企业供应商的一种采购方式。实质上这是一种供应商有限条件下的招标采购。

这种采购方式的优点是节省采购的时间和费用；透明度较高，能够防止采购腐败；采购过程有规范的制度。

其不足之处表现在：在供应商有限的情况下，可能出现串通报价，或是可能出现恶性抢标，使供应品种规格出现差异。

（三）招标采购

招标采购是指通过公开招标的方式进行商品和服务采购的一种采购方法。它是政府及企业采购中的基本方式之一。招标采购最大的特征是公开性，凡是符合资质规定的供应商都有权参加投标。

招标采购可分为政府招标采购和企业招标采购。在我国，政府招标采购应贯彻执行《中华人民共和国政府采购法》的相关规定，依法招标采购。公开招标采购的优点是有利于做到采购工作的“公开、公平、公正”；有利于形成符合市场的真实价格；有利于提高采购商品的质量；有利于采购方建立供应商的信息资源库，增大选择范围；有利于降低采购成本。

此采购方式的缺点是：采购费用较高；容易出现供应商合谋或者“抢标”；容易出现偷工减料，以次充好，影响产品质量；采购程序复杂，应变性差；存在底价被泄密的巨大风险。

公开招标采购主要适用于需求量大且标准化的商品，或者技术含量高的商品。

二、采购决策

所谓采购决策，是指企业采购人员为了实现一定的采购目标，对采购中一些重大问题进行比较选择并作出决定的管理活动过程。采购目标一般包括：

（1）保证供应商产品质量的不断提高。

（2）保证生产、经营活动的正常进行。

（3）实现采购的低成本。

（4）科学采购，保证合理库存。

（5）发展有竞争力的供应商，建立长期合作关系。

对于一个企业来讲，采购决策是否科学，将直接影响企业运作的成本。企业采购决策主要包括如下内容：

（1）供应商选择决策。

（2）采购品种、规格决策。

（3）采购价格决策。

（4）采购质量决策。

（5）采购数量决策。

（6）交货期（采购时机）决策。

（7）采购中的运输方式选择。

（8）采购货款结算决策。

三、采购管理

采购管理是采购人员制订采购计划、组织采购活动、协调采购行为并对采购活动进行控制监督的活动过程。显然，采购管理为采购活动提供支持，可以依据企业发展规划进行采购策略规划与研究，建立并优化与采购规模相匹配的采购流程组织及信息处理系统；可以学习世界先进的采购理论技术方法，编制、实施适合企业采购运作的操作规程，研究、制定、完善各种采购管理制度，帮助采购者检查单据、文档、发文等环节的误操作；还可以进行技术及行为规范的培训指导等。具体地说，采购管理应包括如下内容：

（一）采购业务管理

1．业务支持

（1）建立流程。采购管理部门首先要根据采购业务需求计划建立采购流程。

（2）建立组织。在建立流程的基础上建立采购组织，包括团队组成、人员配比、职责划分等。

（3）环境建设。它包括软硬件环境建设。软件环境包括信息系统、各种规章制度；硬件环境包括办公设备、物流设施等。

（4）日常服务支持。在采购组织的日常业务运作过程中，管理部门应提供采购行业信息服务、技术指导培训、内外关系协调工作等方面的支持。

（5）绩效测评。定期对采购业务进行绩效测评，考核采购人员的工作绩效，对先进者进行表扬，对落后者提出改进意见，同时对采购流程及组织与采购业务的匹配程度进行修正。

（6）业务正常运作。通过管理支持使得采购业务能够正常运作。

2．业务审核

（1）接收业务报告。审核人员收到采购员上报的报告，对于重要的报告文档要做好签收手续，如付款申请书等。

（2）合理性及正确性审核。审核人员首先审核报告内容的正确性，如订单合同是否与采购环境相吻合等，认证合同的合理性、付款申请书的正确性等。

（3）单证格式审核。审核报告文档格式，采购业务输出文档应采用统一的文档结构形式，避免单证格式混乱，给管理带来困难。

（4）审核意见反馈。如单证审核通过，可直接提交给采购部门主管，经批准进行操作；如果审核未通过，则提出存在的问题，使采购业务员进行优化调整。

3．优化调整

（1）采购业务人员分析商讨改进意见。对审核人员提出的意见加以分析研究，如重新核算相关采购数据的正确性。

（2）确定优化调整措施。措施有大有小，如采购商品名字错误，仅要修改几个字即可；有些需要花费较多的时间，如重新确定供应商的供应价格，这需要与供应商进行谈判解决。

（3）措施落实。按照确定的优化调整措施对业务单元报告进行更改。业务单元及其调整因素决定了过程的繁杂程度。

（4）形成业务新报告文档。采购人员重新整理打印一份业务文档报告。新报告文档要再次提交审核人员进行二次审核。审核人员对业务报告进行二次审查，确认无误后，则提交业务主管审核批准。

4．批准实施

（1）接收业务报告文档。接收审核人员提交的业务报告文档，根据业务的性质，有时会直接提交批准主管。

（2）一次批准。业务批准主管对业务报告进行审核，对于日常性作业报告，往往只需一次批准，即可付诸实施，如订单合同的批准、采购计划的审核批准等。

（3）多次批准。有些流水业务需要不同部门人员进行批准，如采购付款申请书，除了采购业务主管之外，还需要财务部门审批主管批准。对于重要的一次性、固化型业务报告，如流程建设等，一般需要两次或两次以上的批准过程，如认证合格的审核批准、流程制度的实施批准等。

（4）执行实施。采购付款申请书在完成全部程序后，即可进行向供应商付款的操作，通过银行向供应商付款，流程制度在审批通过后可由相关人员执行实施。

（二）采购组织行为

一个采购组织行为规范起码需要从采购流程、组织、规章制度三个方面考虑。

1．采购流程方面

采购流程的设计一般采用闭环方法，即实施、监控、反馈、优化。

采购操作过程中应注意以下事项。

（1）计划环节。计划制定要按照流程进行准确、合理地操作，尽量减少紧急订单。供应商比例分配要合理，坚持公正、公平的原则。

（2）认证环节。要全面正确地对供应商的商品供应绩效指标进行评价，商品的认证操作必须依据认证流程进行。

供应商应该拥有有效的营运执照，良好的资金（流动资金、融资能力等）和信誉（良好的历史表现等）状况、硬件设施（厂房、机器、先进工具等）、软件配置（流程、组织、技术等）等，这些都需要进行一系列的认证。

（3）订单环节。订单的操作必须按照订单流程进行。订单人员按照采购系统中的商品采购信息制订采购订单合同，由采购部对其价格、数量、付款条件、交货、售后服务等项目进行审核。

2．采购组织方面

（1）采购组织设计应坚持“多权分立，集中管理”的原则。

（2）采购组织整合应体现“流水不腐，经验传播”的思想。

（3）采购人员组成应体现“德为上，老中青搭配”的原则。

3．采购规章制度方面

采购规章制度主要包括以下几个方面：采购保密、采购谈判、供应商接洽、供应商考查、供应商行为、供应商处罚、采购信息数据管理、采购角色行为、采购物流管理、采购角色处罚管理。

（三）采购角色行为

采购角色的日常作业必须严格自律，依据采购流程、规章制度进行，坚持集体决策，禁止独断专行、利用虚假信息、采用欺骗手段等行为。

采购角色包括：主管、部门领导、计划人员、认证人员、签订订单人员、商品检验人员、管理人员等。

在从事采购业务及管理活动中，各采购角色都应以公司利益为重，保证公司采购的最大利益；在与供应商接触、谈判、签订合同、商品检验、业务审核等采购环节，都要按公正的原则办事。

公司的采购信息包括：商品供应商信息、价格信息、质量条款信息等。这些信息属于公司机密，是公司花费大量的人力和物力成本得来的，任何采购角色都有义务保护这些机密，不得有意或无意中泄露；绝不准许向竞争对手提供采购信息；绝不准许在任何其他公司采购部门兼职。

采购可能是公司资金流动最大的活动，任何采购角色禁止受贿，更不许集体作弊，采购部门应制定相关的处罚制度，特别是在以下几个环节要注意：

（1）采购角色可以参加供应商的礼节性招待活动，但档次、次数要适当，而且要有一次采购过程发生。

（2）采购角色可以接受具有广告性质的礼品，如一本日历、印有供应商广告的一件衬衫、一支笔等，但必须是供应商广泛赠送的；采购角色不允许接受供应商专制的特殊礼物，包括任何可能产生不正当关系的金钱赠予、特殊优惠、有价证券等。

（3）采购人员和供应商一起组织活动，是增进公司与供应商沟通的途径，但费用必须双方均摊；禁止参加任何不健康的活动。

（4）采购人员应拒绝任何可能损害采购利益的活动；对隐藏的行为不轨的供应商要警惕，如试图利用以往的关系走捷径、绕过公司流程的活动。

（四）供应商角色行为

供应商健康的发展、规范的行为是保证连锁经营企业商品正常供应的关键因素。

供应商和连锁经营企业在一起成长的过程中实现双赢，它们之间是战略伙伴关系。供应商必须具备良好的运作流程、规范的行为准则制度，对于管理混乱、行为规则不健全的供应商，连锁经营企业应坚决予以剔除。

供应商应遵守连锁经营企业制定的供应商行为准则；供应商应与连锁经营企

业签订保密协议；供应商必须遵守供应合同条款，按照规定的质量、数量、交货时间及优惠价格供货。

在日常的供应过程中，供应商可能使用以下不正当的手段获得额外利益：向采购角色行贿；通过欺骗手段得到指定供应商席位；邀请采购人员到不健康场所活动；串联供应商群体哄抬商品的价格；让采购角色拥有供应商企业的股份。

供应商应具备良好的售后服务意识：商品在装配、运输等过程中，可能因为各种原因导致商品的质量出现问题，供应商应该及时修理，或者现场维修，或者返回原处维修。供应商不应以任何借口拖延修理，让连锁经营企业蒙受损失；维修费用双方可以协商解决。

供应商应具备良好的质量改进意识，要认识到供应商品质量的改进就是为自己赢得更大的市场。

供应商应具备良好的供应风险意识，有些商品未来市场需求不确定，可能有大量的需求，也可能需求量很小，这就需要供应商具备一定的市场预测能力，将经营风险降至最低。

供应商应具备良好的人际沟通能力，在试制、供应等过程中应加强与采购角色的联系和沟通，就及时发现的问题进行协商，并及时解决。

第三节　连锁经营采购原则和程序

能否以合理的价格从供应商那里获得所需要的商品，将会决定连锁经营企业的命运。同样，采购商品的质量、数量、时机、服务、连续性以及改进等方面也对连锁经营企业产生重要影响。这更进一步地强化了采购对连锁经营企业高层管理的重大影响。20 世纪 90 年代后，我国国内连锁经营企业已经清楚地认识到，要想成功地与国内和国际上的连锁经营企业竞争，就必须要有一个有效益和高效率的采购部门。因为在商业企业中，采购商品的成本通常占企业全部费用的 80% 以上，所以，改进采购职能可以长久性地控制成本，从而赢得竞争优势。

一、连锁经营采购原则

为了达到连锁经营的总目标，连锁经营采购必须遵循以下几个基本原则。

1. 低价采购原则

连锁经营的价格优势来源于连锁经营的成本优势，而成本优势则主要来源于大量采购带来的低价格。因此，连锁经营采购必须确保低价。低价采购原则对采购者的要求主要有：

（1）多渠道询价。多方面打探市场行情，包括市场上同类商品的最高价、最低价、一般价等。

（2）比价。要分析各供应商提供商品的性能、规格、品质要求、用量等，以建立比价标准。

（3）自行估价。成立估价小组，由采购人员、技术人员、成本会计人员等组成，估算出符合品质要求的、较为准确的底价资料。

（4）议价。根据底价资料，市场行情，供应商用料的不同，采购量的大小，付款期的长短等与供应商议定出一个双方都能接受的合理价格。

2. 适时采购原则

现代企业竞争非常激烈，采购计划的制订要非常准确，该进的商品没有及时购进，就会造成店铺缺货，增加管理费用，影响销售和信誉；太早采购，又会造成商品和资金的积压、场地的浪费，所以依据销售计划制订采购计划，按采购计划适时地采购商品，既能使销售顺畅，又可以节约成本，提高市场竞争力。

3. 适质采购原则

采购商品的成本是直接的，所以每个公司领导层都非常重视，而品质成本是间接的，所以就被许多公司领导层忽略了，高品质往往伴随高价格，而消费者追求的是“价廉物美”，因此，连锁经营采购中不能片面追求商品的高品质，要在商品的品质与价格之间找到一个平衡点，这就是适质采购原则。遵循这一原则可避免如下情况发生：

（1）由于品质问题，经常退货，造成各种管理费用增加。

（2）经常退货，造成经常性的销售计划变更，增加销售成本，影响交货期，降低信誉和产品竞争力。

（3）品质不良，需增加大量检验人员，增加成本。同时，商品品质不良率增长，客户投诉及退货增多，付出的代价就高。

（4）品质最优，价格过高，超过消费者的购买力，几乎无人购买，造成库存积压甚至损失。

4. 适量采购原则

采购量多，价格就便宜，但不是采购的数量越多越好，资金的周转率、仓库储存的成本都直接影响采购总成本，所以应该根据资金的周转率、储存成本等综合计算出最经济的采购量。

5. 就近采购原则

供应商离自己公司越近，运输费用就越低，机动性就越高，协调沟通就越方便，成本自然就越低了；反之，成本就会越高。

二、连锁经营采购的程序

在企业建立一个高效的采购系统是保证市场经营活动正常进行的重要环节。因此，采购流程设计一定要科学合理，反映采购活动内在的逻辑关系，并且要为应用现代计算机系统进行管理奠定基础。

采购程序通常包括如下九个步骤。

1. 发现需求

发现需求是采购行为产生的前提。企业采购需求通常是以商品使用部门提出采购申请单的形式，说明需要什么，需要多少，何时需要。企业内部不同的职能部门提出的采购申请也不同，这里主要是指保证连锁经营企业正常销售所需商品的采购需要。企业应制订统一规范的“请购单”，以便明确责任，防止出现商品供不应求或库存积压过多的情况发生。请购单的内容应包括：申请部门、编号、预算额、日期、需要数量、需要日期等。

2. 分析需求、制订采购计划

商品请购者的需求确定后，为了采购部门工作能顺利进行，要求对申请采购的物品细节进行详细描述，在描述时应采用统一术语，以防止理解上的错误。为了保证术语的统一，采购部门应制订一份经常采购物品目录表，并将其输入计算机以便进行统一的管理。

在需求分析的基础上，采购部门应制订一份采购计划，包括市场采购资源分析、商品价格调查、供应商分析、采购方式、采购时机、日程计划、运输方式选择、交货结算等。

3. 选择供应商

选择供应商是采购流程中的关键环节，应选择信誉好、产品质量高、交货期有保证的供应商，接着就要和供应商联系，联系方式可采取派人前去采购看样，也可以通过电话、电子邮件联系，能实现电子商务采购则更好。

4. 洽谈价格、签订采购合同

洽谈价格是采购的重要环节。通过反复讨价还价的洽谈过程，就质量、数量、交货期、货款支付方式、违约责任等取得一致，在互利共赢的基础上，签订采购合同，以实现成交。

5. 采购订单安排

采购订单是采购商向供应商发出的书面通知，是在价格洽谈达成后签订合约的基础上下达的，同样具有法律约束力。一般公司都有设计好的采购订单，但在洽谈中还须进行关键条款的修改，并且以最后双方认可的条款为准。采购订单的主要项目包括：分类编号，发单日期，供应商的名称、地址、电话，采购商品的名称、规格、数量、质量、发货日期、运输要求、价格、货款支付方式、违约责任等。

6. 订单跟踪

采购订单得到供应商确认后，采购商的主要任务就是订单的跟踪及催货。跟踪是采购人员对订单进行的例行工作，目的是促使供应商能够履行合同承诺，确保货物准时发运、准时到达。

7. **接收和验货入库**

供应商按承诺发货后，采购商负责接收和验货入库的人员应做好接货准备，这项工作一般由仓库管理部负责。接收管理员须填写收货单，上面应载明收货日期，供应商名称，商品数量、规格等主要内容。

8. **货款结算**

在收到供应商的货物，并进行了验收入库以后，保管部门应将收货单一联反馈给采购部门，二联反馈给财务部门，三联反馈给供应商以备查询，四联留作存根。采购部门依照验收入库单，便可通知财务部门按照合同规定向供应商支付货款。支付方式可以是现金，也可以是支票，通常情况下以支票支付。

9. **采购资料归档**

经过以上流程，企业完成一次系统的采购活动，当这次采购工作结束后，要进行采购工作总结及采购文件、资料的分类归档，并做好长期保管工作。通常采购部门档案管理主要有如下工作：对采购合同及采购订单进行分类编号；验收入库单；核实供应商记录。

第四节　连锁经营采购的地位和作用

对于连锁经营企业的采购来说，采购已不仅是买东西那么简单，它是一个专业性很强的活动。采购管理在供应链企业之间的原材料、半成品及成品生产、销售方面架起一座桥梁，沟通市场需求与生产供应的联系，是连锁经营管理的核心内容，更是企业获取经营利润的一个重要源泉。

一、连锁经营采购的地位

在现代连锁经营企业的经营管理中，采购已变得越来越重要。一般情况下，企业产品的成本中，外购部分比重较大的约为60%～70%。因此，采购成功与否在一定程度上影响着连锁经营企业的竞争力，采购与采购管理往往是竞争优势的来源之一。随着全球市场一体化和信息时代的到来，专业生产能够发挥更加巨大的作用，这导致连锁经营企业采购的比重大大增加，即战略性地决定着企业的运作环节，战略性地决定着产品组成件的来源及区域分布，也使采购及其管理的作用提升到一个新的高度。

1. **连锁经营采购在成本控制中的地位**

由于信息高度发达与世界经济高度自由化的结果，过去企业借助技术领先、市场垄断等所塑造的超额利润正快速消失，加上保护消费者权益的呼声日益升高，偏高的产品售价将在保护弱者的呼声下逐步下挫，最终导致企业必须以“买”的途径——降低采购成本，来代替“卖”的方法——提高售价，以达到提升利润的目的。连锁经营采购实行的是统一采购，采购量大，具有规模经济效益，能够大大降低采购成本。

2．**连锁经营采购在供应中的地位**

从商品生产和交换的整体供应链中可以看出，每一个企业都既是顾客又是供应商，任何企业的最终目的都是为了满足最终顾客的需求以获得最大的利润。企业要获取较大的利润，可采取的措施很多，如降低管理费用、提高工作效率等。但是，企业一般都能想到的是加快商品和信息的流动。因为加快商品和信息的流动就可以提高生产效率，缩短交货周期，从而企业可以在相同的时间内创造更多的利润；同时，顾客也会因为企业及时、快速的供货而对企业更加有信心，可能因此而加大订单。这样一来企业就必须加强采购的力量，选择恰当的供应商，并充分发挥其作用。连锁经营采购依靠其统一的物流配送，能够大大降低物流成本费用，缩短交货时间，提高经营效率。

3．**采购在连锁企业经营中的地位**

随着现代经济的发展，许多企业都将供应商看作是企业自身研发与生产的延伸，从而与供应商建立合作伙伴关系，在自己不用直接进行投资的前提下，充分利用供应商的能力为自己开发生产产品。这样一方面可以节省资金，降低投资风险；另一方面又可以利用供应商的专业技术优势和现有的规模生产能力以最快的速度形成生产能力，扩大产品生产规模。现在很多企业对供应商的利用范围逐渐扩大，从原来的局限于原材料和零部件扩展到半成品，甚至于成品。连锁经营采购对生产厂商影响很大，连锁经营企业往往是直接向生产厂家订购。连锁经营企业更有可能与生产厂家结成紧密的战略伙伴关系，具有联合优势，能够最大限度地共享资源，节约投资。

二、连锁经营采购的作用

1．**提高质量**

连锁经营采购强调商品的标准化，通过不断改进采购过程以及加强对供应商的管理，可以提高采购商品的质量。

2．**控制成本**

连锁经营采购成本的高低是衡量采购是否成功的重要指标。因此，在采购过程中必须控制和减少包括直接采购成本和间接采购成本的采购相关成本。直接采购成本的减少是指对商品采购价格的控制和降低。直接采购成本的控制和降低可以通过提高采购工作效率、定期谈判、优化供应商、实施本地化采购、与供应商共同开展改进项目等途径来实现。间接采购成本则可以通过缩短供应周期、增加送货供应商参与产品开发和过程开发等方法来降低。连锁经营采购实行的是统一采购，采购量大，具有规模经济效益，能够大大降低采购成本。

3．建立供应配套体系

建立可靠、最优的供应配套体系也是企业连锁经营采购的任务。一方面要减少供应商的数量，使采购活动尽量集中，降低采购成本；另一方面要避免依赖独家供应商，防止供应商借助垄断优势而提高价格。连锁经营采购在选择供应商方面具有更大的自主性：同时建立了统一的物流配送，保证了商品及时、适质、适量地供应。

4．与供应商建立合作关系

连锁经营采购还有一个重要任务是利用供应商的专业优势，让其积极参与产品开发或过程开发，这样一来，供应商就被纳入到连锁经营企业自身的整体经营中了。连锁经营采购对生产厂商影响大，更有可能与生产厂家结成紧密的战略伙伴关系。

5．树立企业形象

企业还需要通过采购工作建立和维护企业的良好形象。因为采购是企业的对外工作，采购部门代表着企业的形象，因此采购部门必须以公正良好的态度发展企业同供应商的关系，树立企业的优秀形象。连锁经营采购强调商品的标准化，统一品牌、统一经营风格，因而更加有利于树立企业形象。

6．信息管理

连锁经营采购还有管理、控制与采购相关的文件和信息的任务。从采购管理的角度来讲，其他的职责还有制定并实施采购的方针、政策、目标及评估体系，开展采购体系的自我评估，同其他单位的采购水平进行比较，以不断提高整体采购水平，建立、培养稳定有创造性的专业采购队伍，与其他单位共享采购资源，开展“杠杆采购”等。连锁经营采购通过建立自己的采购、配送信息系统，及时掌握各连锁店商品的动态变化，起到信息管理的作用。

第五节 连锁店开业前后的采购作业流程

一、连锁店开业前的采购作业

连锁店获得成功最关键的因素之一就是采购人员选择适销对路的商品，以较低的价格、充足的货源及吸引人的促销活动展现在顾客的眼前，让顾客为连锁店传送好的口碑，增加新客流及老顾客回流率，采购作业在此起着决定性的作用。连锁经营采购在开店前的重点工作如下：

1．构建商品的结构

这项工作有赖于采购人员对市场的了解，并透过各种信息，通过各种手段将这些适合目标顾客群的畅销商品引进。新开张的连锁店在构建商品结构时，应参照“商品结构表”所制订的参数。采购人员构建商品结构的程序如下：

（1）选定竞争对手。连锁店的竞争对手除了同类型的连锁店外，还包括连锁店目标顾客群最常去购物的地方，例如，批发商场、农贸市场、本地生意较好的专卖店、便利店或百货公司等。

（2）记录竞争对手价格。市场调查是构建商品结构工作的重中之重。市场调查越彻底、越细微，日后的工作就越有效益。俗话说：知己知彼，百战百胜。按商品群记录竞争对手所销售的品牌、商品描述、规格或包装、价格和促销及排面的情况。市场调查时，可将各种情况简单记录在小纸上，然后整理成新开店前的市场调查报告。

（3）收集兄弟连锁店的价格资料。经由区域经理或采购本部收集各兄弟连锁店的商品明细表，将各连锁店的商品资料整理成为开店前的市场调查报告，作为日后构造商品结构及交易采购的依据。

（4）初步构建商品结构。按照总部制订的“商品结构表”并参考开店前的市场调查报告及竞争对手排面较大的商品作为日后选择商品及采购的依据。

（5）组织货源。通过市场调查商品包装上的电话，地方工商局的信息，其他供应商所提供的信息，以及招商大会等，寻找供应商的资料，并积极与其联系。避免通过买空卖空的皮包公司或中间商进货，否则质量无法保障，价格也没有优势。

2．与供应商协商交易条件

在同一种商品有两家以上的供应商的情况下，采购人员应分别在公司洽谈室约见这些供应商，提供一份供应商名册，给有潜力的供应商参考，并概述连锁店的背景及发展前景，就采购商品的交易条件进行协商。采购前，请这些供应商报价，报价时，供应商应填写“供应商基本资料表”、“供应商简介”、“供应商报价单”、“新供应商问卷调查表”及“新供应商产品问卷调查表”。成功的采购要依靠公司实力、采购技巧、对供应商的尊重、诚实守信、耐心与毅力等。成功的采购并不一定一蹴可及，一次完成，越好的供应商越需要更多的采购谈判技巧。

二、连锁店开业后的采购作业

连锁店开业后的采购工作与开业前有很大差别。开业前一切都是未知数，一切都需要摸索、调查和预测、估计，需要大量的市场调查及采购工作，并且还要构建一个较理想的商品结构，然后在开业前按公司的业绩指标实施大量进货。

开业后，顾客的需求可从销售数据上反映出来，采购工作在此时必须要有质与量的转变。采购的终极任务就是把销售、毛利额及其他收入最大化，采购的一切工作都围绕这三方面进行。

为达成采购的任务，连锁店开店后的采购工作应分为五大项，每一大项各占五分之一的时间，它们是：市场调研、商品销售快讯、订购、服务、行政。

良好的采购作业必须要能善用时间。凡事必须有轻重缓急之分，凡是对自己任务达成最关键的事情都要最优先处理。

在采购作业时，最好准备一个记事本，预先记录已预定好的工作事项，如此工作才能有条不紊，达到事半功倍的效果。无论如何，这五大项工作都应平均分配，而不能只做某一项。这里重点介绍市场调研工作，市场调研的内容包括：

（1）参加相关展销会，了解市场趋势。

（2）调查竞争对手的商品结构、价格、包装、质量、促销、货源、陈列方式等。

（3）开发新的供应商，改善商品结构，增加销售、利润与其他收入。

（4）与新老供应商研究市场的现状与发展趋势，以及业绩、毛利增长点。

（5）与采购本部、生鲜本部、商品本部或各同业公司的对口采购人员交流成功的经验。

商品销售快讯就是将各种商品销售情况及时统计，为采购决策提供依据。

订购就是直接与供应商沟通联系，告之须购进商品的种类和数量，并按原来的价格和其他条件采购，无需再谈判、协商。

服务既包括对供应商的供货提供服务，又包括对连锁店其他部门提供进货、理货、储藏等服务。

行政是指采购工作中除了上述几项工作之外的组织、协调、控制、监督等活动。

本章小结

购买、采购、供应等概念的使用，随企业的不同而不同，但是，所有这些概念的核心都是采购职能。

采购的类型纷繁多样，常见的划分标准有：按采购制度划分——集中采购和分散采购；按采购方式划分——直接渠道采购和间接渠道采购；按采购地区划分——国内采购和国外采购；按采购批量大小划分——大量采购和零星采购；按采购时间划分——长期固定性采购、非固定性采购和紧急采购；按采购订约方式划分——订约采购、口头电话采购和书信电报采购；按采购价格方式划分——招标采购、询价现购、比价采购和议价采购；按采购的主体划分 ——个人采购和组织采购等。

采购管理的职能正在发生变迁：从以交易为基础的战术职能发展到以流程为导向的战略职能。

连锁经营采购具有实行统一采购、大批量订购、对供应商影响大、强调标准化、统一的物流配送、更低的经营成本等特点。

连锁经营采购一般要求遵循五大原则：低价、及时、适质、适量和就近。

企业采购决策主要包括：采购价格决策，采购质量决策，采购数量决策，采购品种、规格决策，供应商选择决策，交货期决策，采购中的运输方式选择，采购货款结算决策。

采购管理中决策的特点是种类繁多和条件的不确定性。风险是采购决策中的一个关键变量。

采购在成本控制、供应链及企业经营中处于非常重要的地位。其作用表现在提高质量、控制成本、建立供应配套体系、与供应商建立合作关系、树立企业形象、信息管理等方面。

连锁经营采购的程序为：发现需求，制定采购计划，选择供应商，洽谈价格、签订合同，采购订单安排，订单跟踪，接收和验货入库，货款结算，采购资料归档。

连锁店开业前的采购作业重点是构建商品的结构，与供应商协商交易条件；连锁店开业后的采购作业重点是市场调研。

复习思考题

一、选择题

1．下列哪项不是连锁经营采购的特点？（　　）

A．大批量订购　　B．主动选择供应商

C．统一的物流配送　　D．分散采购

2．下列哪项不是连锁经营采购的作用？（　　）

A．提高商品质量　　B．扩展销售渠道

C．树立企业形象　　D．控制成本

3．下列哪些属于采购原则？（　　）

A．适价采购　　B．适质采购

C．适量采购　　D．适地采购

4．采购应包括哪些活动？（　　）

A．储存　　B．运输

C．购买　　D．验收

二、判断题

1．国际化采购战略是现代连锁经营采购的发展方向。　（　　）

2．采购与供应管理可以为大多数现代企业的成功作出显著贡献。（ ）

3．产品和服务的标准化使消费者无论在哪个连锁店都能享受到同样标准化的优质商品和服务。（ ）

4．量多，价格就便宜，也就是说采购越多越好。（ ）

5．采购按规定必须至少三家以上供应商报价，投标才可以开标；开标后原则上是报价最低的供应商中标；若中标的报价仍高过标底时，采购人员有权宣布废标，或征得监办人员的同意，以议价方式办理。（ ）

三、问答题

1．什么是采购？它包括哪些基本活动？

2．简要介绍划分采购类型的依据。

3．简要分析商业采购和消费者购买的区别。

4．请阐述你对下面这句话的理解："采购管理的职能正在发生变迁：从以交易为基础的战术职能发展到以流程为导向的战略职能。"

5．连锁经营采购一般要求遵循哪些原则？

6．连锁经营采购有什么特点？

7．有人说：节约采购成本的效益是提高销售的效益的若干倍。你是否同意这种观点？请使用下例中的数据说明你的理由（某公司每销售收入100元中包含利润10元、进货成本50元、其他费用40元，此外，设所有的成本费用都随着销售变动）。

四、案例分析

全球化采购的实施——沃尔玛公司的实践

沃尔玛公司被惊叹为世界零售业的一大奇迹，这一奇迹的产生是和沃尔玛的全球化采购战略分不开的。沃尔玛的全球采购战略、配送系统、商品管理、电子数据系统、天天平价战略在业界都是可圈可点的经典案例。可以说，所有的成功都是建立在沃尔玛迅速地利用信息技术整合优势资源的全球化采购战略的基础之上的。

早在20世纪60年代中期，山姆·沃尔玛只拥有几家商店的时候，他就已经清醒地认识到：管理人员必须能够随时随地地获得他所需要的数据。例如：某种商品在沃尔玛的商店里一共有多少？上周的销售量是多少？昨天是多少？去年是多少？订购了多少商品？什么时候可以到达？在管理信息系统应用之前，这样的工作必须通过大量的人工计算与处理才能得到，因此实时控制处于任何地点的商店的想法只是一个梦想。在信息技术支持下，沃尔玛能以最低的成本、最优质的服务、最快速的管理反应进行全球动作。1974 年，公司开始在其分销中心和各家商店运用计算机进行库存控制。1983 年，沃尔玛的整个连锁商店系统都用上了条码扫描系统。1984 年，沃尔玛开发了一套市场营销管理软件系统，这套系统可以使每一家商店按照自身的市场环境和销售类型制订出相应的营销产品组合。

在 1985～1987 年之间，沃尔玛安装了公司专用的卫星通信系统，该系统的应用使得总部、分销中心和各商店之间可以实现双向的声音和数据传输，全球 4 000 家沃尔玛分店也都能够通过自己的终端与总部进行实时的联系。这一切的优势都来自沃尔玛积极地应用最新的技术成果。通过采用最新信息技术，员工可以更有效地做好工作，更好地作出决策，以提高生产率和降低成本。

在沃尔玛的全球采购战略中最重要的一环是它的配送管理。20 世纪 70 年代，沃尔玛提出了新的零售业配送理论：集中管理的配送中心向各商店提供货源，而不是直接将货品运送到商店。其独特的配送体系，大大降低了成本，加速了存货周转，形成了沃尔玛的核心竞争力。沃尔玛的配送系统由三部分组成：

（1）高效率的配送中心。沃尔玛的供应商根据各分店的订单将货品送至沃尔玛的配送中心，配送中心则负责完成对商品的筛选、包装和分检工作。沃尔玛的配送中心具有高度现代化的机械设施，送至此处的商品 85%都采用机械处理，这样就大大减少了人工处理商品的费用。

（2）迅速的运输系统。沃尔玛的机动运输车队是其配送系统的另一无可比拟的优势。沃尔玛可以保证货品从仓库运送到任何一家商店的时间不超过 48 小时；相对于其他同业商店平均两周补货一次，沃尔玛可保证分店货架平均一周补两次。通过迅速的信息传递与先进的电脑跟踪系统，沃尔玛可以在全天范围内快速地输送货物，使各分店即使只维持极少的存货也能保持正常销售，从而大大节省了存贮空间和存货成本。

（3）先进的卫星通信网络。1983 年，沃尔玛用了 2 400 万美元开始建立自己的卫星通信系统，通过这个系统，沃尔玛每天直接把销售情况传送给 5 000 家供应商。就拿深圳的几家沃尔商场来说，公司电脑与总部相连，通过卫星通信系统，可以随时查货、点货。任何一家沃尔玛商店都具有自己的终端，并通过卫星与总部相连，在商场设有专门负责排货的部门。沃尔玛每销售一件商品，都会即时通过与收款机相连的电脑记录下来，每天都能清楚地知道实际销售情况。沃尔玛各分店、供应商、配送中心之间建立的卫星通信网络系统使沃尔玛的配送系统完美无缺。这套系统的应用，使配送中心、供应商及每一分店的每一销售点都能形成在线作业，在短短数小时内便可完成“填妥订单——各分店订单汇总——送出订单”的整个流程，大大提高了营业的高效性和准确性。

管理信息系统的应用使沃尔玛的有关各方可以迅速得到所需的货品层面数据，观察销售趋势、存货水平和订购信息甚至更多，而全球化的采购战略则使沃尔玛在全球化的竞争中始终能立于不败之地。

讨论：

1．全球化采购可以给企业带来哪些好处？

2．为什么说沃尔玛的配送系统形成了沃尔玛的核心竞争力？

第二章 连锁经营采购计划管理

2

学习目标

技能目标：1. 学会制订连锁经营采购计划
2. 学会编制连锁经营采购预算

知识目标：1. 理解连锁经营采购计划的作用
2. 明确连锁经营采购和供应管理的目标
3. 了解连锁经营采购计划的类型

引导案例　日本卡斯美的采购商品分类

日本卡斯美拥有 102 家连锁超市，年销售额约为 1 480 亿日元，折合人民币 123 亿元，经营的商品品种约为 12 000 种。它在开办连锁超市时，首先要做的工作就是决定卖什么商品，即把商品的大分类、中分类及小分类确定下来，这就要根据当地消费者的消费水平、消费习惯来确定商品分类表。由于各地区生活习惯的差别，各地超市的商品分类表也不相同。比如说南方地区由于天气炎热，饮料可作为一个大类来经营。在商品的经营和管理上，卡斯美有一套根据自家的理解而设定的分类框架。通常的做法是，按照使用者的用途或 TPOS（时间、场所、动机、生活方式）设定商品分类。分类框架设定好后再筛选，寻找应备齐的具体商品品种，最后建立起自己的商品体系。

采购计划是采购管理进行运作的第一步，制订连锁经营采购计划的目的就是要根据消费者的需求、企业的销售能力和采购环境容量等制订采购种类清单及采购日程表。只有制订了正确的连锁经营采购计划，才能制订出正确的采购订单计划，从而有效地降低库存和连锁经营采购成本。

第一节　连锁经营采购计划

一、连锁经营采购的目标

目标是计划的根据，任何计划都是依据目标制订的。因此，连锁经营采购目标是制订连锁经营采购计划的依据。连锁经营采购的总体目标是：获得的商品应该是货真价实的，即满足质量方面的要求，数量是符合要求的，并以准确的时间发送至正确的地点；商品必须来源于合适的供应商——一个可靠的、将及时地履行其承诺和义务的供应商。同时，与之相适应的，还要获得合适的服务；当然价格也必须是合理的。这就是说，连锁经营采购必须同时满足上述条件。如果发送的商品不能达到质量或效果标准，或是它们直到实施营销计划之后才被送到门店，以至于造成销售中断的话，那么即使以最低的价格去购买商品也不能被接受。反过来说，如果购买的商品是出于急需，购买者就不能按正常的购货流程去提前采购，这时的价格也许比正常价格高得多。连锁经营采购决策者总是试图去协调这些常常是相互冲突的目标，他们通过作出取舍来得到这些目标的最优组合。对连锁经营采购总体目标的更具体的表述如下：

（1）提供不间断的商品供应，以便使整个组织正常运转。商品的缺货会使企业的经营中断，由于必须支出的固定成本带来的运营成本的增加以及无法兑现向顾客作出的承诺，会造成极大的损失。

（2）使存货成本和损失最小。保证商品供应不中断的一个办法是保持大量的库存，但是库存必然要求占用资金，而占用的这些资金不可能用于其他方面。一般保持库存的成本每年要占库存商品价值的20%～50%，如果连锁经营采购部门原来用2 000万元库存才能维持企业正常运转，而现在仅用价值1 000万元的库存就能保证企业正常运作的话，那么在年存货储存成本占库存商品价值30%的情况下，1 000万元库存的减少不仅意味着多出了1 000万元的流动资本，而且还意味着节省了300万元的存货费用。

（3）发展有竞争力的供应商。一个连锁经营采购部门必须有发展供应商、分析供应商的能力，从中选择合适的供应商并且与其一起努力对流程进行持续的改进。归根到底，连锁经营采购部门的成功依赖于以上这些能力。只有当最后确定的那个供应商工作上讲效率，而且富有责任感的时候，连锁经营才能最终以最低的成本得到它需要的商品和服务。例如，如果连锁经营企业采购部门的一套复杂的计算机系统的供应商后来停业了，因而不能进行长期的系统维护、修改和升级，那么，起初是很优惠的价格，现在由于供应商不能继续履行其承诺的义务，就会产生很高的生命周期成本。

（4）当条件允许的时候，将采购的商品标准化。商品标准化的内容包括：名词术语统一化，商品质量标准化，商品零部件通用化，商品品种规格系列化，商品质量管理与质量保证标准化，商品检验与评价方法标准化，商品分类编码标准化，商品包装、储运、养护标准化等。

（5）以最低的总成本获得所需的商品和服务。在一家典型的连锁经营企业中，企业采购部门的活动消耗的资金比例最大。在确保质量、交货期和服务等方面的要求都得到满足的前提下，采购部门应该全力以赴地以最低的价格获得所需的商品和服务。

（6）提高公司的竞争力。只有当一个连锁经营企业能够有效地控制供应链所有环节上的成本和时间，从而避免诸如过多的库存、搬运和检验等不增值或延长时间的活动时，这个连锁经营企业才可能表现得富有竞争力。另外，产品设计和制造方法必须与日新月异的技术和生产环境保持同步发展。连锁经营采购部门可以向供应商的新产品设计和生产技术部门提供市场上有关新产品和生产技术方面正在发生的变革以及消费者的需求等信息。除此之外，连锁经营采购部门还可以通过供应商获得一些关于设计、速度和成本改进方面的意见，并将这些意见反馈到决策过程之中。最后，连锁经营采购部门还担负着保证连锁经营得到平稳物流的责任，这样才能确保产品的生产与服务能满足向顾客及时提供的承诺。从长期来看，任何企业的成功都依赖于它与顾客建立和维持良好关系的能力。

（7）建立和谐而富有效率的工作关系。在一个企业中，如果没有其他部门和个人的合作，连锁经营采购经理的工作就不可能圆满完成。即将到达的订货需要通过检验程序，当采购人员发现质量问题后要与供应商联系、协商，甚至连锁经营采购部门要参与到对目前供应商绩效的评估中，这些都要求连锁经营采购部门与质量控制部门紧密合作。为取得数量折扣和维持良好的长期供货关系，会计部门应该及时向供应商支付货款。如果来自采购、收货和对商品进行的检验过程等环节中的信息流发生了问题，连锁经营采购部门有责任去加以纠正。因为供应商毕竟不是直接同会计、收货和到货检验部门打交道的。实际上，供应商同采购部门直接打交道，也是希望只需同采购部门联系就能及时收到货款。在许多企业中，从新产品创意阶段开始，采购和供应部门就同营销、设计、工程技术等部门紧密合作，通过成立职能采购团队来作出购买决策。

（8）以最低水平的管理费用来完成连锁经营采购目标。采购部门正常运作需要耗费企业的资源，如员工工资、电话费和邮资、办公用品、差旅费用、计算机费用以及其他必需的管理费用。如果采购流程不是有效的，那么采购的管理费用就会很高。连锁经营采购部门应该尽可能经济地完成采购目标，这就需要连锁经营采购经理经常对部门的运作情况进行有效管理，以确保所有的活动花费都是有效的。如果一家连锁经营企业由于分析和计划工作做得不充分而没能实现其采购目标，那么解决之道就在于增加人手或是将采购过程调整得更为流畅。因此连锁经营采购经理应对采购方法、程序和技术等方面经常性地进行改进，也许采用更好的计算机软件可以带来更高的效率，或许改变采购流程能带来更高的效率，或许采用以团队为基础的方式可以缩短采购的周期。

二、连锁经营采购计划及其作用

常言道："凡事预则立，不预则废"。计划是管理的首要职能，这充分说明做任何事都要事先有计划，有计划、有准备才会成事，才会事半功倍；否则，就会事倍功半，甚至可能会丧失机会而彻底失败。

计划是什么呢？计划是在评估当前及未来环境的基础上，确认问题、设定目标，以及决定如何采取措施达成目标的过程。换句话说，就是拟定未来的工作方向与方法，把未知的未来纳入管理。在采购领域里，合理、完善的连锁经营采购计划是成功的关键。采购计划如同企业在市场风浪里航行的基本路线图，指引企业向正确的方向航行。

连锁经营采购计划是连锁经营企业在计划期（年、季或月）安排和组织商品市场采购的计划。它是连锁经营企业在进行一系列采购决策之后编制的，是连锁经营采购决策的落实和具体化。

连锁经营企业编制采购计划，有着多方面的作用：

（1）采购是商业企业经营活动的起点，按计划组织采购，是实现有计划地组织生产经营活动的重要保证。

（2）有计划地采购可以提高购进商品的稳定性、可靠性、及时性，与企业完成销售目标等项任务紧密衔接，提高了商品供应的保证程度。

（3）采购要求运输、仓储、资金、人员等项实施条件，因而，采购计划是企业编制和落实财务计划、储运计划、人力资源计划等项计划的重要依据。

（4）采购计划的编制，有利于企业内部采购、库存、销售等工作环节的协调，促进企业内部进销存的整合和与外部供应单位的衔接，提高了确定性，减少不确定性，这对缩减备运时间、降低库存水平、减少费用支出等，都是十分有利的。

此外，连锁经营企业编制采购计划，对供应商也是很有好处的。供应商能据以适时备料，更好地计划和安排其生产经营活动，避免商品库存积压或因缺货而错过销售机会。有些供应商对买方能事先填报采购计划的，给予价格优惠，这也是买方企业编制采购计划的一个诱因。

【小资料】

调查报告显示，家乐福将以每年 10～12 家店铺的速度启动其在中国的第二轮扩张。

2003 年，家乐福一周之内在天津开出三家卖场。一口气连开 3 家店，这个速度已经让天津的零售业同行感到了不小的压力。至此，家乐福在天津的卖场数已达到5家。之所以能这样快速扩张，得益于家乐福去年8月与天津国有商业企业劝华集团的合资，由家乐福接手劝华集团属下的4家劝业连锁经营企业，并进行重新布局。按此计划，家乐福应该还会很快再开一家店，从而使其在津门店数达到6家。据说这也是家乐福首次通过这种方式实现快速扩张的，而家乐福这些经营战略的调整也必将带来采购决策、计划、预算的重大变化。

三、连锁经营采购计划的构成要素

任何采购计划都应该包括对什么、质量、多少、谁、何时、什么价格、在哪里、如何以及风险这些问题的答案。

1. 什么

“什么”的问题，是善于开拓性工作的采购部门会考虑的。其核心问题为该企业是采购市场上易得的一般大众化商品还是根据特定需要来采购特色商品？一般大众化商品在市场上容易采购到，但它们不能带来竞争优势。与此相反，符合特定需要的商品在市场上不易采购到，但它们可使该企业更具竞争力。

2. 质量

商品质量是连锁经营企业采购计划中重要的构成要素，较高的、稳定的商品质量对保持或扩大市场份额起着关键作用。

3. 多少

要同供应商达成协议，让供应商同意持有一定的库存量，并根据采购企业销售进度的需要交付商品。当然，理想的情况是，采购企业和供应商都不持有库存。

如果供应商能保证在特定时间内、小批量地交付符合规定质量的商品，采购企业就可极大地减少其在库存上的投资，得到连续的商品供应并减少商品收验费用。要做到这一点，需要由采购企业与供应商共同制订长期计划，双方多加强合作与理解。

有时，供应商可能在采购企业内拥有存货仓库，但它由该采购企业控制。采购企业有责任说明从托付仓库中提出存货的用途，支付这部分货款，并通知供应商补充存货。双方定期共同对库存量进行查验。该办法对供应商（保证了销量）和采购企业（减少了库存投资）都有好处，并经常用于分销行业。

4. 谁

谁，即采购由哪个部门、哪些人来完成，包括：采购职能应该集中在最高管理部门还是交由采购部门来履行；采购职员应具有什么样的素质；最高管理部门在多大程度上参与整个采购过程等。

5. 何时

何时采购与采购多少这两个问题是紧密相连的。采购部门要在现在采购与将来采购之间作出选择。当然，及时采购、准时到货是最理想的状态。这里会涉及到期货购买和库存政策。在商品方面，存在进入期货市场利用套期保值的机会。有组织的商品期货交易所提供了对冲现货与期货市场交易的机会，从而可避免价格大幅波动的风险。对于期货市场上经常交易的许多基本商品，大宗连锁经营采购企业可考虑利用套期保值。

6．什么价格

连锁经营企业是打算支付高价从而得到供应商的额外服务和其他承诺？还是支付与市场上价格一致的标准价格？还是打算支付低价以取得成本优势呢？价格到底可以低到什么程度？这些都是采购计划中要确定的。再者，采用基于成本的观念与采用基于市场的观念截然不同，这又需要广泛利用价值分析等技术工具。

“功能与成本”比较方法是价值分析方法的具体运用。通过某些改进措施，如替代和标准化，降低成本的机会有很多，相应带来的收益也很可观。作为一个战略，它的实施需要统一的、有组织的方法，要有计划和时间表，并对具体职责作出明确分工。许多采购企业工作中那些被认为已区分得很清楚的部分，结果常常是无人真正负责的部分。

另一个价格战略选择是降低运输成本。许多新的降低成本的办法可以考虑，如自有运输设备的使用以及第三方物流系统的利用，都有可能节省成本。

7．在哪里

这是指采购在国内还是国际市场进行；选择大供应商还是小供应商；单一供应源还是多供应源采购；选择销售额大的供应商还是小的供应商等。

【小资料】

截至2006年底，沃尔玛在全球开设了6 600多家商场，员工总数180多万人，分布在全球16个国家。每周光顾沃尔玛的顾客1.76亿人次。2005年沃尔玛全球的销售额达到3 124亿美元，曾连续多年荣登《财富》杂志全球500强企业榜首。沃尔玛1996年进入中国，在深圳开设了第一家沃尔玛购物广场和山姆会员商店，目前已经在北京、哈尔滨、长春、沈阳、大连、天津、济南、青岛、南京等34个城市开设了66家商场，包括沃尔玛购物广场、山姆会员商店、沃尔玛社区店三种业态。其中沃尔玛购物广场61家、山姆会员商店3家，社区店2家。沃尔玛至今在中国的总投资额达17亿元人民币，创造了超过33 000个就业机会。沃尔玛每年直接采购中国商品出口金额约为90亿美元，估计间接采购金额也超过90亿美元。

8．如何

在如何采购方面企业面临着大量选择，如合同期限的长短、是否有数据共享系统、计算机的使用、各种团队的利用、谈判、竞争性要价、总括订单制与开口订单制等。在此主要介绍以下两项。

（1）长期合同。长期合同是指 5 年以上的供应合同，这种供应合同会使供应商和连锁经营企业双方的经营具有相互依赖性。它要求双方对计划和进度进行密切的协调与监控。对采购企业来说，此战略的优势是：可以获得更多的供应保证与稳定性，更多的供应商支持以及通常较低的采购价格。对供应商来说，供应商的经营稳定性得到了保证，从而有利于其降低长期成本，这会刺激供应商去开发生产某一产品。当然，在此类战略性协议作出决策之前，必须对成本、优势及风险进行长期的预测。

（2）供应商与连锁经营采购企业数据共享。为达成伙伴关系，采购企业与供应商一定要达成可共享双方计划与生产、销售和库存信息的协议。采购企业需要获得供应商的成本、生产进度、定价安排、库存情况和交货周期等方面数据。供应商需要掌握有关采购企业销售计划与进度和未来产品及销售计划方面的信息。

9．风险

在产品责任与环境保护方面的政府规章和管理条例可能促使连锁经营企业采取某些措施。目前，连锁经营企业在采购决策的过程中对产品安全和产品责任问题给予了更多的考虑。而且，当企业与供应商协同运作时，潜在的财务风险就会增加，它必须在长期采购战略中把这一额外风险考虑进去。从战略角度考虑，采购企业希望把产品责任部分转嫁给供应商，把由产品责任诉讼带来的财务风险减至最小。

四、连锁经营采购计划的类型和表格

连锁经营采购计划一般包括年度采购计划和季度、月份采购计划。年度采购计划反映大类或类别商品的订购总量，据以同市场资源进行平衡，同企业内部进、销、存能力进行平衡，同企业的计划销售量、资金、费用、盈利等指标进行平衡。季度或月份采购计划是按具体规格编制的，它是具体组织采购的依据。市场采购计划是企业内部掌握的计划，对其表格没有统一规定，由企业根据进货管理工作的实际需要制订。

表 2-1 是季度采购计划的一种样式。

表 2-1　年　季度采购计划

序号	商品名称	规格	单位	单价	订购量	总价	订购安排						供应单位
							月　份		月　份		月　份		
							数量	订购单号	数量	订购单号	数量	订购单号	

连锁经营采购计划除了要按一定的表格用数字反映计划指标的安排外，还要附以文字说明。文字说明的主要内容包括：

（1）前期采购计划的完成情况和本计划中的突出问题。

（2）计划期货源形势的估计和计划的依据。

（3）根据满足需要、加速商品周转和提高企业经济效益的要求，说明安排采购计划，特别是组织短缺采购方面的主要措施和建议。

（4）向领导和企业有关部门提出的要求和建议。

第二节　连锁经营采购预算

预算是一种用数量表示的计划，连锁经营企业制订采购预算主要是为了促进企业采购计划工作的开展与完善，减小企业的采购风险与合理安排有限资源，保证资源分配的效率性，对成本进行控制等。

连锁经营采购预算是指导和控制采购过程的“生命线”，是开启采购管理的钥匙。采购预算与采购计划是密不可分的，采购预算是在采购计划的基础上制订的，预算的时间范围与采购计划期应一致。

在编制连锁经营采购预算时，必须体现科学性、可行性、严肃性，克服随意性，绝不可以从主观出发，用“拍脑袋”的方法来做预算。目前，有些企业预算项目不够细，预算随意性强，导致连锁经营采购部门无法全面、准确、及时地掌握采购商品信息，无法按步骤地实施采购。连锁经营企业必须高度重视采购预算决策活动，了解本年度预算的实施情况，了解市场，只有做到知己知彼，才能百战不殆；同时，要从实际出发，关注影响企业采购成本的关键因素，制订降本增效的规划，从而保证制定的预算正确、合理。

一、连锁经营采购预算的目标

连锁经营采购计划作为采购管理进行运作的第一步，是启动整个采购管理的开关，采购计划制订得是否合理、完善，直接关系到整个采购运作的成败。

连锁经营采购计划是根据市场需求、供应商的生产能力和采购环境等确定采购的时间、采购的数量以及如何采购的计划。制订采购计划主要是为了指导采购部门的实际工作，保证经营活动的正常进行和企业的经营效益。因此，好的采购预算应达到以下目的：

1．正确估计采购的数量，保证连续供应

在连锁经营企业的销售活动中，销售所需的商品必须能够在需要的时候可以获得，而且能够满足需要，否则就会因商品供应不上或供应不足，导致销售中断。因此，连锁经营采购预算必须根据企业的销售计划、库存政策和采购环境等估算商品需用的数量，在恰当的时候进行采购，保证经营连续地进行。

2．配合企业销售计划与资金调度

连锁经营的采购活动与销售活动是紧密关联的，是直接服务于销售活动的。为此，连锁经营采购预算一般要依据销售计划来制订，以确保采购适当的商品满足顾客的需要。

3．避免商品储存过多，占用资金

在实际的经营过程中，库存是不可避免的，有时还是十分必要的。库存实质上是一种闲置资源，不仅不会在经营中创造价值，反而还会占用资金而增加企业的成本。也正因为如此，准时生产和零库存管理成为一种先进的生产运作和管理模式。在企业的总资产中，库存资产一般要占到20%～40%。商品储存过多会造成大量资金的沉淀，影响到资金的正常周转，同时还会增加市场风险，给企业经营带来负面影响。

4．为选择有利时机购入商品做好事先准备

在瞬息万变的市场上，要抓住有利的采购时机并不容易。只有事先制订完善、可行的采购预算，才能使采购人员做好充分的采购准备，在适当的时候购入商品，而不至于临时慌乱，无所适从。

二、连锁经营采购预算的意义

一般说来，连锁经营企业制订预算的意义体现在以下几个方面：

（1）促进企业计划工作的开展与完善，减少企业的风险。预算的基础是计划，预算能促使企业的各级经理提前制订计划，避免企业盲目发展，遭受不必要的经营风险和财务风险。事实上，预算的制订和执行过程，就是企业不断用量化的工具使自身的经营环境、资源和发展目标保持动态平衡的过程。

（2）促使企业高层管理者全盘考虑企业整个价值链之间的相互关系，明确各自责任，便于各部门之间的协调，促成企业长期目标的最终实现。

（3）促使部门之间合理安排有限资源，保证资源分配的有效性。

（4）有利于企业对成本进行控制。企业预算一般分为财务预算、资本支出预算、业务预算三种。其中，财务预算是有关现金收支、经营成果、财务状况的预算，包括现金预算表等。资本支出预算是企业长期投资资产购建、扩建等的预算。业务预算指的是与企业业务相关的预算，主要包括销售预算、成本预算、费用预算等。连锁经营采购预算作为连锁经营企业预算管理中不可或缺的一部分，在企业的经营活动中扮演着重要的角色。采购预算过多或过少，都会影响企业的经营效益。

三、连锁经营采购预算的编制

（一）选择合适的预算编制方法

预算编制的方法有很多种，如固定预算、弹性预算、滚动预算、零基预算和概率预算等。由于各种预算编制方法都有其特点和编制原理，在编制预算过程中，应根据外部环境及本企业的特点进行选择。对于市场价格及企业市场份额情况不确定的初创期或成长期的企业，应尽量采用弹性预算；对于市场处于成熟期的企业，则采用固定预算较为合适。对于预算水平较高的企业可以选择一些较为先进复杂的预算方法，如滚动预算和零基预算；反之，则应该选择一些较为简单的预算方法，如固定预算，以避免工作的混乱。

（二）连锁经营采购预算编制流程

连锁经营采购预算是采购部门为配合年度的销售预测，对需求商品的数量按成本进行的估计。采购预算如果单独编制，不但缺乏实际的应用价值，也失去了其他部门的配合，所以连锁经营采购预算的编制，必须以企业整体预算制度为依据。编制预算涉及连锁经营的各个方面，对整个连锁经营而言，预算管理的最高组织协调者，可以是企业的预算管理委员会或总经理；预算协调员可以是企业的部门经理；预算编制人可以为一个部门、一个子公司，甚至一个业务员。

预算过程应从采购目标的审查开始，接下来是预测满足这些目标所需的资源，然后就是制订预算。

连锁经营采购预算编制一般包括的步骤，如图 2-1 所示。

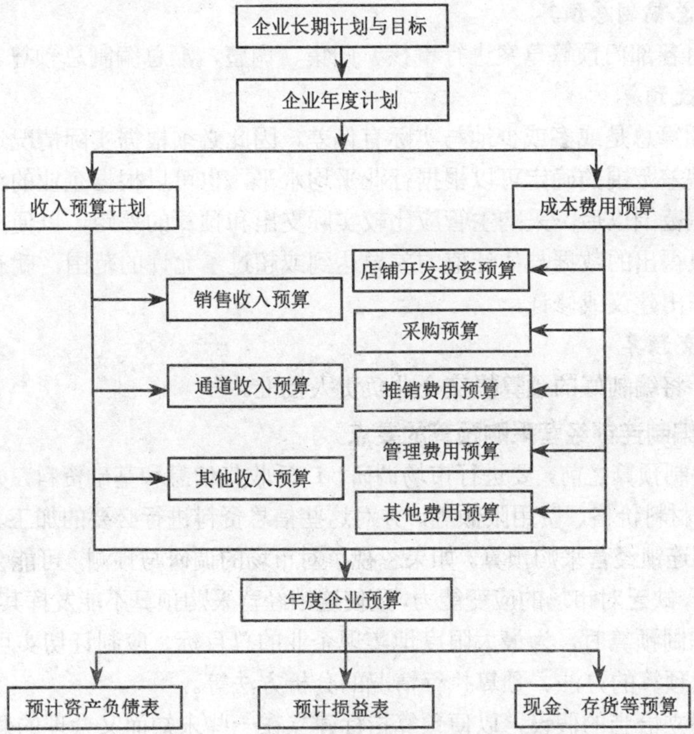

图 2-1 连锁经营采购预算的编制步骤

1．审查企业以及部门的战略目标

连锁经营采购部门作为企业的一个部门，编制预算要从企业总的发展目标出发，审查本部门和企业的总体目标，确保两者之间的相互协调。

2．制订明确的工作计划

采购主管必须了解本部门的业务活动，明确它的特性和范围，制订出详细的工作计划表。

3．确定所需要的资源

有了详细的工作计划表，采购主管要对业务支出作出切合实际的估计，确定为实现目标所需要的人力、物力和财力资源。

4．确定准确的预算数

确定预算数据是企业编制预算的难点之一。目前连锁经营企业普遍的做法是通过将目标与历史数据相结合来确定预算数，即对过去历史数据和未来目标逐项分析，使收入和成本费用等各项预算切实可行。根据过去的历史数据，可采用比例趋势法、线性规划、回归分析等方法，找出适用于本企业的数学模型来进行预算。

有经验的预算人员也可以通过以往的经验作出准确判断。

5．汇总编制总预算

通过对各部门预算草案进行审核、归集、调整，汇总编制总预算。

6．修改预算

由于预算总是或多或少地与实际有偏差，因此必须根据实际情况选定一个偏差范围。偏差范围的确定可以根据行业平均水平，也可以根据企业的经验数据。设定了偏差范围以后，采购主管应比较实际支出和预算的差距，以便控制业务的进展。如果得出的数据与估计值的差异达到或超过了允许的范围，就有必要对具体的预算作出建议或修订。

7．提交预算

最后，将编制好的预算提交企业负责人批准。

（三）编制连锁经营采购预算的要点

（1）编制预算之前，要进行市场调研，广泛收集信息和基础资料，如市场需求量、售价、材料价格、费用限额等，并对这些信息资料进行必要的加工、整理，然后用于编制连锁经营采购预算。如果忽视了对市场的调研与预测，可能会使预算指标缺乏弹性，缺乏对市场的应变能力，致使连锁经营采购预算不能发挥其控制作用。

（2）编制预算时，为最大限度地实现企业的总目标，应制订切实可行的编制程序、修改预算的办法、预算执行情况的分析方法等。

（3）确立恰当的假设，以便预算指标建立在一些未知而又合理的假定因素基础上，便于预算和采购管理工作的开展。预算编制中最令人头痛的问题是：预算编制人员不得不面对一些不确定的因素，也不得不预定一些预算指标之间的关系。例如，在确定连锁经营采购预算的现金支出时，必须先预定各种商品的未来价格。因此，在编制预算时，要根据历史数据和对未来的预测确立合理的假设，确保连锁经营采购预算的合理性、可行性。

（4）每项预算应尽量做到具体化、数量化。在编制连锁经营采购预算时，必须对每一项支出都给出具体数量和价格，因为这些数据越具体，越可以准确地判断预算是否合理、可行，越能促使各部门在采购时精打细算，节约开支。在实际编制采购预算的过程中，应在采购预算表下附该预算期现金支出计算表，以便编制现金预算表。

（5）应强调预算的广泛参与性，让尽可能多的员工参与到预算的制订中来。这样既可以提高员工的积极性，也可以促进信息在更大的范围内交流，使预算编制中的沟通更为细致，增加预算的科学性和可操作性。当然，在强调预算的广泛参与性的同时，也要注意预算编制的效率，要注意区分各级员工参与的程度，不能一视同仁。

（四）编制连锁经营采购预算时应注意的问题

1．预算目标与企业目标要保持协调一致

在编制预算时，由于没有恰当地掌握预算控制，以及为采购部门设立的预算标准没有很好地体现企业目标的要求，或者是企业环境变化产生了预算目标与企业总目标的脱离，导致连锁经营采购部门主管可能只热衷于使本部门的采购活动严格按预算的规定进行，而忘记了首要的职责是要千方百计地实现企业的目标。因此，为了防止采购预算与企业目标冲突，一方面应当使预算更好地体现计划的要求；另一方面应当适当掌握预算控制的程度，使预算具有一定的弹性。

2．预算不要过繁过细

连锁经营采购预算作为一种采购管理控制的手段，应尽量具体化、数量化，以确保其可操作性。但这并不意味着要对企业未来采购活动中的每一个细节都作出细致的规定。如果对极细微的支出也作出琐碎的规定，可能致使各职能部门缺乏应有的自由决定权，从而会影响企业运营的效率。所以，预算不可能也不应太详尽，不是越细越好，而应抓住预算中的关键环节予以列述，分清主次、轻重。

3．预算要有弹性

连锁经营采购预算同采购计划一样，不能一成不变。在预算执行过程中，要对预算进行定期检查，如果企业面临的采购环境或企业自身已经发生重大变化，就应当对预算及时进行修改或调整，以达到预期的目标。可见，缺乏企业战略指导的预算，无视市场环境约束的预算，仅基于过去的经验或凭空地编制预算，都将使连锁经营采购预算失去应有的作用。

本章小结

连锁经营采购职能的总体目标是：采购的商品是货真价实的，数量是符合要求的，时间是准确的，地点是正确的，供应商是可靠的，服务是合适的，价格是合理的。

连锁经营采购计划是连锁经营企业在计划期（年、季或月）安排和组织商品市场采购的计划。它是连锁经营企业在进行一系列采购决策后编制的，是连锁经营采购决策的落实和具体化。合理、完善的连锁经营采购计划是采购成功的关键。

连锁经营采购预算是指导和控制采购过程的“生命线”，是开启连锁经营采购管理的钥匙。预算编制的方法有很多种，有固定预算、弹性预算、滚动预算、零基预算、概率预算等。

连锁经营采购预算编制一般包括：审查企业以及部门的战略目标、制订明确的工作计划、确定所需资源、确定较准确的预算数、汇总编制总预算、修改预算和提交预算七个步骤。

复习思考题

一、选择题

1. 下列哪项不是连锁经营采购的目标？（ ）

   A. 提供不间断的物流

   B. 采购到质量最好的商品

   C. 提高公司的竞争地位

   D. 以最低的总成本获得所需的商品和服务

2. 连锁经营采购预算的意义有哪些？（ ）

   A. 正确估计采购的数量

   B. 采购部门事先准备，选择有利时机购入商品

   C. 有利于对成本进行控制

   D. 保证资源分配的效率性

3. 采购预算编制的第一步是（ ）。

   A. 制订明确的工作计划

   B. 确定所需要的资源

   C. 确定准确的预算数

   D. 审查企业以及部门的战略目标

4．对于市场价格及企业市场份额情况不确定的初创期或成长期的企业，应尽量采用（　　）。

A．固定预算　　B．弹性预算

C．滚动预算　　D．零基预算

二、判断题

1．如果延迟送货以至于造成销售中断的话，那么，即使以最低的价格采购到商品，也不能被接受。（　　）

2．连锁经营采购计划是连锁经营在计划期（年、季或月）安排和组织商品市场采购的计划。它是连锁经营在进行一系列连锁经营采购决策之前编制的，是连锁经营采购决策的落实和具体化。（　　）

3．预算是一种用数量表示的计划，是将企业未来期间连锁经营采购决策的目标，通过有关数据系统地反映出来，是连锁经营采购决策数量化的表现。（　　）

4．连锁经营采购计划是企业编制和落实财务计划、储运计划、人力资源计划等项计划的重要依据。（　　）

5．季度连锁经营采购计划反映大类或类别商品的订购总量，据以同市场资源进行平衡，同企业内部进、销、存能力进行平衡。（　　）

三、问答题

1．连锁经营采购的总目标是什么？具体目标又如何阐述？

2．连锁经营采购计划有些什么作用？

3．为什么要制订连锁经营采购预算？

4．采购预算编制的方法有哪些？

5．简述采购预算的编制流程。

6．编制连锁经营采购预算时应注意避免哪些问题？

四、案例分析

全球兴起“采购热”

国际采购与物资管理联盟于 2002 年 5 月 22～24 日在中国上海召开了第 29 届理事会，会议的议题是：建立新的战略计划，探讨相关应用技术和教育培训项目。30 多个理事来华参加会议，他们分别是来自印度、美国、英国、德国、澳大利亚等 20 多个国家采购协会的负责人或专家、学者。这次会议推动我国采购事业又向前迈进了一步。

随着全球经济一体化的逐渐形成，中国加入 WTO 后，将有望在十年内成为全球的制造中心和采购热点地区。沃尔玛等世界巨头于21世纪初把全球采购中心设在深圳就是“采购热的开场白”。

中国企业在其中将扮演什么角色，采购成本的管理与控制是其最根本的决定因素，那么企业该如何面对采购，如何提高其核心竞争力呢？

为使中国企业对采购知识有更多的了解，充分吸收国际先进的采购理念与经验，促进中国企业与国际采购界的交流与沟通，由中国物流与采购联合会和国务院发展中心共同主办、国际最具权威的采购组织——国际采购联盟和国家经贸委共同指导的“首届中国企业采购国际论坛”于2003年5月25～26日在上海召开，这是我国入世后首次举行的企业采购高层次的盛会。

“采购热”兴起的根本原因是采购作为企业能够增创利润的环节，正越来越被重视。有专家证明，采购节约1分钱就等于生产并卖出产品创造出1角钱的利润。

问题：

为什么说采购比生产和销售能创造更多的利润？

第三章 3

连锁经营采购组织

学习目标

技能目标： 1. 学会组建连锁经营的采购部门

2. 能明确界定采购部门人员的职责和权力

知识目标： 1. 掌握统一采购的优、缺点

2. 明确采购部门的主要功能

3. 了解采购部门与企业内部其他部门的关系

引导案例　中商集团采购部门的组织架构

中商集团的供配货中心下设 5 个专业采购部，即“穿着类采购部”、“生鲜食品采购部”、“一般食品采购部”、“电器采购部”、“日用百货文化采购部”，由供配货中心总经理直接领导，副总经理协助管理。

各采购部推行高级经理领导下的买手㊀负责制，高级经理全面负责采购部的日常业务工作；买手分为买手和买手助理两个级别。高级经理和买手的工资收入与其经营业绩直接挂钩。

高级经理对各级买手有业务指导权和行政上的领导权。各买手之间属平等关系，但上一级买手对下一级买手在业务上有指挥权。

采购人员的权力、义务和职责：

买手作为采购过程中的第一负责人，有采购进货权、定价权、商品陈列配置权、新品种的开发引进权、不适销商品的淘汰权，有签订进货合同和终止合同的权力。

为防止买手徇私乱购，对其采购行为的控制办法是：规定商品进价的最高上限，规定商品质量标准的最低下限，考核其采购商品的实际销售情况，考核其采购商品流动资金的周转情况。

㊀ 即采购业务主办人员。

在建立一个有效的采购组织的过程中，最重要的莫过于明确界定采购人员的职责与权限。采购策略的执行必须有适当的人员编制与组织结构，而采购组织的形式与结构又是由采购制度决定的。

第一节　连锁经营采购制度

一、连锁经营采购制度的特点

制度是一种行为规范。采购制度就是企业制定的要求采购人员共同遵守的采购活动规范。采购制度决定采购的组织形式。一般说来，连锁企业采购制度分为两种：统一采购制（又称集中采购制）和分散采购制。统一采购是指连锁经营总部设运营部，运营部下设专门的采购部（包括采购机构和专职采购人员），统一负责企业所有采购工作，连锁经营所属各门店只负责销售，如图 3-1 所示；分散采购是指由连锁经营各门店在核定的商品资金定额范围内，直接向供应商进行商品的采购，如图 3-2 所示。在连锁经营中的绝大多数情况下，绝大多数商品都采用统一采购，只有在特殊情况下，少数商品采用分散采购。

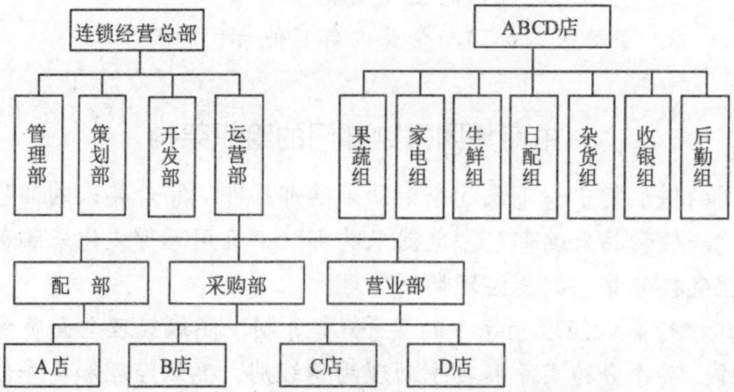

图 3-1　集中采购制下的组织结构图

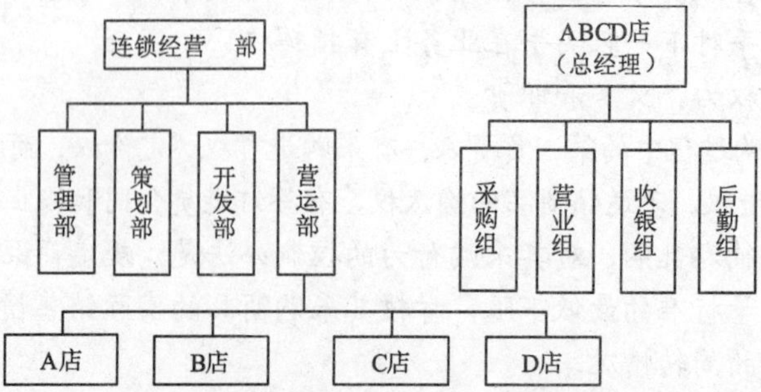

图 3-2　分散采购制下的组织结构图

采购部门作为主要的职能部门，必须有相应的组织结构，规定各部门经理的职责和权力。经理的责任可以被分解并分配给其下属员工或部门，同时要明确每一个部门经理对其他部门的职责和权力。采购主管作为主要负责人，其承担所有采购职能所涉及的责任，对于其职责和权力必须有清楚和具体的规定。采购负责人必须获得来自下属的有效协助和来自高层管理人员的大力支持。

当然，真正的困难在于明确地定义采购负责人的职责和权力。例如，检查采购的商品是否与其申请的规格要求相符，选择供应商，主持所有供应商与本公司营业部门之间的中介谈判，通过发出订单完成采购过程。这些都应该是采购负责人的职责。

二、两种采购制度的比较

（一）分散采购制的优缺点

分散采购制的优点是：

（1）这种采购制常见于连锁经营刚形成时，将采购权委托各店自己负责，可精简人力。

（2）采购组织具有相当的弹性，较具市场竞争力。

（3）价格由各分店自定，机动性强，有较大的经营主导权。

（4）采购的商品较能符合消费者需求。

实际上选择这种采购组织的连锁经营并不是完全意义上的连锁经营，其缺点是显而易见的，如较难发挥大量采购，以量制价的功能，利润很难控制，容易产生各自为政的弊端，无法塑造连锁经营统一的企业形象。

（二）统一采购制的优点

1．统一采购所对应的大批量采购有利于降低进货价格

统一采购是实施规模化经营的基本保证。连锁经营由于实行统一采购制度，采购决策集中控制，所购商品就比较容易达到标准化。由于合并了多个门店的需求，采购部门找到供应商时，其手上的订单数量足以引起供应商的兴趣，这样采购部门就可以说服供应商尽快发货或给予数量上的折扣。大批量进货，能使采购部门充分享有采购商品数量折扣（包括一次性数量折扣和累计数量折扣）的价格优惠，保证企业在价格竞争中的优势地位，同时也可以较好地满足和适应消费者同质求廉的需求。

需要在此特别指出的是：统一采购和大批量进货是两个既有区别又有联系的概念。统一采购与分散采购是根据采购的组织形式而划分的，其核心是采购权的集中与分散，虽然统一采购通常采取大批量进货方式，但即使采购少量商品，只要决定权是由企业采购部统一作出的，就应视为统一采购。统一采购和分散采购反映的是现代商业和传统商业在组织化程度上的一种本质区别。

2．统一采购所对应的统一配送有利于降低连锁系统的整体物流成本

大批量进货的实行，使连锁经营的直接进货费用（如采购人员差旅费、采购交易谈判的交易成本等）大幅度减少；同时，与统一采购相配套的统一配送制度的建立，有效地控制了连锁经营库存费用，大大降低了企业物流的总成本；除此之外，还可以节省运费，因为集中了所有需求后的商品可以整车地进行装运。

3．统一采购所对应的科学组织结构和规范业务流程有利于规范采购行为

由于企业现金的流出大部分是用于采购，因而对于任一时点交易总量的集中控制就显得很有必要。在分散采购制度中，由于采购的决定权下放到各门店，对采购行为很难实施有效的约束，所以个别采购员向供货商索取回扣等不规范行为屡禁不止，而且，如果采购订单发给那些不道德的供应商，出现回扣和贿赂的机会就会大大增加，这时，采购订单的发出就应该谨慎了；而在统一采购制中，由于建立和健全了较为完善的采购组织机构和制衡机制，所有采购决策都经过集中控制，这样，需要加大控制的就仅仅是采购部门，而不必对分散于整个公司的不同部门的采购决策加以监督，那些非法或不道德的行为也就容易避免，企业采购行为得以规范，为连锁经营企业和供应商的交易提供了良好的秩序和条件。

4．统一采购所对应的购销分离制度有利于门店集中时间和精力做好门店销售工作，有利于采购决策中专业技能的发展

在分散采购制度中，由于购销合一，采购与销售职责全部落在门店，所以，门店店长要花大量的时间联系供应商和洽谈采购业务，难以集中精力投入商品销售工作，严重影响了公司的销售效率；而在统一采购中，由于购销分离，门店无需承担采购职责，所以，店长可将绝大部分的时间、精力投入销售工作，这样便可大大提高门店销售工作的效率。

一个将全部精力集中于采购活动的全职采购人员，很快就会掌握采购方面的专业知识、供应源、已有的或是新的商品市场情况和价格等。由此可知，进行专业知识方面的开发也正是大部分连锁经营企业都采用统一采购的重要原因之一。

【小资料】

据调查统计，独立店[㊀]的店主，其一天的时间分配（每天约十二个小时）大致如下安排：

商品开发采购—— 40%（约 5 小时）

顾客服务——45%（约 5.5 小时）

其他工作——15%（约 1.5 小时）

加入连锁店之后，如果是 FC（特许连锁），则采购的工作交给总部，店主服务顾客和从事其他工作的时间也就增加了；如果是 VC（自愿加盟），虽保留部分

㊀ 指非连锁店。

的采购权，但大部分商品也是由总部或协助厂商供应，这样也可减少约 22%（约 2.6 小时）的商品开发采购的时间。

（三）统一采购制的缺点

当然，统一采购制度也并非是完美无缺的。其主要缺点是：

1．营业人员与采购人员易对立

由于统一采购制难以明确界定连锁经营整体销售业务的职权范围，所以容易引发总部采购人员与门店销售人员的矛盾冲突。

2．弹性小、有时较难满足消费者的需求

统一采购制度所对应的统一商品政策（统一商品结构、统一价格策略、统一促销策略、统一商品陈列等），很难适应不同商圈类型店铺的消费需求差异。

（四）统一采购制度发挥优势的前提

1．统一采购要实施归口管理

归口管理主要是指采购计划供应工作集中于采购管理部门，实行统一批量采购，强调降低采购价格、控制成本、提高经济效益。在市场开发之初，采购制度以“放权”为主要标志，采购人员满天飞，多头采购，重复采购，甚至出现了花钱不见物，公款购私物等现象，导致产品成本上升，质量没有保证。实践证明，这种“放权”是不明智的，应实施归口管理。

2．统一采购要加强计划管理

统一采购要做到计划准时、便捷，要编制科学、详实和切实可行的采购计划，有效发挥统一采购的优势。

3．统一采购要减少分散采购途径

统一采购要求与具备集中供货实力的供应商建立长期的供需关系。供需关系一经确定，只要此供应商有的商品就尽量不要再到其他供应商那里采购。在特殊情况下，少数商品采用分散采购也是必要的，但要尽量控制。

【小资料】

沃尔玛在美国本土的运作模式，通常是围绕一个区域性配送中心密集建店，强大的配送中心可以支持 120 家门店，服务距其 500 公里半径内的店面。沃尔玛在众多小镇的密集布点能够有效地发挥物流中心的规模效应。这降低了沃尔玛的物流成本。但截至 2005 年底，沃尔玛在中国才设立了两家配送中心、55 家分店，且布局也极为分散，物流的规模效应的发挥也受到了制约。

在美国，沃尔玛依靠运营体系令商品价格比对手低 15%；但在中国，由于布局区域广、密集度极低，大部分商品采购根本不可能统一，因为那样所增加的物流成本将远远高于其所达成的价格优势。所以，沃尔玛除在深圳有几家店实行统一采购外，其他店铺大部分商品几乎完全是单店分散采购。

第二节 连锁经营采购部门及其岗位职责

一、连锁经营采购部门的功能和关键决策权

（一）连锁经营采购部门的主要功能

对于大型连锁经营企业来说，其采购部门一般具有以下主要功能：

1．日常采购业务

日常采购业务一般包括：选择供应商，发出或征集报价单，分析报价，与供应商进行采购业务谈判、决定供货量、交货期、付款方式、送货方式，查核门店申购单，查核发票，退货及向供应商索赔等。

2．新商品开发与滞销品淘汰

随着社会经济的发展和人们收入水平的提高，消费者的需求呈多样化趋势，对商品的要求也越来越高。在买方市场条件下，作为流通业主导者的连锁经营，应主动承担起引导消费、引导生产的重任，不断开发出能满足消费者需要的新商品。同时，为了更有效地利用有限的卖场空间，提高销售业绩，企业连锁经营采购部门在开发新商品的同时，也应认真做好滞销商品的淘汰工作。

3．市场调查与分析

这项功能包括研究商品的市场价格走势及供求状况，价格及成本分析，新商品的开发分析，总代理、总经销业务的可行性分析，竞争对手货源及渠道的调查与分析等。

4．促销策划

连锁经营采购部门应根据门店前台 POS 系统提供的销售数据及其他信息资料，制订企业年度（或季度、月度）的促销计划，策划有供应商配合的节目、店庆等大型促销活动，设计与指导门店的商品配置与陈列，参与决定促销商品的价格优惠幅度等。

（二）连锁经营采购部门的关键决策权

如果连锁经营采购部门想圆满地完成采购工作，那它必须在四个关键领域有决策权：

1．评价供应商

连锁经营采购部门在了解和判断谁有能力提供本企业所需商品和如何分析供应商的可靠程度方面，应该成为行家里手并拥有决策权。

2．选择供应商

采购部门应该拥有选择供应商的决策权。

3．选择定价方法

这包括确定采购的总成本以便制订最有利的价格和协议条款，它是采购职能的一个主要方面。为了取得最低的最终价格和采购总成本，采购部门必须有一定的回旋余地，在这方面拥有决策权。

4．为连锁经营采购商品寻找替代品

连锁经营采购部门应该能提供与目前所使用的商品功能相同的替代品，而且也有责任提醒消费者和采购人员关注这些替代品。当然，是否接受这些替代品要由使用者最终作出决定。

5．与潜在供应商保持直接联系

连锁经营采购部门必须和潜在的供应商保持联系。如果销售者直接和供应商联系，则可能出现某个潜在的供应商通过影响销售者对商品的要求从而成为唯一的供应商，或是采购人员私自给供应商一些许诺，从而使企业不能最终以最低的价格签订理想的合同。如果供应商的技术人员需要和采购企业的销售人员直接交换意见，采购部门应负责安排会谈，并对会谈的结果加以审核。

二、连锁经营采购组织设置的原则和特点

（一）连锁经营采购组织设置的原则

1．专业化分工下的高效率原则

针对一般性采购业务和新商品引进的不同特点，连锁经营可分别设立日常采购业务部和新商品采购业务部。在日常采购业务部中，有专人负责与供应商进行业务谈判，签订合同；有专人负责下订单，落实具体供货时间与供货数量；有专人负责制订和调整商品配置表，确定引入商品在卖场的布局和陈列的货架。在新商品引入决策中，总部采购人员负责提供市场信息和供应商信息，门店店长负责提供销售分析和顾客需求情况。

2．部门分工制衡原则

总部采购业务部按职能可下设计划、促销等部门，按商品大类可分设若干个商品部，不同职能部门、不同商品部职责明确，具体采购业务实行部门分工操作，部门之间相互制约，形成有效的激励机制和约束机制。在不同采购业务流程阶段，采购权的控制，可通过不同部门权利集中与分散的统一原则实现。

3．程序化、制度化原则

连锁经营采购业务部的每一项工作必须按照科学化的程序来进行，以便采购业务能有序运转。有序的运转是为了达到工作内容和质量的稳定性，对这种程序与程序操作中的要求，必须以制度的形式规定下来，形成标准的制度。制度化的目的就是强调程序化运转的控制和运转质量的考核，这种考核和控制使商业企业在采购这一首要工作环节就达到制衡下的安全。

（二）连锁经营采购组织设置的特点

1. 实行统一采购制度

有关统一采购制度的基本特征在本章第一节中已作叙述，这里不再重复。

2. 购销业务统分结合

虽然在连锁经营统一采购制度下，实行购销分离的经营体系，但总部采购人员的职责决不仅仅是将商品采购进来，他们还要对商品的销售负责，统一规划促销活动，以促使采购人员在决定采购前及时掌握销售动态，真正做到“以销定购”。同时门店也可在总部授权下拥有少数特殊配送要求的采购权。

3. 能开发通道利润

连锁经营企业由于拥有庞大的销售网络体系，占据流通最终通道，可以实现巨额的销售业绩，因而在采购过程中，在与供应商进行采购合同的谈判中，连锁经营企业处于相当有利的地位。连锁经营企业有条件、有理由在互惠互利的基础上，向希望进入连锁销售通道的供应商收取适当的进场费、市场推广费，从而能从采购系统中开发一般单体零售商无法享受的通道利润。

三、连锁经营采购岗位职责

（一）连锁经营采购总监的职责

（1）在总经理的领导授权下，直接负责采购部门的各项工作，并行使采购总监的职权。

（2）在公司总体经营策略指导下，制定符合当地市场需求的营运政策、客户政策、供应商政策、商品政策、价格政策、包装政策、促销政策、自有品牌政策等各项经营政策。

（3）在遵循公司总体经营策略下，领导采购部门达成公司的业绩及利润要求。

（4）制订采购人员培训计划。

（5）保持采购部门与连锁门店的密切沟通与配合。

（二）采购主管的岗位职责

（1）新产品供应商的寻找、资料收集及开发工作。

（2）对新供应商质量体系状况（生产能力、设备、交货期、技术、品质等）进行评估及认证，以保证供应商的优良性。

（3）与供应商进行比价、议价谈判。

（4）对原有供应商的商品价格、产能、品质、交货期进行审核，以确定原有供应商的稳定供货能力。

（5）及时跟踪掌握原材料市场价格行情变化及品质情况，以便提升商品品质及降低采购成本。

（6）编制采购计划，订购商品及控制交货期；管理培训部门员工。

（7）与供应商进行沟通协调等。

（三）连锁经营采购员的岗位职责

（1）建立供应商资料与价格记录。

（2）对采购商品进行 ABC 分类。

（3）决定采购方式。

（4）对市场行情进行经常性调查。

（5）进行商品询价、比价、议价及订购。

（6）控制交货期的进度。

（7）处理进货商品的品质、数量差异。

（8）对支付货款方面的资料进行整理、审查。

第三节　连锁经营采购部门和企业内部其他部门的关系

用系统的观点看，采购不是一个孤立的行为，它与其他诸多业务活动密切相关。处理好采购与其他相关业务之间的衔接关系，对保证连锁经营企业商流、物流、资金流、信息流的畅通有着十分重要的意义。

一、采购部门与营销部门

由于采购和营销互相之间有许多相似之处，大多数人都认为两个职能部门合二为一的效果会比较好。研究表明，连锁经营中，采购计划在一般情况下通常包括营销计划。采购部门可以提供目前和未来市场情况方面的信息以及谈判方面的技巧，而市场营销部门可以使采购部门及时了解营销活动、特别的推广活动以及销售预测，还可以邀请采购部门参与和最终用户的会谈，以帮助采购部门更好地了解顾客需求。一项研究认为，谈判和客户服务对采购和营销而言都起着关键作用。因而，共享这些方面的培训可以为企业带来好处。

二、采购部门与门店

一方面，采购是连锁经营的基础，门店根据总部提供的商品目录下单订货、陈列商品、销售商品，实施促销活动，门店无权自行采购商品；另一方面，总部采购人员应根据门店各种商品销售信息反馈情况，即时制订、调整采购计划。

三、采购部门与商品配送中心

采购作为商业企业购、销、存基本环节中的重要一环，还与商品存货管理、商品配送密切关联，采购数量要与企业配送能力相适应，保证供应商送货及时，收货验货到位；要与商品最高库存量、最低库存量及安全库存量相适应，保证门店在不缺货的条件下，尽可能降低门店和物流中心的库存水平。

四、采购部门与财务部门

采购部与财务部分别是企业商流与资金流的实施主体。采购部门在制订采购计划及与供应商签订采购合同后，应将所需商品资金的总体计划和向各供应商支付货款的计划通知财务部门，以便财务部门准时准额地向供应商支付货款，做到既保证连锁经营企业的利益，又不损害与供应商良好的合作关系。

采购部门和财务部门打交道主要是在应付账款和预算等方面。现实中采购人员常常抱怨会计部门过于关注利润而对满足合同上的支付条款不够重视，给采购与供应合作协议带来不少麻烦。如进行采购的企业如果不能及时地支付货款，就不可能很好地履行协议的条款。如果某家公司采取将货款支付延期的政策，在 45 天内而不是在通常的 30 天之内付款，采购部门就难以使供应商相信合作关系对采购方确实具有重要意义。官僚体制会使得发票审核程序很慢，这也会延缓货款的支付，同时也表明了这一关系中的单方面性。采购和财务部门之间沟通的加强会有助于消除这些问题。如采购部门可以提供市场信息来帮助财务部门，这些信息由于会影响采购部门签订的合同而最终影响目前或未来所需的资金；采购部门和财务部门也可以在新产品开发团队中进行合作。

第四节　连锁经营采购组织行为管理

一、现代采购人员基本行为规范

道德要求人类的行为合于理，利于人。所以，要想使得组织和谐而有秩序地运作并利于企业长久采购，必须对采购组织行为进行管理，倡导优良的职业道德规范，防止不良采购行为的发生。

1. 连锁经营采购人员基本行为规范

（1）采购人员执行作业时，必须认真研究有关的法律命令或连锁经营制度以作为执行准则。

（2）采购人员必须发挥专业知识，以充分运用其创造力、想象力，并了解与其基本作业有关的一切事项。

（3）采购人员对外界不正当行为所施加的压力，必须予以排除或抵制。

（4）采购人员的处事态度应该是积极的，要针对问题，不断改进。

2. 现代采购从业人员必须具备的道德观念

采购作业人员的素质对采购任务的完成质量有重大影响，采购人员必须要有较高的道德标准约束，否则，企业无法获取长远的效益。一个优秀的采购人员应遵循下列几项道德原则：

（1）在各种采购交易中，应以公司的利益为重，信守并执行既定政策。

（2）无偏私的采购，使每一元的支出发挥其最大的效用，获得最大价值。

（3）努力学习和研究采购知识，以建立实用的采购方法。

（4）诚实地执行采购任务，揭发各种商业弊端，拒绝接受任何贿赂。

（5）对负有正当商业任务的访问者给予礼貌的接见。

（6）与其他从事采购作业的机构、团体及个人加强联系和合作，以促进彼此的业务发展。

二、连锁经营采购组织相关角色

角色是指在社会生活中处于一定社会位置，具有一定社会规范的活动个体。每个人从他走进社会开始，就成为社会角色，因为他在社会中生存必定会有一定的位置，从而必然有一套与其地位相适应的行为模式。一个连锁经营采购组织群体由各种角色组成，如计划角色，认证角色、订单角色，员工角色、主管角色，供应商角色等。一个运转正常的采购群体，是一个有序组织、遵循一定的行为准则、具有较高职业道德的角色群。

1．连锁经营采购组织的相关角色之间的关系

采购组织、采购角色、供应商角色，以及采购组织绩效之间的关系如图 3-3 所示。

采购组织中的角色关系，需要从采购的流程、组织、规章制度三个方面来考察。

（1）采购流程方面。采购流程的设计应运用管理的闭环原理，即一个采购流程应包括计划、实施、监控、反馈、优化等环节。

（2）采购组织方面。采购组织的设计应体现“多权分立，集中管理”的模式；采购组织整合应体现“流水不腐，经验传播”的思想；采购人员组成应体现“德为上，老中青搭配”的原则。

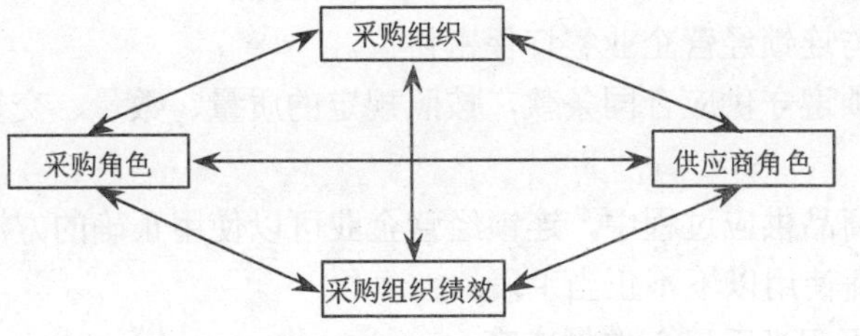

图 3-3　连锁经营采购组织的角色关系图

（3）采购规章制度。采购规章制度包括以下几个方面：供应商接待、供应商考察、供应商行为、供应商处罚管理、采购保密、采购谈判、采购信息数据管理、采购物流管理、采购角色处罚管理等。

2．**连锁经营采购角色行为管理**

采购角色的日常操作必须依据采购流程、规章制度、集体决策思想，禁止独断专行、欺骗和上报虚假信息。

在从事采购业务及管理活动中，应严格自律，以连锁经营企业利益为重，保证本企业采购的最大利益。在与供应商接触、谈判、签订合同，商品检验，业务审核等采购环节，都要坚持公开、公正原则。

采购角色有义务保护采购信息机密，不得在有意或者无意中泄露，决不准许向竞争对手提供采购信息，或者在其他任何公司采购部门兼职。

采购是连锁经营企业开销最大的部门，任何采购角色不得受贿，更不许集体作弊，采购部门应该制定相关的处罚制度，尤其要注意以下几个环节：

（1）礼物：采购角色可以接受供应商广泛赠予的具有广告性质的礼品，如印有供应商广告的一件衬衫、一支笔、一本日历等；采购角色不准许接受供应商专制的特殊礼物，包括任何试图或可能产生不正当关系的金钱赠予、特殊优惠、拥有股份等。

（2）活动：采购角色和供应商一起组织活动，如球类锻炼活动，参观、郊游、联欢等友谊活动，是增进连锁经营与供应商沟通的较好途径，但费用必须双方均摊；禁止参与任何不健康的活动，如打麻将、低级情趣的活动等。采购角色应拒绝任何可能损害采购双方利益的行为活动。

3．**供应商角色行为管理**

供应商和连锁经营企业在一起成长的过程中实现双赢，是战略伙伴关系。供应商健康的发展、规范的行为是保证连锁经营企业获得正常商品供应的关键因素之一。

任何一个合格的供应商，必须具备良好的运作流程、规范的行为准则制度，对于管理混乱、行为不健全的供应商最好不予入选。

供应商应遵守连锁经营企业制定的供应商准则。

供应商应与连锁经营企业签订保密协议。

供应商必须遵守供应合同条款，按照规定的质量、数量、交货期及市场上的优惠价格供货。

在日常的商品供应过程中，连锁经营企业可以使用正确的方法保证商品的供应，预防供应商使用以下不正当手段：

（1）通过不正当手段入选供应商。

（2）邀请采购人员到不健康场所活动。

（3）供应的商品以次充好。

（4）串联供应商群体哄抬商品价格。

供应商应具备良好的售后服务意识。商品在使用、装配、运输等过程中，可能因为质量问题，也可能因为生产方式不当等原因导致商品的损坏，供应商应该及时维修，维修费用双方协调解决。

供应商应具备良好的质量改进意识，并且能够意识到供应商品品质的改进就是给自己争得更大的市场、更快的发展。

供应商应具备良好的供应风险意识，面对商品将来市场需求的不确定，能够判断哪些商品会有大量的需求，哪些商品仅具有研发阶段的供应价值。

本章小结

连锁经营采购制度有两种：统一采购制和分散采购制。

统一采购有利于降低进货价格、有利于降低连锁系统的整体物流成本、有利于规范采购行为、有利于采购决策中专业化分工和专业技能的发展。

采购部门的主要功能包括日常采购业务、新商品开发与滞销品淘汰、市场调查与分析和促销策划。同时采购部门要想圆满地完成采购工作，必须在五个关键领域有决策权：评价供应商的权利、选择供应商的权利、选择定价方法的权利、为连锁经营采购商品寻找替代品及与潜在供应商保持直接联系的权利。

采购组织设置具有实行统一采购制度、购销业务统分结合和能开发通道利润三个鲜明的特点。

采购部门作为商业企业实施商流职能的部门，与实施物流职能的商品配送中心、与实施资金职能的财务部门，以及与同样实施商流职能的营销部门、门店存在密切关系。

采购人员应遵循一些基本的道德原则。一个采购组织群体由各种角色组成，如计划角色、认证角色、订单角色，还有员工角色、主管角色，以及供应商角色等。采购组织、采购角色、供应商行为，以及采购组织绩效之间存在密切的关系。

复习思考题

一、选择题

1．下列不属于连锁经营统一采购优点的是：（　　）。

A．有利于降低进货价格　　B．有利于规范采购行为

C．有利于满足消费者的需求　　D．有利于采购决策中专业技能的发展

2．连锁经营采购部门的主要功能有：（　　）。

A．日常采购业务　　B．新商品开发

C．市场调查与分析　　D．促销策划

3. 下列哪项不属于连锁经营采购组织设置的特点？（　　）

A. 分散采购　　B. 购销业务统分结合

C. 能开发通道利润　　D. 统一采购

4. 下列属于连锁经营采购员的岗位职责的是（　　）。

A. 新产品供应商的寻找　　B. 与供应商的比价、议价谈判

C. 进货品质、数量差异的处理　　D. 采购计划编制

二、判断题

1. 分散采购组织具有相当弹性，较具市场竞争力。（　　）

2. 统一采购制度下营业人员与采购人员易产生对立。（　　）

3. 谈判和客户服务是两个对采购和销售而言都起关键作用的成功因素。（　　）

4. 采购业务应实行各部门分工操作，部门之间相互制约，形成有效的激励机制和约束机制。（　　）

5. 一个采购组织群体由各种角色组成，如计划角色、认证角色、订单角色，还有员工角色、主管角色，以及供应商角色等。（　　）

三、问答题

1. 集中采购制度主要有哪些优点和缺点？

2. 你同意“统一采购的实质就是大批量进货”的观点吗？为什么？

3. 连锁经营采购部门的一般功能主要有哪些？

4. 采购部门必须在哪几个关键领域拥有决策权？

5. 简述统一采购制下采购组织设置的原则和特点。

6. 连锁经营采购主管的工作职责主要有哪些？

7. 简要叙述连锁经营采购部门和企业内部其他部门的关系。

8. 连锁经营采购组织、采购角色、供应商行为及采购组织绩效之间存在什么样的关系？

四、案例分析

××公司采购作业指导

1. 目的

对采购作业进行指导，使采购作业有序进行。

2. 范围

公司国内采购作业。

3. 请购

（1）请购人员依库存管理标准、销售动态和库存情况计算出请购数量，并填

写请购清单，根据请购清单开具请购单。

（2）请购单应注明商品的品名、规格、数量、需求日期及注意事项等。

（3）请购单经主管审核后依据请购核定权限呈送采购部。

（4）需要日期相同且属同一供应商供应的商品，请购部门应以请购单附表，一单多品种的方式提出请购。

（5）紧急请购时，由请购部门于请购单的“备注栏”中说明原因，并加盖“紧急采购”章。

4．请购核定权限

（1）国内销售商品的权限核定：

请购金额预估在5万元以下的，由主管核定。

请购金额预估在5～20万元的，由采购经理核定。

请购金额预估在20万元以上的，由总经理核定。

（2）国外采购权限核定：

请购金额预估在10万元以下的，由采购经理核定。

请购金额预估在10万元以上的，由总经理核定。

5．采购方式和价格

（1）对于重要商品的采购，总经理可直接与供应商或代理商议价。

（2）采购方式：除一般采购作业方式外，采购部门可依据采购特性，选择下列一种最有利的方式进行采购：集中计划采购、长期报价采购。

（3）询价、比价、议价。

采购人员接到营业部的请购单后应依商品的缓急，并参考市场行情及过去的采购记录或供应商提供的资料，选择三家以上的供应商实施比价或经分析后议价。

若供应商报价商品的规格与请购商品规格略有不同或属替代品，采购人员应附资料于请购单上并注明，经主管核准后，告知营业部门或使用部门签注意见后呈核。

对供应商的报价资料进行整理后，采购人员还应深入分析，以电话或面议等方式向供应商议价。

采购部门接到营业部请购电话联络的紧急采购案件后，主管应立即指定采购人员先行询价、议价，待接到请购单后，按正常采购程序优先办理。

核定：采购人员询价完成后，便在请购单上详细填写询价或议价结果，将拟定的供应商、交货期限交主管审核。

6．订购

（1）采购人员接到经核定的请购单后即可向供应商订购所需商品，并以传真的方式确定交货（到货）日期，同时要求供应商于送货单上注明请购单编号。

（2）凡属分批交货者，采购人员应于请购单上分批送货一栏填写各批次的交货数量。

（3）采购人员使用暂借款采购时，应于请购单上注明"暂借款采购"，以便识别。

7．采购进度控制

（1）国内采购部门应分询价、订购、交货三个阶段，以采购进度控制表控制采购作业进度。

（2）采购人员未能按既定进度完成作业时，应填制进度异常处理单，并注明异常原因及预定完成作业日期，呈送至采购部主管并依其意见拟定对策。

8．付款

（1）付款控制部门应将已办妥的进货验收单送至采购部门，若与发票核对无误，则于第二日前经主管核章后送至财务部门。

（2）财务部门应按付款管理规定办妥付款手续。

（3）请购部门应依照实收数量，进行核对整理。

问题：

1．采购主管与一般采购人员的职责有何不同？

2．该公司采购流程的设计有何特点？

第四章 连锁经营采购人力资源管理

4

学习目标

技能目标： 1. 学会选择采购员招聘渠道
2. 能够进行采购员职位分析

知识目标： 1. 熟悉采购人员的素质要求
2. 掌握采购人员的招聘原则
3. 了解采购人员培训计划和方法

引导案例　某连锁经营企业招聘采购人员的要求

一、采购主管的岗位素质要求

1. （与采购相关专业）大专以上学历，英语良好，25～40岁
2. 两年以上工作经验，善于谈判议价
3. 熟悉（与采购有关）商品行情
4. 能够熟练操作电脑
5. 熟悉供应商评估、考核流程，以及ISO9000的运作
6. 品行端正

二、采购员的岗位素质要求

1. 大专以上学历，23～30岁，英语良好
2. 一年以上工作经验
3. 能够熟练操作电脑
4. 品行端正

品行端正、忠厚老实是采购主管和采购人员都必须具备的素质。但是，随着

采购的重要性逐步提高，采购的复杂性也日益上升，变成了一门专业。采购工作不再是那些只具备忠厚老实品质的人能够胜任的。采购人员还必须具备与工作复杂性相适应的素质、知识和能力，通过专业化的培训达到甚至超过企业和市场要求的水平。

第一节 连锁经营采购人员素质要求

连锁经营采购是由采购人员进行的，采购人员素质将直接关系到采购工作的绩效。因此，连锁经营采购人员必须具备与连锁经营采购相适应的素质和能力。表4-1列出了现代连锁经营对采购人员三方面的素质要求。

表4-1 连锁经营采购人员的素质要求

品德方面	知识方面	能力方面
正直廉洁 具有敬业精神 虚心、耐心	采购管理专业知识 采购商品相关知识 财务管理知识 相关法律 语言 信息系统	价值分析能力 逻辑思维能力 决策能力 预测能力 个人魅力 灵活性与敏捷性 团队精神 沟通与交流技巧 市场把握能力 供应商关系处理能力

下面我们将分别对这三个方面进行简要的阐述：

一、品德方面

1. **正直廉洁**

采购人员下的订购单对供应商来说就是金钱，拥有采购权的业务人员经常会被各种各样的供应商包围。采购人员必须保持廉洁，不能以牺牲企业的利益来换取个人财富的增加，君子爱财，取之有道，违背法律道德的做法终将害人害己。企业在选择采购人员时一定要对候选人员进行这一方面的考察，只有拥有正直人格的人才能给企业带来财富，才是企业宝贵的人力资源。

2. **敬业精神**

敬业精神同前一种要求一样，也是从事任何工作的人员都必须具备的优秀品质，采购人员也不例外。大家都知道拥有敬业精神是做好本职工作的基本要求，再有才华的人也只有在这一精神的指引下才能做出成绩。采购人员敬业精神的好坏会直接影响企业的采购情况。良好的敬业精神可以保证企业采购的稳定，从而保证经营活动的顺利进行。

3．**虚心与耐心**

采购人员在买卖关系上占有优势地位，对供应商的态度，必须保持平等尊重，有时甚至可以不耻下问，虚心求教，不可趾高气扬，傲慢无礼。与供应商谈判或议价的过程，可能相当艰辛与复杂，采购人员更需具有忍耐、宽容、等待的修养，只有这样才能游刃有余地进行采购工作。

二、知识与能力方面

知识和能力既是相辅相成又是相互独立的。知识是能力的基础，能力是知识的反映。但是作为采购人员，只有专业知识是远远不够的，实践能力才是为企业带来财富的根源。对不同级别、不同岗位的采购人员，知识和能力的要求也是不同的，表 4-2 可以清楚地说明这个问题：

表 4-2　典型采购人员的素质要求

素质要求＼职位		采购总监	采购经理	采购主管	战略采购员	前期采购员	后期采购员	品质检验员	电子产品采购员
知识要求	采购管理专业知识	高	高	高	高	高	低	高	高
	采购商品相关知识	低	高	高	高	高	低	高	高
	财务管理知识	高	高	高	低	低	低	低	低
	相关法律	高	高	高	一般	一般	低	低	一般
	语言	高	高	高	高	高	高	高	高
	信息系统	一般	一般	一般	一般	一般	一般	高	高
能力要求	价值分析能力	高	高	高	一般	一般	低	高	一般
	逻辑思维能力	高	高	一般	一般	一般	低	高	一般
	决策能力	高	高	高	一般	一般	低	一般	低
	预测能力	高	高	高	一般	一般	低	一般	一般
	个人魅力	高	高	一般	一般	一般	一般	一般	低

（续）

素质要求 \ 职位		采购总监	采购经理	采购主管	战略采购员	前期采购员	后期采购员	品质检验员	电子产品采购员
能力要求	灵活性与敏捷性	一般	一般	高	一般	一般	低	低	低
	团队精神	一般	一般	高	一般	一般	低	一般	低
	沟通与交流技巧	高	高	一般	一般	一般	低	一般	一般
	市场把握能力	高	高	低	一般	一般	低	低	低
	供应商关系处理能力	高	高	一般	一般	一般	一般	高	低

需要说明的是：采购人员特别是管理人员至少应具备专科以上的学历，因为接受过正式专科以上教育的学生，具备的专业知识与技能较能符合采购工作的需求。除此之外，采购人员最好具备商学背景，如企业管理、物流管理、市场营销等专业，并曾修过商品学、销售学、统计学、经济法等课程。

由于连锁经营采购人员常常面临许多不同策略的选择与制定，因此，采购人员应具备使用分析工具的技巧，并能针对分析结果作出有效的决策，这就是决策能力。

连锁经营采购支出是构成销货成本的主要部分，因此采购人员必须具有成本意识，精打细算。其次，必须具有成本效益观念，所谓："一分钱一分货"，不可花一分冤枉钱，也不可以买品质不好或不具有使用价值的廉价商品。

此外，对于报价单的内容，应有分析的技巧，不可以总价比较，必须在相同参照系数的基础上，对原料、人工、工具、税捐、利润、交货时间、付款条件等逐项加以剖析评断。这些都是价值分析能力的具体要求。

在现代动态经济环境下，商品的采购价格与供应数量是经常调整变动的。采购人员应能依据各种产销资料，判断货源是否充裕；通过与供应商的接触，从其销售的态度，揣摩商品可能供应的情况；从商品原料价格的涨跌，推断采购成本受影响的幅度有多少。总之，采购人员必须扩充视野，具备察言观色的能力，对商品将来供应的趋势能较准确地作出预测。这是预测能力。

采购人员无论是用语言还是用文字与供应商沟通，都要能正确、清晰地表达采购的各种条件，如规格、数量、价格、交货期限、付款方式等，避免语意含混，滋生误解。特别是在采购工作忙碌的时候，采购人员必须具备长话短说，言简意赅的表达能力，以免浪费时间。晓之以理，动之以情地争取采购条件，更是采购人员必须锻炼的表达技巧。这是沟通交流的能力。

采购人员需要的能力远不只这些，在此只列举一些基本的能力与技巧。

第二节 连锁经营采购人员招聘

通常，采购部门的采购人员招聘都是由企业的人力资源部门统一进行的，总经理也可授权给企业的采购经理，由其负责进行部门内部人员的招聘。本节主要介绍招聘的一些原则和方法以供连锁经营采购经理参考。

一、员工招聘原则

员工招聘成功与否对企业的生存和发展非常重要，连锁经营采购经理在日常员工招聘过程中应该体现以下几个原则：

1．高素质和多样性原则

为了使企业得到持续发展，企业部门所招收的员工必须是知识、技能、身体以及品质等各方面都符合企业要求的高素质员工，这样才能使企业拥有维持发展的人力资源。不同企业、不同工作对人员的素质要求也不同。例如，向具有发展前途的新领域进行多元化经营的企业，需要的是富有独创能力、活动能力和勇于向未来挑战的人才。对于维持生存型的企业来说，人才的素质则要求稳定性和协调性。对于同一个企业来讲，录用同类素质的人也并非上策，因为虽然招聘的人员可能都非常优秀，但有的人适合搞经营，有的人适合从事一般管理工作，有的适合研究开发。人才素质的多样性要求在人员录用的过程中体现多样性，这对确保企业人才总体的高素质非常重要，而且更有利于企业不同工作层次人员之间的相互配合。

2．效率优先原则

效率优先原则是指力争用尽可能少的招聘费用，录用到高素质、适应企业需要的人员，或者说，以尽可能少的招聘成本录取到同样素质的人员。

例如，利用内部晋升或熟人介绍的办法，可以解决当企业出现职位空缺时的人员招聘问题。但不管采用何种方法，对于应聘的人员都要经过人事部门的考核，合格后方能任职。这样既可以保证任职人员的质量，同时也节约了招聘费用，避免了职位长期空缺造成的损失。

3．公平竞争，择优录用原则

实践证明，只有公平竞争才能使人才脱颖而出，才能吸引真正的人才，才能起到激励的作用。招聘中的不公正情况是很容易出现的，例如，不能对应聘者一视同仁，甚至对不合格的人员给予照顾，而对某类人员实行歧视。我国《劳动法》第十二、第十三条规定：劳动者就业，不因民族、性别、宗教信仰不同而受歧视。所以人员招聘过程中不能有歧视行为。

4．内部优先原则

当企业中的工作岗位出现空缺时，如果从外部招聘员工担任现有工作，往往会引起很多不满的情绪。因为企业内许多人的升迁希望破灭，常常会提高企业的辞职率，或者引起内部员工在工作中宣泄不满，人为制造矛盾，从而对企业的发展产生不利的影响。另外，如果从企业内部招聘员工，有利于他们利用自己的经验迅速适应工作，开拓新局面。这样招聘既可以降低招聘成本，又可以调动员工的积极性。所以应当首先考虑提拔或调动原有的内部员工。但是，也应该关注其可能产生的消极作用，如果企业大部分主要工作岗位都从内部优先招聘，那么必然会导致人际关系复杂化，矛盾加剧。所以企业人员招聘要在内部优先选择的同时，对一些部门也要实行内外兼顾的原则。

二、招聘方法与渠道

为了避免安置一个不合格的候选人，企业必须寻找和利用各种招聘来源。

我们通常可以利用的招聘方法与渠道有：

1．内部招聘

内部招聘是指吸引现在正在企业任职的员工，填补企业的空缺职位。它也是企业的一种重要招聘方法，特别是对于企业管理职位来说，这种方法尤为适用。内部招聘这一方法的使用，是通过不同的渠道来完成的。

（1）内部提升。当企业中有些比较重要的职位需要招聘人员时，让企业内部符合条件的员工从一个较低的职位晋升到一个较高的职位的过程就是内部提升。

（2）职位转换。将员工从原有的职位调到同层次或下一层次的空缺职位上去的过程就是职位转换。

企业内部招聘有很多方法可供选择，通常采用的是职位公告与职位投标法。职位公告是指通过布告或企业的报刊向员工通告企业空缺职位情况。职位公告中应该包括职位的责任、义务、必需的资格、工资水平以及其他有关的信息，如公告的日期和截止的申请日期、申请的程序、测试内容等。职位投标是指允许那些自认为具备资格的人员申请公告中的职位，即具有资格申请者在职位投标单上签名，以供选择录用。

内部招聘具有许多优点：员工对新岗位比较熟悉，这种方法对员工会产生很有效的激励，在提高员工的工作绩效和士气的同时，也容易增强员工对企业的忠诚度，大大减少员工的流失；由于企业对员工的技能等方面了解得比较清楚，因而内部提升能够做到人尽其才；内部提升不仅可以节约大量的招聘广告费用和筛选录用方面的相关费用，还可以节约有关培训费用。

内部招聘的缺点主要表现在：难以保证选拔的公平性，容易使申请了但没有得到该职位的员工失望，从而影响到其工作的积极性，还常常会在员工中引发嫉妒、攀比等心理问题；内部提升也会产生新的空缺，即被提升出来的人员的职位也是需要填补的；如果从内部提升的人被证明不适合新职位的工作，企业会面临比较尴尬的局面；内部招聘的最大问题是近亲繁殖，这样会使企业在管理上缺乏差异，整个管理层缺乏创新意识。

内部招聘现已成为建立员工忠诚度的一种有效的方法，它的不足可以通过内部细致的工作来弥补和消除。如在内部招聘初期进行更广泛的宣传，使有关信息传达到组织的每一个角落；人力资源管理部门进行更细致的工作，提高服务质量等。

2. 外部招聘

当企业需要大量员工的时候，如初级岗位出现大量空缺时，内部招聘就满足不了需求了，这时外部招聘是必然的选择。

（1）刊登广告。招聘渠道中使用最普遍的就是刊登广告。通常用来刊登招聘广告的媒体有：

1）报纸。这是招聘广告的传统媒体，它是最便宜且传播范围最广的广告形式之一。

2）杂志。因为杂志都是精心设计的，面向特定读者的，所以企业可以利用杂志来将信息传达给属于其目标读者范围的应聘者。在制作广告内容时，措辞应吸引读者注意，并且根据企业的工作和对候选人的要求，围绕候选人重点关注的问题展开。

（2）员工推荐。对于那些已使员工满意的成长中的企业，应该鼓励员工积极推荐人选，这是一种特别有效的外部招聘策略。那些被推荐的人一定十分相信这是一个好单位，因为除非员工认为该企业是一个工作的好去处，否则他们不会推荐熟人应聘。

一套成功的员工推荐计划的关键因素之一是推荐人可从中获得报酬。这一激励因素鼓励员工仅推荐那些合格的，有可能被雇佣的潜在候选人。报酬总额取决于企业的业务及相关预算，要提供优厚的报酬来使员工关注这一重要任务，但也不能过于优厚以至于打断了工作安排或者促使那些只想得到报酬的员工推荐一些劣质人选。

（3）顾客推荐。将顾客作为招聘员工的候选人，从顾客中寻找合适的招聘人选的方法就是顾客推荐。顾客本人就可能正在寻求职业，或者他们认识的某人有可能成为优秀员工。在填补销售或服务职位时，顾客推荐可能十分有用。

例如，麦当劳早已开始利用每日餐厅客流来寻求员工。有一种周期性使用的盘碟托垫，上面写有引人注目的标题，如“加入麦当劳团队，万事俱备，只欠您”。它向顾客展示了一幅图画，在这幅图画中有一群微笑的员工，标题是“赚外快，享受自由空间，大餐福利、免费制服和工作多样化，麦当劳现在正在招聘！”这时，每位顾客都是潜在的候选人或推荐人。

此外，连锁门店还可以在紧靠收银台处的展板上展示招聘广告；制作企业卡片，为空缺职位做广告宣传，并将它们分发给顾客，等等。

（4）高校校园招聘。以往大学校园招聘被认为仅适用于大型企业，可如今它已经成为小型企业招聘高素质人员的一个主要来源。随着企业不断精简裁员，大企业雇佣的应届大学毕业生越来越少。精简裁员不但减少了企业大学校园招聘的数量，而且还降低了大企业的魅力。目前许多大学生毕业都希望能在富有挑战性的企业里寻找机遇，因为在那里他们能与企业一起共同发展。如果连锁店有几个相同的职位空缺，并且一段时间后才需要人员填补，那么这种高校校园招聘就是一种有效的招聘方法。

（5）互联网招聘。有关调查表明，38%的被调查企业在网上接受简历，45%的企业正在考虑这一选择。网上招聘一定会成为未来所有企业的招聘方式。目前的网上招聘，可以考虑以下 5 种方法：

1）利用企业的网页。

2）利用网上猎头。

3）利用搜索引擎来寻找应聘者。

4）通过电子刊物做广告。

总之，互联网为连锁经营企业寻求合适员工创造了条件。

（6）职业介绍机构。职业介绍机构是既帮助企业招聘员工又帮助个人找工作的一种组织，具体包括政府主办的公关职业介绍机构，私人或民间的职业介绍所，人才交流中心等。

这一招聘渠道的缺点是：由于职业介绍机构对应聘者的情况不太了解，不一定能找到企业需要的合适人选。根据国外的经验，寻求职业介绍机构帮助的求职者主要是一线工人与一般办事人员，而专业技术人员一般难以聘到。从我国人才交流中心的统计资料看，其招聘成功的百分比也不高。另外，招聘企业与应聘者个人都要支付给这些机构较高的中介费，尤其是私人职业介绍机构，而企业利用这种招聘渠道也会增加招聘成本。

因此，企业如果借助职业介绍机构招聘员工，应该注意一定要选择信誉较好的职业介绍机构，同时也要让机构提供尽可能准确、详细的信息。目前，我国公共就业机构在招聘中扮演着主要的角色，这些机构都能够为用人单位提供比较全面的人力资源管理的代理服务，如果企业还很小，还没有设立专门的人力资源管理部门；如果企业的人力资源管理部门过去进行过招聘和录用工作，但在开发招聘渠道方面总是不成功，那么公共就业服务机构就是比较好的选择。

（7）专职猎头机构。猎头机构，一般称猎头公司，是指专门为用人单位介绍和招聘高级管理人才或重要专业人才的中介机构。在我国，随着市场经济的发展，猎头公司也开始在招聘高级管理人才方面发挥了重要作用。这些公司一般进行两类业务：一类是向需要人才的企业介绍特殊人才；另一类是针对需要工作的个人介绍合适的工作岗位。这些公司通晓企业对各种人才的需求，同时也掌握着丰富的具有特殊才能的个人的信息。在针对企业进行服务时，企业只有在招聘需要的人才成功时，才支付给猎头公司相应的费用，一般相当于被招聘者头一年工资的30%～35%；在针对个人进行服务时，无论个人应聘成功与否，都要支付一定的费用给猎头公司。

企业使用猎头公司招聘高级管理人才，既可以节省时间，又可以节省开支。因为企业可以节省大笔的广告费用，节省大量的对候选人进行筛选所耗费的成本。

企业依靠猎头公司进行人才招聘时，尤其应该注意几个问题：第一，企业要避免与过多的“猎头公司”接触，应该精心挑选少数信誉比较好的“猎头公司”合作。这样既节约成本又有利于和少数几个猎头公司建立长期友好稳定的合作关系。第二，在与之合作的猎头公司中，应与几个熟悉企业需求的顾问建立关系，如果这些顾问离开了他们所服务的公司，企业也应该不再与这些公司合作，而寻求新的猎头公司。第三，企业要为“猎头公司”提供空缺职位的详细信息，以便寻找“猎物”。第四，要调查猎头公司所推荐的人员与其原来工作的单位是否已经解除了聘用关系，特别是涉及到技术人员时，必须小心。因为由于技术人员改变聘用关系而引发的法律诉讼事件在我国也时有发生，而且涉及的赔偿金额也越来越多，用人单位一不小心就会遭受重大的经济损失。

3．不同招聘渠道和方法的选择

选择什么样的招聘渠道和方法与职位的类型、级别、企业的规模等都有很大的关系。技能及管理层次越高的职位，越需要在大范围内进行招聘。发达国家的一些研究表明，职位的类型是决定使用哪一种招聘方法的重要因素。调查显示，对管理职位来说，使用最多的是内部招聘、报纸广告，其次就是私人就业机构；对于专业技术职位来说，使用最多的是校园招聘，其次是报纸和专业杂志广告，再次就是私人就业机构；对销售人员的招聘，效果最好的是报纸广告。

针对我国的情况，对于大多数企业来说，如果是集中招聘一批人员，通常选择广告、校园招聘、人才招聘会等渠道，而员工推荐则作为补充渠道。

各种员工招聘的渠道比较如表4-3所示：

表 4-3　各种员工招聘的渠道比较

来　源	优　点	缺　点
内部招聘	花费少，有利于提高员工士气，应聘者了解企业情况	供给有限
刊登广告	覆盖面广，有利于提高企业的知名度	会吸引许多不合格的应聘者，对应聘者了解少，招聘压力大
员工推荐	对应聘者较了解，成功率大，应聘者就职后稳定	容易搀杂人情关系，录用后难以辞退
顾客推荐	应聘者对工作比较了解，就职后比较稳定	覆盖面窄
高校校园兼职	针对性强，能够吸引大量的应聘者	应聘者缺乏实际操作能力，可能有比较高的流失率
职业介绍机构	花费比较合理，有时还能免费	成功率低，难以招到优秀的人才
猎头机构	对招聘高级和专业人才特别有效	费用高，容易上当受骗

三、筛选

企业要把合适的人选安排到空缺的工作岗位中去，为此，一方面要求招聘过程按照一定的程序进行，另一方面要求企业运用科学可行的选拔方法。现代企业员工筛选的方法非常多，常见的有效方法有以下几种：

1. 求职者背景调查

首先根据求职者的求职申请表对申请求职者进行必要的背景调查，即了解申请者的教育经历、工作履历、个人品质、人际交往能力、工作能力以及申请者于原来所在单位的工作表现等。但是，一般来讲，背景调查均是通过官方材料和档案来进行的，只有原单位认真客观地记录和尽力配合才能获得真实的信息，只有这样，背景调查才能在企业对申请人的初选中起到积极作用。

2. 心理测验

在筛选员工时，为了能够准确判断应聘者的性格、气质、思维敏捷性、特殊才干等，企业经常采用心理测验的方法。从内容上分，心理测验可划分为智力测验、个性测验和能力倾向测验三种。

（1）智力测验。智力测验是对一般智慧能力的测验。智力的高低直接影响到一个人在事业上的成功。我国古代就在认识自己的智力方面进行过许多的探索，如七巧板、九连环等智力测验工具。但真正意义的现代智力测验是在 20 世纪初才产生，现在普遍采用的是心理测量表，测量结果用智商来表示，在这里我们不作详细的介绍。

（2）个性测验。个性，是指一个人比较稳定的心理活动特征。个性包括性格、能力、兴趣、爱好、气质、价值观等。智力可以有高低之别，而个性是没有优劣之分的。但是个性是一个人施展才华、有效完成工作的基础。许多研究都证明，个性特点与工作行为关系极大。

（3）能力倾向测验

1）心理运动机能测试。心理运动机能测试，包括心理运动力，如肢体运动速度、四肢协调能力、手指灵活程度、速度控制等；还包括身体能力，如动态强度、爆发力强度等。这方面的测验可通过体格检查和借助各种测试仪器进行。

2）特殊能力测验。特殊能力测验，是指对那些特殊职业所需要的能力的测验。如机械检测技师就需要听觉特别敏锐；药剂师就需要嗅觉特别敏锐；品酒师就需要味觉特别敏锐；营销师就需要口头表达能力特别强。特殊能力的测试，有时需要一些心理测验仪器的配合运用，才能得到比较准确的结果。

心理测验在员工招聘中显示出来的优势是不容忽视的。许多研究结果显示，要想正确地反映一个人的能力、个性，不仅要进行单个的测验，而且要进行组合测验。

3. 情景模拟

情景模拟是指根据应聘者可能担任的职务，编制一套与该职务实际情况相似的测试题目，让应聘者处理可能出现的各种问题，以此来测评应聘者的心理素质及某种职业能力的一系列方法。情景模拟可以为企业选择到最佳人选，同时为企业节省培训费用，也可使应聘者得到一次实际的锻炼。

情景模拟的内容一般包括：公文处理、与人谈话、无领导小组讨论、角色扮演和即席发言等。有些可以量化的情景模拟内容，还可以移到计算机上来进行，如模拟一个工厂的生产经营体系。因为其成本高，所以情景模拟一般不能大规模使用，而只能用在高层的管理人员和特殊的专门人员的筛选上。

4. 笔试

笔试是指通过纸笔的形式了解被测试者的知识广度和深度的一种方法。在我国企业的员工招聘中，笔试历来被广泛采用。笔试的优点是：公平、费用低、迅速、简便；不足是过分强调记忆力，不能全面考察应聘者的工作态度、品德修养、管理能力、口头表达与操作能力等。因此，连锁经营企业在招聘人才时可将其作为筛选的第一道关，通过后应聘者才参加下一轮测试。

5. 面试

面谈是指考官通过面谈对应试者进行当面考查测试。企业通过交流和观察等可了解应聘者的个性、态度、随机应变能力、形象、气质等方面的特性，从而选到合适的人员。有研究表明，面谈中从应试者面部表情中获得的信息量可以达到 50%以上；但是面谈也存在一些不足，如时间长、费用偏高、考官的主观偏见等。

第三节 培训与开发

一、员工培训的必要性

采购的质量首先是采购人员素质的体现，这是毋庸置疑的。在业务素质方面，采购人员具有非常大的可塑性，人的绝大多数能力是后天习得的，所以，人的差别的关键在于学习的机会和意愿。一位已有在国内连锁企业工作，后“跳槽”到某大型跨国连锁企业的采购经理说，在跨国连锁企业一年的学习比他在原来的国内连锁企业三年所学的东西还多。

在那些大型的连锁经营企业，一般都有针对性地对采购员的跨国培训团队。这些团队分布在地区总部或集团总部，培训师则从那些优秀的采购员中选拔或高薪外聘。这些企业认为：要掌握采购的理论与技巧需要培训，要掌握谈判技巧，法律、货币和财务知识，产品知识和内部业务流程等更需要培训。培训的方式则极为灵活，一般不采用讲课和理论探讨的方法，而是采购人员现身说法，用发生在自己身上的事例作为案例，进行集体讨论，而培训师则精心进行组织和总结。一位跨国公司的地区培训总监曾充满自信地说：“人与人之间的差异来自培训。”

诚然，国内企业在短期内还无法建立采购员的培训体系，但这不等于说国内企业的采购员不需要培训。在这个时代，没有持续的、艰苦的学习就会被时代淘汰，每一个行业都是如此。我们要把培训当成是一种福利，是对员工未来的承诺。一些跨国连锁经营企业的经验是非常值得我们学习的。

二、员工培训需求分析

员工培训需求分析，是有效实施培训的前提条件。如果培训需求分析正确，就可制订出符合实际情况的培训方案，选择适当的培训方法，所以，这是企业进行员工培训必须首先做好的一项工作。企业员工培训需求分析应从三个方面进行，即企业、工作和个人。如果三个方面中有一个方面存在培训需求，就要提出培训要求。

1．企业的培训需求分析主要从两个方面进行

（1）组织结构和组织行为的现状：一是维持当前连锁经营活动的手段组织结构和组织行为等现状，维持当前连锁经营活动所需要的人员数量、年龄及素质；二是企业当前的人力资源状况，包括人员的知识结构、出勤率、离职率等，找出企业人力资源现状与实现组织目标的差距。

（2）企业未来的状况预测：企业在将来某一时期的发展目标，采用的经营技术手段，实现这些发展目标所需要的人力资源数量、类别和素质，以及未来企业将面临的外部环境，如产品市场状况、劳动力市场状况等。

通过这些分析，企业的人力资源部门可以找出企业当前的人力资源状况与企业要实现的目标两者之间的差距，进而确定哪些差距可以通过培训来解决，以及培训的项目和内容。

2．**工作任务的描述和需求分析**

这项描述和分析将说明每项工作的任务要求、能力要求和对员工素质的要求等。通过对工作任务的描述和需求分析，使每个人都能够认识到接受一项工作的最低要求是什么，满足了这些要求的员工才能上岗，否则就要对其进行培训。因此，职位分析是确定培训内容的重要依据。表 4-4 是一个连锁经营采购员职位的分析。

表 4-4　连锁经营采购员职位分析

分析项目	项目内容
向谁负责	采购与供应经理
职位概述	负责准备和发出指定商品供应或服务的采购订单；追求最低采购总成本，在价值最大化的同时，识别和发展合格的供应商；如果发生供应中断要恰当地加以协调
本质和范围	管理全部产品和服务的采购，与一定数量的供应商保持联系；处理各种不确定的任务，确保谈判成功
主要职责	执行指定职责，确保实现质量和成本目标，进行采购谈判，实现有效的合同目标；实行增值性采购活动，实现成本控制的目标；管理、维持与供应商的关系，减少供应商数量
需要的知识和技能	工商专业大专以上学历，三年以上工作经验；良好的沟通技能，分析技能

3．**个人需求分析**

个人需求分析是指分析从事连锁经营采购活动现任职位的要求与采购人员实际工作能力之间的差距，通过分析确定“谁需要接受培训？”、“需要哪种培训？”以使存在差距的员工通过培训，能力得以提高。在分析时可利用下面简单的公式：

培训要求=需要达到的工作绩效–个人的工作绩效

需要达到的工作绩效可由企业提出的绩效标准来确定，个人的工作绩效可通过员工个人提供的实际工作绩效数据，以及对员工的考核评价来反映。需要指出的是，以上对培训需求的分析应是一个连续的过程，要形成制度，定期进行。

三、确定员工培训计划

连锁经营企业员工的培训对象可分为三类，即一般职员、技术人员、管理人员。为了最大限度地提高员工培训的投资效益，企业必须根据发展的需要和个人的具体情况，合理地确定培训对象。确定培训对象时要考虑这样几个原则：第一，急需原则，即企业迫切需要一部分员工改进目前的工作或掌握新的知识和技术，以利用其尽快提高组织的效率。对这部分员工的培训应优先考虑；第二，关键性原则，即企业对关键技术人员和管理人员应优先予以培训；第三，长远原则，即根据企业中、长期人力资源的需求分析，对企业在未来发展中需要的合适人才，可先期进行培训，以使他们掌握一些新技能和新知识。

1．员工培训的内容

企业员工培训的内容涉及面较广，应根据培训对象的不同确定培训内容。具体来说，员工培训内容可归纳为以下一些方面。

（1）有关企业文化方面的内容。企业的物质文化方面，如有关企业的概况、企业的组织结构、企业的产品、企业的技术水平等；企业的精神文化方面，如企业的价值观念、道德规范与行为准则、企业精神与领导作风等。

（2）有关企业、行业及有关岗位所需要的知识和技能方面的内容。

（3）有关一般文化知识的普及和提高方面的内容。

（4）有关协调人际关系方面的内容，如冲突的处理、团队工作关系等。

（5）有关知识更新、本行业中最新科学技术方面的内容。

（6）有关现代管理知识和技能方面的内容。

（7）有关健康保健、休闲活动的内容。

【小资料】

美国采购管理师（C.P.M）认证试题模块

1. 采购作业流程

① 确认需求　② 询价的准备

③ 供需商分析　④ 合约的执行、履行与管理

2. 供应的环境

① 议价谈判　② 资讯科技运用

③ 品质相关议题　④ 采购对内的关系

⑤ 采购对外的关系

3. 增进采购价值的策略

① 资源搜寻分析　② 供应与存货管理

③ 增进采购价值的方法　④ 采购预测及采购策略

4. 管理

① 管理与组织　② 人力资源管理

2．选择员工培训的类型与方式

员工培训视企业各类人员的不同而有所不同。一般来说，有以下几种类型：

（1）新员工入门培训和上岗前培训。这是对刚刚进入企业的新员工所进行的专门培训。新员工入门培训，主要是向新员工介绍企业的基本情况、企业的规章

制度、企业文化、企业的发展前景等，帮助新员工学会适应企业的需要，实现从学生到企业员工的角色转换。这种培训一般由人力资源部门统一安排，不需要采购部门单独进行。

（2）员工上岗后的适应性培训。适应性培训，是指在岗员工为不断适应工作要求而进行的培训，它是企业对所有员工进行的日常性培训，可以是定期的，也可以是不定期的。适应性培训的内容包括：一是根据工作分析和岗位职责的规定和要求，对任职者进行的有关岗位知识、技能、工作态度、职业道德等方面的培训。通过培训使员工提高素质，适应本职工作的要求。二是对员工进行本岗位新知识、新技能、新方法和新概念，以及相关领域的辅助性知识和技能的培训。适应性培训的内容、时间和方法可以根据企业的具体要求灵活地掌握。

（3）专业技术人员培训。在连锁经营企业中，各类专业技术人员通常都需要定期培训。这是因为在科学技术飞速发展的时代，各类专业知识、技能不断更新，各种先进的技术手段层出不穷，如果忽视对专业技术人员进行持续不断的培训，专业技术人员就不能很好地适应组织发展的需要。在专业技术人员的培训中，尤其要重视培养他们解决实际问题的能力和处理人际关系的能力，帮助专业技术人员将知识运用于经营过程，并且处理好在组织中与同事的相互协作，多出成果。

（4）管理人员培训。管理人员培训，包括高层管理人员培训、中层管理人员培训、基层管理人员培训。高层管理人培训主要由人力资源部门负责，连锁经营采购部门中层和基层管理人员的培训可由本部门单独负责。应该注意的是，即使是那些由人力资源部门负责该类培训的企业也必须注重采购部门的参与。

以上这些培训的方式有很多，主要有两大类：在职培训与离职培训。所谓在职培训，是指员工不脱离工作岗位，利用业余时间和部分工作时间参加培训，如各类型的短训班，一般不超过一个月，培训重点是放在解决某一类问题上。这种短训班比较灵活，效果也好。还有一种在职培训就是在职学习，一般是利用晚上和周末的业余时间进行培训，时间比较长。所谓离职培训，是指员工离开工作岗位，专门学习某些专业知识或技能。离职培训可采取到高校学习、到外单位培训、到国外学习等方式。离职培训的时间一般从几个月到几年不等。离职培训的内容有：攻读学位、新技术培训、管理知识技能培训等。

不管采用哪种方式进行培训，企业都应当重视将来技术培训与管理培训相结合，将工作技能培训与工作态度培训相结合，将面前工作需要与未来工作需要相结合，将企业目标与员工个人目标相结合。

3．选择员工培训的方法

员工培训作为人力资本投资的一种方式，要投入一定的经费、时间和精力。如果培训的方法不当，就很可能导致员工对培训的积极性不高而浪费时间、金钱以及精力。所以，企业必须努力探索出见效快、易掌握的培训方法。下面介绍一些常用的培训方法，供企业在不同的培训课程中灵活运用。

（1）讲授法。这种方法是通过教师的语言表达，系统地向学员传授知识。它是员工培训中应用最普遍的一种方法。

这种方法的优点：有利于系统地讲解和接受知识；容易掌握和控制学习进度；培训费用相对较低；可同时对许多人进行培训。

这种方法的缺点：讲授内容有强制性，学员无权选择学习内容，特别是缺乏实际操作的机会。

（2）视听法。这种方法是利用幻灯、电影、录像、录音等多媒体教材进行培训。

这种方法的优点：利用人体的一些感觉去体会一种培训，比单纯讲授给人的印象更深刻，更易于理解；生动形象，给学员一种亲切感，容易引起学员的兴趣；多媒体教材可以反复使用，从而可以更好地适应学员的个体差异和不同水平的要求。

这种方法的缺点：视听设备和教材的购置花费成本高，不太容易选择合适的视听教材，学员要受到视听教材和视听场所的限制。

（3）案例研究法。管理案例是对企业过去实际发生情况的描述。案例研究就是让学员对过去发生的情况做诊断或解决问题，以提高他们分析问题和解决问题的能力。

这种方法的优点：可以启发学员的思维，提高学员分析问题和解决问题的能力。

这种方法的缺点：要求学员有一定的知识基础，并运用已有的知识分析问题。

（4）讲座法。这种方法是让学员通过相互之间的语言交流来解决问题，以巩固和扩大所学的知识。

这种方法的优点：有助于激发学员的学习兴趣，使学员能主动提出问题，表达个人的感受，在讨论中互相取长补短。

这种方法的缺点：不利于学员系统地掌握知识，如果讨论题选择不当，会直接影响培训效果。

（5）角色扮演法。角色扮演法是借助角色的演练来理解角色内容，从而提高解决问题的能力。

这种方法的优点：有助于训练学员的基本技能，培养工作岗位中所需要的素质，培训费用较低。

这种方法的缺点：不适于对各类人员的培训，即实用范围较窄。

（6）岗位轮换法。这种方法是使受训者在不同的职位上轮流工作，以使其全面了解整个连锁经营企业的不同工作内容，得到各种不同的经验，为今后在较高层次上任职打好基础。

这种方法的优点：可以对受训者提供一个全面锻炼的机会，增加其工作经验。

这种方法的缺点：受训者没有实际的权力，不能如真正任职者那样负起责任；由于轮换的时间不够长，难以证明他们今后是否有工作成效；有时受训者在轮换培训结束时，没有合适的职位可安排。

一些跨国连锁经营企业利用岗位轮换的方法来培训那些有潜力的采购员。在采购主管晋升到采购经理之前，有些连锁经营企业会将其送到企划、计划或后勤部门进行几个月的实习。

（7）设立“助理”职位法。这种方法是在一些管理职位上设立助理职务，让受训者担任助理角色，让其与有经验的人一起工作，这样可以使受训者增加工作经验，促进其成长，直到能够独立承担全部职责。

此外，还有敏感性训练、商业游戏、计算机辅助指导等培训方法。企业可以根据参加培训的人数和层次、培训项目和培训费预算，以及本企业已有的培训资源，选择不同的培训方法。

通过以上的一系列工作，企业确定了具体的培训内容和方法，就可以制订合适的、有效的和可操作的培训计划或方案，并付诸实施。

本章小结

采购人员必须具备与采购相适应的素质和能力。现代连锁经营对采购人员有三个方面的素质要求：品德方面、知识方面、能力方面。

员工招聘应遵循高素质和多样性原则，效率优先原则，公平竞争、择优录用原则和内部优先原则。

招聘方法与渠道有内部招聘和外部招聘。内部招聘可通过内部提升与职位转换来完成；外部招聘可通过刊登广告、员工推荐、顾客推荐、高校校园招聘、互联网招聘、职业介绍机构以及专业猎头机构等实现。

现代企业员工筛选的有效方法主要有：求职者背景调查、心理测验、情境模拟、笔试、面试。

员工的业务素质与培训关系极大，员工培训需求分析是有效实施培训的前提条件。企业员工培训需求分析应从三个方面进行，即企业、工作和个人。如果三者中有一个方面存在培训需求，就要提出培训要求。

连锁经营企业员工的培训对象可分为三类，即一般职员、技术人员、管理人员。员工培训的方法主要有：讲授法、视听法、案例研究法、讲座法、角色扮演法、岗位轮换法、设立“助理”职位法等。

复习思考题

一、选择题

1．以下哪种招聘渠道有可能为企业招到高级管理人才或重要专业人才？（　　）

A．招聘广告　　B．员工推荐

C．顾客推荐　　D．高校校园招聘

2．以下哪种筛选方法能够准确判断应聘者的气质、思维敏捷性、特殊才干等？（　　）

A．情境模拟　　B．心理测验　　C．笔试　　D．面试

3．以下哪种培训方法有助于训练基本技能，培养工作中所需要的素质，且培训费用较低？（　　）

A．案例研究法　　B．讲座法

C．角色扮演法　　D．岗位轮换法

4．以下哪项不是员工培训分析的内容？（　　）

A．企业　　B．工作　　C．个人　　D．市场

二、判断题

1．员工推荐具有对应聘者较了解、成功率大、应聘者就职后稳定等优点。（　　）

2．当企业中的工作出现空缺时，应当首先考虑提拔或调动原有的内部员工。（　　）

3．职位分析是确定培训内容的重要依据。（　　）

4．在专业技术人员的培训中，尤其要重视培养他们解决实际问题的能力和处理人际关系的能力。（　　）

三、问答题

1．采购人员在知识、能力两方面分别应达到哪些要求？

2．采购人员招聘应遵循什么原则？

3．采购人员培训有哪些方法？

四、案例分析

某采购人员扮演的角色及接受的训练

某国外知名连锁经营企业认为成功的采购人员应具备的相应能力及扮演的角色有：

1. 谈判者，具备最佳供应商的选择能力；与工程人员共事的能力；较高的人际关系处理能力。

2. 法律专家，了解与采购相关的法律知识。

3. 生意人，有远见，清楚地了解企业的需求、顾客的需求；考虑整体的成本。

4. 后勤运送专家，掌握商品运输、仓储方面的知识和技能。

同时，为了使采购人员都能出色地扮演上述角色并拥有上述能力，该企业安排其采购人员接受相当的训练课程。例如，要成为一位成功的谈判者，就需要谈判技巧的训练；要有选择供应商的能力，就需要基本采购知识及ISO9000相关认证知识的训练等。除了以上这些训练外，该公司的采购人员培训计划还包括了采购人员自我评估、采购能力鉴定与管理能力发展等内容。例如，通过自我评估，采购人员可以了解其现有采购能力的不足，并根据其不足来设计改进的计划；管理能力发展是对具有潜力的采购人员施以管理能力的训练，使他们在不久的将来可以进入管理层，成为经理人才。

问题：

1. 一个高素质的采购人员应该具备哪些能力？

2. 培训对员工的素质有何作用？

第五章 5

商品及服务市场调查

学习目标

技能目标： 1. 能够列出竞争店服务调查的内容

2. 初步学会运用商品市场调查的基本方法与技巧

3. 能够判断什么商品可以作为新商品引进

知识目标： 1. 掌握商品市场调查的原则

2. 熟悉敏感商品市场调查的标准与内容

3. 了解供应商市场调查的内容

引导案例

精明的商家

一次，华南热带农业大学海口校区市场营销专业的一位同学在课堂上提出了一个问题：为什么位于海口市同地段的W连锁超市比N连锁超市生意兴隆得多？有同学分析是价格的原因，老师没有作肯定的回答，只是提议最好去做一次市场调查。两天后，老师和学生带着这个问题来到这两个超市进行市场调查。由于事先没有跟超市主管人员打招呼，正当同学们拿着笔记本边看边写的时候，过来两个工作人员问他们是干什么的，并要求他们把笔记本收起来。老师赶紧上前说明原委并出示工作证才打破了这个尴尬局面。两个工作人员笑着说："我们还以为又是哪家超市来调查我们的商品价格呢……"原来，精明的商家会时常调查竞争对手的商品和价格。

价格是消费者最为关心的事。所以价格竞争通常是许多企业面临的首要问题。在消费者看来，连锁经营企业最吸引他们的就是低价。但是低价是相对而言的，连锁经营企业如何保证自己的商品价格总是比竞争对手的低呢？除了时常进行商品市场调查，把握竞争对手的商品价格，从而选择最有利的供应商外，别无它途。那么如何进行商品市场调查？商品市场调查的内容和标准有哪些？可采用哪些调查方法？这些就是本章将要学习的内容。

第一节　商品市场调查的内容、原则和特点

一、商品市场调查的内容

商品市场调查，是指连锁经营企业的市场部门和采购部门以科学的方法、手段搜集消费者对各类商品的需求情况、对价格的反应，竞争对手经营的商品及其价格情况等信息，并以此作为商品采购的参照依据的活动过程。它是连锁经营企业管理中最重要的环节之一。一个连锁经营企业的零售卖场的良好运作，离不开构建合理的商品结构和制订合理的价格，这就必须对市场上同类商品及其定价进行必要的市场调查。商品市场调查的主要内容有：

（1）竞争对手经营商品的种类、品牌、规格和包装。

（2）竞争对手店内商品分区、商品陈列以及促销活动。

（3）竞争对手所有商品的销售价格。

（4）竞争对手所有商品的价格折扣策略，包括数量折扣、季节性折扣、组合折扣等。

（5）竞争对手差价策略，包括地区差价、分级差价、用途差价、品牌差价等。

（6）竞争对手一段时间内降价的商品种类和数量。

（7）竞争对手一段时间内提价的商品种类和数量。

（8）顾客对商品价格的意见和建议。

（9）顾客对商品调价的反应。

（10）竞争对手商品价格带（价格区域和价格点）。

二、商品市场调查的原则

在商品市场调查中，要遵循几个基本原则：

1. 全面性原则

要全面系统地收集有关商品的市场信息。

2. 真实性原则

对高低不同的商品价格要如实、准确地记录其信息，不得随意捏造和删改信息。

3. 及时性原则

要在尽可能短的时间内完成商品市场调查，以保证信息的及时性、有效性。

4. 经济性原则

要对调查项目进行成本——效益核算，根据人力、物力、财力和时间合理设计商品市场调查方案，厉行节约。

三、商品市场调查的特点

进行商品市场调查，必须运用科学的调查方案，全面、系统、准确地搜集市场信息，弄清楚市场供给和市场需求，发掘市场潜力，为企业针对市场需求作出快速、有效的决策提供依据。

商品市场调查的特点主要体现在：

1. 全过程性

市场调查不是单一的市场信息搜集过程，它是有计划、有步骤进行的一系列活动所构成的一个完整过程。

2. 目的性

每个市场调查项目都必须是有的放矢的，同一主题的调查往往因为调查请求的提出者不同而有不同的目的，由于目的不同，调查项目，调查的具体内容、侧重点和调查的深度、广度、方法可能就有很大的差异。

3. 不确定性

市场随时处于动态变化的环境中，市场调查不可能调查到市场的方方面面，调查的结论也不可能完全真实、客观地反映市场的本来面目，市场调查结论对市场的反映可能出现滞后，或者调查结论不能跨地区推广，这些都造成了市场调查的不确定性。

第二节 商品市场调查的方法

商品市场调查一般采用现场调查法，具体可分为询问法、观察法、实验法。

一、询问法

询问法是调查人员向被调查人员（如顾客）询问，根据被调查人员的回答搜集信息资料的方法，具体可分为口头询问和书面询问两种方法。

（1）口头询问法。这是由调查人员亲自向被调查者询问，根据其口头回答取得所需资料的方法。询问可以采取自由式交谈，也可按事先拟订好的提纲提问；可采取个别询问形式，也可采取开座谈会的形式。如果是个别询问，也可采用非面对面的电话询问形式。

口头询问法，由于双方有直接的口头交流，便于沟通思想，被调查者能充分发表意见，信息反馈快，调查者搜集的资料比较全面深入，真实性较大。但是其缺点是调查中花费的人力及费用支出大，对调查人员的素质要求高，调查结果的质量易受调查人员的技术熟练程度、工作态度和心理情绪的影响。

（2）书面询问法。这是调查人员事先设计好调查表，然后分发给被调查者，根据被调查者的书面回答搜集所需资料的方法。

这种方式的最大优点是被调查人员有较多的时间思考问题，可避免受调查人员倾向性意见的影响；另外，可适当扩大调查区域，增加调查对象，减少人力支出。但这种方法的不足之处是调查表的回收时间长，回收率低。根据国外经验，调查表回收率能达到60%就算成功，而且被调查者可能因误解某些事项的涵义而填写错误。

二、观察法

这是调查人员通过直接到调查现场观察和记录商品价格情况，或者观察和记录被调查者对商品价格的反应，从而取得所需资料的方法。在进行调查时，调查者也可安装照相机、摄影机、录音机等进行拍摄和录音。

由于调查者与被调查者不发生直接对话，甚至被调查者并不知道自己正在被调查，被调查者的言行完全在一种自然状态下表现出来，因此这种方法的最大优点是可以客观地搜集、记录被调查者的现场情况，调查的结果较真实可靠。不足之处是这种方法观察的是表面现象，无法了解被调查者的内心活动；此外，有许多资料仅靠观察无法获得，如消费心理、购买动机、收入情况等。所以，这种方法要与其他方法结合使用，以获得更详细的资料。

三、实验法

实验法就是进行小规模的价格调整实验，然后对实验结果作出分析判断，进行决策。

这种方法是目前消费品经营中普遍采用的一种调查方法，应用范围很广，尤其是在商品试销时经常运用，以了解消费者的反应和意见。

这种方法的优点是可以有控制地观察分析某些市场变量之间的内在联系，如商品的价格与销量之间的关系，并且这种调查所取得的资料、数据较为客观、可靠。其缺点是影响销售的因素很多，可变因素难以掌握，测试结果容易出现误差，而且实验所需时间长，费用开支较大。

以上几种调查方法各有优缺点，在实际调查中最好结合起来运用。例如，可用观察法和询问法进行商品价格带（价格区域和价格点）的调查和分析。首先，在竞争对手连锁店实地记录某类商品的价格区域（观察法），然后就某种商品询问顾客最容易接受的价位或价格点（询问法），确定品类价格点后便可以决定品类的商品定位以及应当引入和删除哪些商品。其具体步骤是：

（1）选择分析对象，要求为门店商品的某一个小分类。

（2）展示商品品类中的单品信息（比如酱油），并列出其价格。

（3）归纳该品类中单品的最高价格和最低价格，进而确定此品类目前的价格带中该小类商品销售价格的上限与下限。

（4）判断其价格区（Price Range：价格带中商品种类多且价格比较集中的区域）。

（5）确定商品品类的价格点（Price Point：简称PP点，是对于该门店或业态的某类商品而言，最容易被顾客接受的价格或价位）。确定了PP点后，备齐在此

PP点价位左右的商品，就会给顾客造成商品丰富、价格便宜的感觉和印象。

当然，进行价格带分析时还可以参考竞争者的商品价格定位来进行品类选择。

例如，通过对A、B、C、D四个竞争者连锁店的调查和分析，制成表5-1，从表5-1中可以清楚地看出，能够产生明显优势的价格在0～49元、50～99元以及200～250元之中，因为在竞争店里介于100～149元和150～199元之间的商品的品种密度较大，种类较多，竞争比较激烈。为避免激烈的竞争，连锁店可选择经营价格介于0～49元、50～99元以及200～250元之间的商品种类，但前提是顾客对这些价位上的商品需求也比较大。

表5-1　竞争者连锁店相关商品的价格

销售价格/元	同类商品品种数/种			
	A店	B店	C店	D店
0～49	0	0	0	0
50～99	2	0	1	0
100～149	22	34	17	4
150～199	11	8	22	18
200～249	4	10	5	0

第三节　新商品的市场调查

一、新商品市场调查的目的

市场环境不断发生变化；供应商的技术开发水平不断提高，不断推出各种新产品，旧商品也随之被淘汰；顾客的消费习惯也可能发生改变，这些因素都要求连锁企业不断调整商品的种类与结构，淘汰那些过时的、无法给企业带来收益的滞销品，引入那些具有销售潜力、满足顾客需求或可以激发顾客潜在需求的新产品。事实证明，只有那些能够根据市场环境变化，灵活调整商品结构的连锁企业才能在激烈的市场竞争中占据优势地位。通过商品调整可以使商品组合不断地优化，改变连锁店的商品结构，使商品充满活力及新鲜感，创造出独特的经营特色，以维持并增强商品竞争力，从而使经营者获得成功。

新商品市场调查的主要目的是：了解市场需求，选择新商品，增加经济增长点，维持商品活力，满足顾客需求或激发顾客潜在需求；了解竞争对手的商品类型、数量和价格水平，同时对市场需求有正确的理解和认识。

二、新商品的采购标准及调查内容

连锁经营里面所涉及的新商品并非市场营销学中所研究的新产品。后者所指的新产品是在产品整体概念中任何一部分存在某些创新、变革与调整的产品。对连锁经营来说，只要是目前在店铺内尚未陈列或销售的商品，都可称之为新产品，即使这种产品在市场上已经出现。这种“新”是相对于门店来说的，而不是对应整个市场，这点是需要注意的。

事实上，引进一种新商品，关键是看这种商品是否与连锁店的经营理念相吻合，是否能给连锁店带来足够的利润。一不小心，花费大量精力引进的新产品可能就会变成滞销品。所以如何成功开发新商品及引进新商品，成为了连锁企业经营的重点之一。

新商品的引进应遵循以下三个标准：①目前的商品结构中存在不足；②可弥补目前同类商品中价格带的不全；③有一定的市场需求。

新商品市场调查还应注意：新商品市场调查的对象必须是与本店经营方式相近的竞争对手；新商品市场调查必须包括该商品的供应商、质量及陈列方法等；同时应掌握同类商品的品种组合、价格带分布、待引进商品在同类商品中的价格定位等，具体内容见表 5-2。

表 5-2 新商品市场调查表

市调对象： 市调时间： 组别：

商品编码	商品名称/规格	本公司				竞争对手		供应商回应			备注
		平常进价	促销进价	售价	毛利率	正常售价	促销售价	新进价	新售价	新毛利	

第四节 敏感商品的市场调查

一、敏感商品市场调查的目的

有关调查资料表明，70%的消费者的购买决定是在进入商场以后作出的，而他们也只对部分商品在不同商场的价格有记忆，这部分有记忆的商品通常被称为敏感商品。换一个角度来看，敏感商品往往是消费者使用量大、购买频率高，最受消费者欢迎的商品。如果连锁店的敏感商品实行低价销售，就可在市场上占有一定的竞争优势，并树立价格便宜的良好形象。

连锁企业应该进行深入详细的调研工作，经过精确的计算，确定无利、低利和高利的商品范围，长期保持占全店商品大约10%左右的敏感商品实施较低的定价策略，以此维持并强化其定位形象，并带动90%左右的正常价格商品的销售，从而达到以点带面，以小带大的促销目的。

敏感商品市场调查的目的在于了解敏感商品的市场售价，以便及时作出调整，保持本店在同类竞争对手中的价格优势；保证敏感商品的售价低于竞争对手的售价，从而达到吸引顾客的目的，体现"平价就是我们企业的方针"。

二、敏感商品市场调查应注意的问题

敏感商品市场调查时应注意以下几个方面：

（1）敏感商品的市场调查至少每周安排1次。

（2）敏感商品的市场调查对象应包括与本店经营类型相近的竞争对手，本店附近的其他类型的商场、连锁店，以保证本店敏感商品的售价在同一商圈中的优势。

（3）对于品牌性商品、竞争性商品或特殊性商品，要求商品的正常售价低于规定毛利率的，应提供有关市场调查资料并附上原因分析。

（4）采购部门负责人应根据市场调查结果及时回应，并实行相应的措施。如竞争对手的售价低于本店，应结合本店实际情况考虑是否有必要降价。确定降价时，如无特殊原因，采购部门负责人应与供应商沟通，取得供应商相应的支持，充分体现伙伴经营，共同发展的原则。

（5）注意观察竞争店敏感商品的各种价格策略。例如，有的连锁店注意运用攻心战术，实施心理价格策略，商场内商品价格多标为8、9等数字，一方面使消费者产生数字吉利的好感，另一方面对价格产生一种错觉。还有就是在某个特定时间提供优惠商品，刺激消费者狂热购买，即时段定价。此外，重量定价也很重要，450克包装8.5元的奶粉比500克包装9.3元的奶粉要好卖一些，因为消费者对重量的敏感程度要远远低于对价格的敏感程度。

三、敏感商品市场调查的时效管理

敏感商品市场调查的时效管理的主要内容如表5-3所示：

表5-3 敏感商品市场调查的时效管理

方式 / 时效 / 商品分类	竞争对手（售价）	竞争供应商调查（进价）
销售排名前5%的商品	每周1次	每两周1次
销售排名前10%的商品	每两周1次	每月1次
销售排名前30%的商品	每三周1次	每两月1次
其他敏感商品	每月1次	每三个月1次

敏感商品市场调查的执行方法：各相关人员在规定时间内提交市场调研报告，由部门经理负责抽查，并监督市场调研处理结果的情况。

采购部门负责人掌握以上市场信息后应综合本店实际情况，判断哪些商品是必须引进的。确定引进后，应在 3 个工作日内约见供应商进行谈判并签订合同，经审批引进的商品须在 1 周内进入连锁店。

敏感商品进店后，采购人员应与分店相关人员沟通了解并掌握以下敏感商品的相关情况：进店后是否及时上架陈列；是否与样品的质量、价格、品牌、产地等相符；进店后顾客的反应如何，销路是否畅通，是否符合消费者的需要。

第五节　竞争店服务的调查

一、竞争店服务调查的目的

连锁店在向消费者销售商品的同时，也在为消费者提供各种服务，服务始终贯穿于销售过程的始终，服务质量的高低直接决定了顾客满意度的高低，进而影响连锁店回头客的多少，影响企业形象的好坏。同时，由于竞争的加剧和市场环境的公开，商品同质化程度越来越高，许多连锁店销售的商品都没有太大的差异，仅仅通过商品因素获取竞争优势的时代已经远去。因此，服务管理应该放到与商品管理同等重要甚至更为重要的位置，服务（无形商品）的采购也应得到连锁经营采购管理者的足够重视。

二、竞争店服务调查的内容

连锁店的服务管理要求以消费者需求为中心，以统一、规范化的服务最大程度地满足消费者的需要。随着商品同质化程度越来越大，服务领域逐渐成为各大企业进行角逐的战场。谁能为消费者提供及时的、高质量的服务，谁就可能在众多企业中脱颖而出，更容易受到消费者的信赖。那么连锁店为消费者提供的服务具体包括哪些内容呢？按照与商品买卖过程的联系程度可以将服务分为基本服务、连带服务、附属服务三种类型。

（一）基本服务

基本服务就是在商品出售过程中必须向顾客提供的劳务性服务。基本服务的特点是：①直接与商品销售相联系，在顾客选购商品时同时发生的服务；②该类服务是必不可少的，是所有连锁店都应该提供的服务。一旦缺乏某些基本服务，顾客便会非常不满，从而影响商品的销售。连锁店提供的基本服务包括：商品介绍，商品在出售前的挑选（如试穿、试吃等），商品的操作演示，收银等。

（二）连带服务

连带服务是商品售给顾客的同时由门店提供的与商品相关的服务，其目的是为了向顾客提供支持，帮助顾客能够正确地购买和利用商品，如礼品式的包装、送货上门、调制安装、售后保修、操作指导等。该类服务一般根据商品的不同而不同，服务的好坏直接影响顾客对门店的看法。对于这种连带服务，其服务内容在行业内部一般都有约定俗成的做法，服务的好坏直接取决于服务人员的工作态度和工作能力。举例来说，顾客在某一商场购买的电脑出现了故障，并及时通知了售后服务部门，如果该部门能够迅速派出处理电脑故障的相关服务人员上门维修，必然能得到顾客的好评，相比其他服务缓慢的商场来说，该商场在顾客心目中的形象就会好。因此门店要想在连带服务方面领先于对手，必须加强服务人员的选拔和培训。

（三）附属服务

附属服务是与购买活动没有直接联系的服务，提供这类服务可使顾客在选购商品的同时，获得其他需求的满足。如保持商场环境整洁、灯光柔和、走道畅通；提供存包服务等。该类服务虽然并不与具体的商品购买挂钩，但还是会影响到顾客的购买过程。如果商场内部地面整洁、颜色鲜明、音乐柔和，消费者就会觉得心情舒畅，愿意到该商场购买所需商品。因此，为消费者提供以上舒适的购买环境也逐渐成为各大门店竞争的一个焦点。

当然还可以按照组织商品的出售过程将服务分为售前服务、售中服务、售后服务。售前服务是指在商品备售过程中为顾客提供的服务，包括组织进货、商品的分拣、包装、粘贴价格标签、清洁卫生工作等。售中服务是在商品出售过程中根据顾客不同要求提供的服务，如提供存包服务、帮助试穿、购物咨询等工作。售后服务是在商品出售以后向购买者继续提供的服务，如送货、维修、商品退换等服务。

第六节　商品来源调查

连锁经营采购的商品来源于供应商，因而商品来源调查其实就是对供应商的调查。

对供应商调查，在不同的阶段有不同的要求。供应商调查可以分为三种：第一种是初步供应商调查，第二种是资源市场调查，第三种是深入供应商调查。

一、初步供应商调查

所谓初步供应商调查是指对供应商基本情况的调查和了解，主要是了解供应商的名称、地址、生产的产品种类、生产能力、销售能力、价格、质量、市场份额、运输进货条件等。

（一）初步供应商调查的目的

初步供应商调查是为了了解供应商的一般情况而进行的调查。了解供应商一般情况的目的：一是为选择最佳供应商做准备；二是为了了解掌握整个资源市场的情况，因为许多供应商基本情况的汇总可能往往就是整个资源市场的基本情况。

（二）初步供应商调查的特点

初步供应商调查的特点：一是只需要了解一些简单的、基本的情况，即调查内容浅；二是调查范围广，最好能够对资源市场中所有供应商都进行调查、了解，从而能够掌握整个资源市场的基本情况。

（三）初步供应商调查的方法

初步供应商调查的基本方法是访问调查法，通过访问有关人员而获得信息。例如，可以访问供应商单位市场部的有关人员，或者访问有关客户，或有关市场主管人员，或者其他的知情人员。进行供应商初步的调查后，就可以建立起供应商卡片，供应商卡片如表 5-4 所示。

表 5-4　供应商登记卡片（调查表）

公司全称：		法人代表：
经济性质：	成立时间：	总经理：
技术负责人：	职称职务：	
营业执照号：		注册资金（万元）
详细地址：		邮编：
联系电话：	联系人：	传真：
公司网址：	电子邮件：	
公司简介：		
产品情况（包括产品名称、规格、质量、价格、市场份额等）：		
资格认证：		
运输方式：		
过去三年的主要经营业绩：		

表 5-4 也可以以调查表（问卷）的形式，由供应商填写。

供应商卡片作为一种有效的调查工具，是采购管理工作的基础。连锁经营采购工作中，经常要选择供应商，这时就可以利用供应商卡片来进行选择。当然，供应商卡片也要根据实际情况不断更新，经常进行维护、修改。

如果连锁经营企业实行了计算机信息管理，供应商管理应当纳入计算机信息系统管理中去，将供应商卡片的内容输入到计算机去，利用数据库进行操作和维护。计算机管理有很大的优越性，它不但可以很方便地存储、增添、删除、修改、查询信息，而且还可以很方便地进行统计汇总和分析，可以实现不同系统之间的数据共享，具有处理速度快、计算量大、储存量大、数据传递快等优点。

在初步供应商调查的基础上，要利用供应商初步调查的资料进行供应商分析。供应商分析的主要目的是比较各个供应商的优势和劣势，选择适合连锁经营企业需要的供应商。

（四）供应商分析的主要内容

（1）产品的品种、规格和质量水平是否符合连锁经营企业的需要，价格水平如何。只有产品的品种、规格、质量水平都适合连锁经营企业，才有可能成为连锁经营企业的供应商，才有必要再进行下面的分析。

（2）企业的实力、规模如何，产品的生产能力如何，技术水平如何，管理水平如何，企业的资金信用状况如何。

企业的资信状况，是指企业的资金是否雄厚，对客户、银行等的诚信程度如何，主要表现为供应商对采购商付款条件的严格程度、自己的承诺和义务认证的履行程度，特别是在产品质量保证、按时交货、往来账目处理等方面是否能够以诚相待，一丝不苟地履行自己的责任和义务。

对资信状况的调查，在初步调查阶段，可以采用访问法，从大众访问中得出一个大概的、定性的结论。在详细调查阶段，可以通过大量的业务往来，统计分析供应商的资信状况，得到定量的结果。

（3）产品是竞争性商品还是垄断性商品。如果是竞争性商品，则供应商的竞争态势如何，产品的销售情况如何，市场份额如何，产品的价格水平是否合适；如果是垄断性商品，则代理条件如何等。

（4）针对供应商相对于连锁经营企业的地理交通情况，连锁经营企业要进行运输方式分析、运输路线分析、运输时间分析、运输成本费用分析等。

通过以上分析，连锁经营企业就可以进行供应商选择决策了。

二、资源市场调查

（一）资源市场调查的内容和目的

资源市场是指连锁经营企业商品的成品、半成品、原材料的来源市场。例如家电连锁经营企业的资源市场就是家电产品成品、家电零配件、生产家电的原材料所构成的市场。初步供应商调查是资源市场调查的内容之一，但资源市场调查不仅只是供应商调查，资源市场还应包括以下一些基本内容：

（1）资源市场的规模、容量、性质。例如，资源市场究竟有多大范围，有多少资源量，多少需求量，市场供求关系如何；是完全竞争市场还是垄断竞争市场（或是垄断市场）；是一个新兴成长的市场，还是一个陈旧没落的市场等。

（2）资源市场的环境状况。例如，市场的管理制度，法制建设，市场的规范化程度，市场的经济环境、政治环境、技术环境、人文环境、自然环境等外部条件如何；市场的发展前景如何。

（3）资源市场中各个供应商的情况。这也就是我们前面进行的初步供应商调查所得到的情况。

将众多的供应商的调查资料进行分析，就可以得出资源市场自身的基本情况。例如，资源市场的生产能力，技术水平，管理水平，可供产品数量、质量水平，价格水平，需求状况以及竞争性质等。

资源市场的调查目的就是要进行资源市场分析，这对于连锁经营企业制订采购策略以及产品策略等都有很重要的指导意义。

（二）资源市场分析的内容

（1）确定资源市场是紧缺型的市场还是富余型市场；是垄断性市场还是竞争性市场。对于垄断性市场，连锁经营企业应当采用垄断性采购策略，例如议价采购；对于竞争性市场，连锁经营企业应采用竞争性采购策略，例如，采用招投标、一商多角制等。

（2）确定资源市场是成长型的市场还是没落型的市场。如果是没落型市场，则连锁经营企业要趁早准备替代产品，不要等到产品被淘汰了再去开发新产品。

（3）确定资源市场的总水平，并根据整个市场水平来选择合适的供应商。通常连锁经营企业要选择在资源市场中处于先进水平的供应商以及产品质量优且价格低的供应商。

三、深入供应商调查

深入供应商调查，是指经过初步供应商调查后，筛选出一部分适合作为连锁经营企业的供应商，然后，对这些供应商进行更进一步的深入仔细的考察活动。这种考察，是深入到供应商企业的生产线、各个生产工艺、质量检验环节，甚至管理部门，对现有的设备工艺、生产技术、管理技术等进行考察，看看生产的商品能不能满足连锁经营企业质量保证体系和管理规范的要求；是否适应连锁经营商品结构的需求；商品质量是否稳定，能否满足顾客的需求；供应商的售后服务是否良好、可靠，对投诉是否能作出迅速反应，索赔程度是否简便易行；供应商交货是否及时，供应量是否有弹性，交货时间是否及时，能否保证购货所需时间内的正常销售等。有的连锁经营企业甚至要根据采购商品的生产要求，进行资源重组并进行样品试制，试制成功以后，才算考察合格。只有通过这样深入的供应商调查，才能找到可靠的供应商，建立起比较稳定的采购供需关系。

进行深入的供应商调查，需要花费较多的时间和精力，调查的成本高。所以，并不是对所有的供应商都要进行深入调查，需要深入调查的供应商有：名牌产品和高科技产品供应商；如果连锁经营企业要选择长期紧密合作的供应商，就必须进行深入的供应商调查。

除以上两种情况以外，对于一般关系的供应商，或者是非关键产品的供应商，可以不必进行深入的调查，只要进行简单初步的调查就可以了。

本 章 小 结

商品市场调查的基本原则是：全面性原则、真实性原则、及时性原则、经济性原则。

商品市场调查具有全过程性、目的性、不确定性的特点。

商品市场调查一般采用现场调查法，具体可分为询问法、观察法、实验法。

新商品市场调查的目的是了解市场需求，选择新商品，增加经济增长点，维持商品活力；了解竞争对手的商品类型、数量和价格水平。

新商品市场调查对象必须是与本店经营方式相近的竞争对手；必须包括该商品的供应商、售价、质量、陈列方法等，同时应掌握同类商品的品种组合、价格带分布、待引进商品在同类商品中的价格定位等。

敏感商品市场调查的目的在于了解敏感商品的市场售价，以便及时作出调整，保持本店在同类竞争对手中的价格优势等。

敏感商品的市场调查对象应包括与本店经营类型相近的竞争对手，本店分店附近的其他类型商场、连锁店。

对于敏感商品的市场调查，连锁经营企业要做好时效管理。

竞争店服务调查的内容应包括基本服务、连带服务、附属服务。

供应商调查可以分为三种：初步供应商调查，资源市场调查，深入供应商调查。初步供应商调查，是对供应商的基本情况的调查。资源市场调查包括的基本内容有：资源市场的规模、容量、性质、资源市场的环境、资源市场中各个供应商的情况。深入供应商调查，是指经过初步供应商调查后，筛选出一部分适合作为连锁经营企业的供应商，然后，对这些供应商进行的更加深入仔细的考察活动。

复习思考题

一、选择题

1. 商品市场调查的基本原则有（　　）。

A. 全面性原则　　　　B. 真实性原则

C．及时性原则　　　　　　　　　　　　D．准确性原则

2．敏感商品的市场调查对象应包括本店附近的其他类型（　　）。

A．商场　　　　　　　　　　　　　　B．货仓

C．连锁店　　　　　　　　　　　　　D．小卖店

3．商品市场调查一般采用现场调查法，具体可分为（　　）。

A．询问法　　　　　　　　　　　　　B．观察法

C．实验法　　　　　　　　　　　　　D．资料调查法

4．供应商进场，采购部门负责人应跟进如下事项（　　）。

A．商品结构是否合适　　　　　　　　B．质量是否稳定

C．交货是否及时　　　　　　　　　　D．售后服务是否良好

二、判断题

1．市场调查结论对市场的反应可能出现滞后，或者调查结论不能跨地区推广。（　　）

2．敏感商品的市场调查至少每周安排 1 次。（　　）

3．当竞争对手的售价低于本店，采购部门负责人应结合本店实际情况考虑是否有必要降价。（　　）

4．竞争店服务的调查内容应包括本企业经营的所有商品。（　　）

三、问答题

1．连锁经营企业为什么要进行商品市场调查？

2．简述敏感商品市场调查时效管理的主要内容。

3．新商品市场调查应包括哪些内容？

四、案例分析

国美的“差价补偿”

国美推出“差价补偿”的服务新举措，公开宣称“价格谁比我低，差价三倍补偿”。这种承诺也是其连锁经营规模效益在市场上的具体体现。国美企划部经理陈晓萌说，消费者可以放心大胆地到美国买家电了，不再为“货比三家”的繁琐困扰；只要消费者发现国美商品的价格比其他商场的高，就可以凭发票向国美要求补偿。国美员工形象地把这一举措称为“价格保险”。

以下是“差价补偿”的具体内容以及条款：

（1）在国美商城购买彩电、空调、冰箱、洗衣机、组合音响、碟机、厨卫（微波炉、热水器、油烟机、灶具）、手机、电脑，在购买当天如发现国美零售价高于本地其他大中型商场，消费者可凭借相关凭证到国美进行差价部分的双倍补偿，7 日内可享受退还差价的补偿。

（2）差价是指同品牌、同型号产品当天的零售价差额。

（3）因厂家统一调价的商品不予以补差额。

（4）价格对比以本地其他大中型商场标签为准。（大中型商场是指具有一定营业面积的大中型商场、专卖店、电器连锁店、厂家专营店，不包括租赁电器城中个体电器经营商、个体电器经营店）

（5）本地其他大中型商场中用于媒体、店堂等广告展示的样机、残次、特价机等商品除外。（特价机是指促销活动中限时限量销售的商品，或以抽奖、返券、赠礼等形式促销的商品）

（6）如消费者所持本地其他大中型商场发票的价格涉嫌价格欺诈或违反国家有关规定或低于成本销售所造成的价差，国美不予退还。

（7）消费者申请差价时，一般须提供相关凭证（广告单页、发票等），如无凭证，则需由门店经理指定人员马上进行核实。

（8）为方便证实商品价格，消费者提供的每张发票应只有一件商品，且每张发票只许提出一次退差价要求。

（9）退还的差价采用现金形式支付。

问题：

试分析国美敢如此大胆地对消费者承诺“差价补偿”的原因。

第六章 连锁经营采购的质量管理

6

学习目标

技能目标： 1. 初步学会采购质量管理的基本方法
2. 能够正确选择供应商

知识目标： 1. 理解采购质量及采购质量管理的定义
2. 初步掌握采购质量管理保证体系的构成
3. 熟悉采购质量分析的内容和原则

引导案例

非常令人满意的中国产品质量

据介绍，沃尔玛在中国内地采购产品的出口检验合格率为 100%，家乐福为 99.5%，麦德龙也在 99%以上。

沃尔玛代表表示，他们在中国采购产品近 26 年，中国产品不仅价格有竞争力，品质也有保证。自 1996 年在中国开店至今的 11 年间，沃尔玛见证了中国产品质量的不断提高。比如说，在乳品方面，选择蒙牛就是看中其枕型牛奶全球销量第一的优势，以及其拥有的世界级液体奶样板工厂所带来的品质保证。

家乐福代表表示，中国政府高度重视产品质量和食品安全，并为此做了大量工作，这让他们对中国产品充满信心。

麦德龙代表也对中国产品质量感到很满意，认为中国产品质量的总体水平正在稳步提高。他们表示，愿意向国际社会宣传中国产品，介绍更多的中国优质产品进入全球市场网络。

对采购商品质量进行管理与控制对于连锁经营企业有重大意义，然而当前有些企业对采购商品质量存在模糊的认识，没有认识到商品质量的丰富内涵，因而影响着采购商品质量的改进与提高。为此，作为企业管理人员和采购人员，应正确认识采购商品质量的内涵，明确采购质量职能与职责，采用科学的管理与控制方法。

第一节 采购质量管理概述

一、质量和采购质量

随着社会经济、科学技术和生产技术的发展，对质量的认识也在不断地完善和深化。国际标准化组织发布的ISO 9000:2000《质量管理体系——基本原则和术语》标准，把质量定义为："产品（或劳务）本身具有的一组固有特性满足要求的程度。"虽然这一定义比较抽象，但其内涵十分丰富，一般包括以下几个方面：

1."质量"概念

"质量"，不仅是指产品，而且是指实体，包括产品、过程、企业、体系或人员，以及上述各项的任意组合，即广义的质量概念。

2.定义中的"产品（或劳务）"

这不仅是指有形产品，还包括无形产品。

3.定义中的"固有特性"

这是指客观存在于产品中的某些永久的特性，它反映产品满足要求的能力。每一类商品的质量特性不止一种，而是多种或几十种。每种质量特性对产品质量都有贡献，但其重要性不同，而且会由于用途不同而发生变化，同时，产品的类别不同，则其质量特性也不同。对于大多数的产品，大致有以下方面的质量特性：

（1）性能。性能是反映产品为适应用户使用目的所具有的技术特性，它综合反映了顾客和社会的要求及其对产品规定的功能，如食品中的维生素、矿物质含量等。

（2）可信性。它是个集合性术语，是与时间有关的质量特性，反映产品的可用程度，包括可用性及其影响因素，具体表现为可用性、可靠性、维修性和维修保障性。

（3）安全性。它反映产品在储存流通和使用过程中不会发生由于产品质量而导致的人员伤亡、财产损失和环境污染的能力。它是一个最具刚性的指标，一般要严格加以保证。

（4）适应性。它反映产品适应外界环境变化的能力。

（5）经济性。它反映产品合理的寿命周期费用。

（6）时间性。它反映在规定时间内满足顾客对产品交货期和数量要求的能力，以及满足随时间变化而变化的顾客要求的能力。

（7）可追溯性。它是指追溯产品的历史、应用情况或所处场所的能力。

质量特性要由过程来保证，即在设计、研制、采购、制造、销售服务等全过程中实现并得到保证。过程中各种活动的质量决定了质量特性，从而决定产品质量。

为此，在采购中，也必须明确这些质量特性，并要保证这些质量特性满足使用要求。

4. 定义中的“要求”

这是指明示的、通常隐含的或必须履行的需求或期望。明示的要求是在法律、法规、文件或合同中阐明的要求，而通常隐含的要求是一般惯例或习惯的要求。要求可由不同的相关方提出，采购方可以根据自己的需要提出对采购商品的要求或供应商质量管理要求。

明确了采购质量的内涵，就会抓住采购质量的本质，为企业更有效地开展采购质量管理与控制打下坚实的基础。

采购质量是指与采购活动相关的质量问题，采购质量的好坏直接影响连锁经营企业商品的质量。采购质量对采购活动提出了必须面对和解决的三个问题：①怎样把质量管理原理运用到采购部门自身的运作中；②怎样与供应商合作，不断改进和提高产品的质量；③怎样建立采购质量管理保证体系。因此，采购质量就是指一个组织通过建立采购质量管理保证体系，对供应商提供的产品进行选择、评价和验证，确保采购的商品符合规定的质量要求。

【小资料】

ISO 9000 族标准是国际标准化组织颁布的在全世界范围内通用的关于质量管理和质量保证方面的系列标准，目前已被 80 多个国家等同或等效采用。符合 ISO 9000 族标准已经成为在国际贸易中买方对卖方的一种最低限度的要求。一个现代的企业，为了使自己的产品能够占领市场并巩固市场，把自己产品打入国际市场，无论如何都要把质量管理水平提高上去。同时，基于客户的要求，很多企业也都高瞻远瞩地考虑到市场的情况，主动把工作规范在 ISO 9000 这个尺度上，逐步提高实物质量。

二、采购质量管理

质量管理是为保证和提高产品质量而进行的调查、计划、组织、协调、控制、检查、处理以及信息反馈等各项活动的总称，它的实质是通过连锁经营企业一系列的管理工作来保证和提高产品质量，从而让顾客满意和放心。

采购质量管理的主要内容：首先是对采购部门本身的质量管理，其次是供应商的质量保证，包括供应商质量评估以及建立质量保证体系、采购认证体系等，最终建立采购质量管理保证体系。因此，采购质量管理就是指对采购质量的计划、组织、协调和控制，通过对供应商进行质量评估和认证，建立采购管理质量保证体系，从而保证连锁经营企业的商品供应活动的总称。

三、采购质量管理的必要性

对采购质量进行严格管理是杜绝假冒伪劣产品、防止欺诈行为和保证连锁经营企业商品质量的必要措施。因此采购行为主体和采购人员应正确认识采购质量的地位，并采取有效措施，在连锁经营采购的全过程加强采购质量管理，促进采购质量的不断提高。

传统的采购政策和程序往往基于这样一个观点，即采购方和供应商之间的竞争关系是双方关系的核心，供应商对质量进行改进是因为担心其他供应商会提供更高的质量、更优惠的价格、更好的运输条件以及更优质的服务等来吸引采购方，而且采购方更换供应商是不需要付出代价的，多货源的订货方式既可以保证供应的安全，又可以对供应商加以控制。从采购质量的角度来看，质量无疑是采购方主要考虑的因素，找到高质量的供应商很难，而要找到能不断改进质量的供应商就更难了。实际上，需要采购部门人员在进行广泛调查的基础上，才能够找到这样的供应商，与供应商一起努力，不断地改进质量。因此，对同品种的产品实行多货源订货，频繁更换供应商以及经常去询价等，都是不现实的。

从供应链管理的角度来看，采购方与供应商的关系是一种友好合作的战略伙伴关系，连锁经营采购是一种合作型的采购；质量是双方共同关注的焦点，与双方的利益紧密相连。通过双方的信息共享和沟通，进一步改进产品，提高产品质量，可以真正实现采供双方的双赢。

四、质量分析

采购质量管理的目标就是保证采购商品的质量符合规定的要求，就是要保证采购的商品能够达到消费者需要的质量要求，保证供应商生产出来的产品是质量合格的产品。保证质量，也要做到适度。质量太低，当然不行，但是质量太高，一是没有必要，二是必然造成成本升高因而价格升高，增加购买费用，而且售价高消费者也会不满意，所以要求商品采购要在保证质量的前提下采购价格低廉的产品。

要保证实现质量的目标，采购质量管理工作的主要内容包括三个方面：一是采购部门本身的质量管理；二是对供应商的评估、论证，以及产品的验收、把关等工作；三是采购质量管理保证体系的建立与运转。

（一）采购部门的质量管理

采购部门本身的质量管理是企业质量管理的一项基本管理活动，它的根本任务是根据生产的需要，保证采购部门适时、适量、适质、品种齐全地向销售部门提供各种所需商品，做到方便销售，服务良好，提高经济效益。

1. 商品采购的计划工作

首先，采购部门要进行需求分析，在面临较复杂的采购情况下，一般是在多品种多批次需求的情况下，涉及连锁经营企业的商品结构、种类、质量、价格、服务及设备、工具及办公用品等各种物资，要进行大量的、彻底的统计分析，在此基础上编制商品采购计划，并检查、考核执行情况。

2．商品采购的组织工作

依据商品采购计划，按照规定的商品品种、规格、质量、价格、时间等标准，与供应商签订订货合同或直接购置。

（1）组织运输与到货。确定供应商与采购方式后，根据采购计划内容（包括质量、运输方式、交货时间、交货地点等）要求，组织运输与到货，并保证在合理的时间内提前完成。

（2）验收。商品运到后，根据采购商品验收标准，经有关部门对进店商品进行品种、规格、数量、质量等各方面的严格检验核实后，方可验收入库。

（3）存储。对已入库的商品，要按科学、经济、合理的原则进行妥善的管理，保证质量完好、数量准确、方便生产。

（4）配送。根据销售部门的需要组织好销售前的商品准备工作，按计划、品种、规格、质量、数量及时配送。

3．商品采购供应的协调工作

在一个连锁经营企业中，采购部门与销售部门由于分工不同往往产生矛盾与冲突，这些矛盾和冲突需要进行协调，协调的对象归根到底是人际关系，通过沟通来克服阻力，从企业的目标和利益出发进行协调，从而达到提高产品质量和经济效益的目的。

4．商品采购供应的控制工作

由于采购活动涉及资金的流动以及各方的利益关系，为了减少贿赂等原因所带来的采购商品质量差以及采购活动所带来的风险，必须加强采购控制工作，制定采购计划制度、采购请示汇报制度、采购评价制度、资金使用制度、到货付款制度、保险制度等。

（二）对供应商的评估、论证以及产品的验收、把关

在供应链管理的环境中，为了降低连锁经营的成本，往往需要减少供应商的数量，当然，供应链合作关系也并不意味着单一的供应商。从供应链管理的需要出发，从采购产品的质量出发，企业采购质量管理就要求进行供应商的评估、认证以及产品的验收工作。

采购质量管理的重点在于正确地选择供应商，因此，供应商评估应包括：

1．建立供应商评估指标体系

为了对供应商进行系统的、全面的评价，就必须建立一套完善的、全面的综合评估指标体系。

建立有效的供应商评估指标体系时，为了对不同行业、不同产品、不同背景的供应商作出评价，连锁经营企业可以从一些基本的共性出发，确定评估的项目、标准以及所要达到的目标。因此评估指标体系主要包括供应商的业绩、管理水平、

人力资源开发、成本控制、技术开发，特别是质量控制、交货期、运输条件、用户满意度等指标。建立供应商评估指标体系可以避免采购方在选择供应商时主观成分过多，从而加强质量管理，选择出真正优秀的供应商。

连锁经营企业可以把供应商分成两类进行评估：一类是现有的供应商，第二类是潜在的供应商。对于现有的合格的供应商，每个月进行一次调查，着重对价格、质量、交货期、合格率等进行正常的评估，每年再进行一次详细的评估。对于潜在的供应商，其评估的内容应该更详细一些：首先是根据连锁经营对商品的需求，寻找潜在的供应商，了解供应商的企业概况、生产规模、生产能力、经营业绩、ISO 9000 认证、安全管理、样品分析等基本情况，然后进行报价，接着对供应商进行初步的现场考察，考察时可以按照 ISO 9000 系列标准进行，然后汇总资料、小组讨论，在进行供应商资格认定之后，再由相关部门进行正式的考察，如果认为该供应商可以接受，就可以小批量采购，一般考察三个月后，如果没有问题，再确定为正式的供应商，进行大批量采购。

在供应链管理的前提下，连锁经营企业的需求和供给都在不断变化，因此在保持供应商相对稳定的情况下，应该根据实际情况及时修改供应商评估标准，或者进行新的供应商评估。因此，合格供应商的队伍应当始终保持动态的状态，从而形成一种激励机制和竞争机制，这样有利于提高产品质量。

另外，在评估指标体系中，质量是最基本、最重要的前提，虽然价格也很重要，但只有在保证质量的前提下，讨论价格才是有意义的。

在供应商评估指标体系中，供应商在行业中的地位、声誉、信用状况、领导的素质也具有很重要的参考价值。

2．建立采购认证体系

采购认证体系是针对采购流程的质量而言的，对采购的每个环节从质量的角度进行控制，在这个体系下，通过对供应商提供的产品质量进行检验，从而控制供应商的供应质量。

首先要对选择的供应商进行认证，具体内容包括以一定的技术规范和标准考察供应商的软件和硬件。软件是指供应商的管理水平、技术能力、工艺流程、合作意识等；硬件是指供应商设备的先进程度、工作环境的完善性等。

其次要对供应商提供的样品进行试制认证。第一阶段，对供应商外协加工的过程进行协调监控，如设计人员制订的技术规格和实际生产过程是否存在出入；第二阶段，认证部门组织设计、工艺、质量管理等部门相关人员对供应商提供的样品及检验报告进行评审，看其是否符合企业的技术规格和质量要求。

再次要对供应商提供的小批量商品进行中试认证。因为对商品的质量检验主要是通过测量、检查、试验、度量，与以往规定的标准进行比较，看其是否相符，但是样品认证合格不代表小批量商品合格，往往小批量商品的质量与样品的质量存在差异，因此，中试认证是必要的。

最后要对供应商提供的批量商品进行批量认证。这项工作要从两个方面进行：一是控制新开发方案批量生产的商品供应质量的稳定性；二是控制新增供应商的批量商品供应质量的稳定性。

3．商品的验收工作

如果某供应商提供的商品质量连续不合格，一是要提请供应商进行质量改进，二是要督促供应商从产品设计系统入手，从根本上改变其产品的质量。

而对于商品质量连续符合标准的供应商，则可以考虑对供应商实行免检。实行免检的商品事先要签订“质量保证协议”或“质量免检协议”，并列出相应的处罚措施，从合同上对供应商品质量进行制约，提高供应商品的质量。

（三）采购质量管理保证体系的建立与运转

质量保证是指质量控制所采用的方法和程序，也就是系统地检查产品的功能、生产过程以保证产品质量满足要求，具体内容见本章第四节。

第二节　采购质量管理的内容和原则

为了提高连锁经营采购商品的质量，加强采购质量管理与控制，必须明确质量管理与控制的内容和原则。

一、采购质量管理的内容

采购质量管理对象主要是采购商品的质量，而采购商品的质量是设计和制造出来的，所以，对供应商的质量管理与控制是重点和难点。统计表明，一个企业如果能将 1/4 的质量管理精力放在供应商管理上，那么采购商品的质量通常会比原来提高很多。

（一）采购技术规格

技术规格描述了产品技术方面的要求，技术规格一般由企业技术部门、产品设计部门确定，它是企业进行生产的依据或标准，也是企业质量检验部门所遵循的标准。

产品设计是产品质量的基础，而且后期的改动会造成成本成倍增加。因此，采购的技术规格要求必须纳入产品的开发计划。

在新产品开发过程中，大型的采购商常从以下方面与供应商进行沟通与合作。

1．采购设计

采购人员是新产品设计小组的一员，他们根据采购的标准对设计提出意见，把连锁经营顾客对商品需求的信息纳入新产品的设计中去。

2. 供应商的上游企业参与

供应商与其上游企业的长期合作，使得有可能邀请上游企业对新产品设计提出意见，对材料的选择提出建议，从而使设计不至于因为今后的更改而耗费更多的成本。

3. 派驻采购人员

一些大型的连锁经营企业派采购人员到供应商处，专门协助解决产品设计中的各种问题；有的供应商向采购方派驻工程师，目的是解决开发过程中出现的设计和制造问题。

在供应商开发新产品时，采购员在开发的早期阶段介入，有助于更好地理解产品的功能和结构，能够有效地降低成本和改进产品。

（二）采购需求规格

规格是描述产品各方面要求的各种形式的结合体，需求规格一般由产品设计部门、使用部门或采购质量专职管理机构共同确定，它是供应商进行生产的依据或标准，也是企业来料检验部门所遵循的标准。

采购部门必须保证产品需求规格能在供应商处得到满足，同时必须确保供应商能遵守交货时间、交货质量和价格等其他协议，因此采购方必须进行全面质量管理，而采购需求规格是首先要确定的问题。

连锁经营企业的市场部门必须先明确需求，需要什么规格的产品，他们应当准确、详细地描述产品的规格，使采购部门清楚产品的特性，以利于更好地向供应商采购。采购部门不能随意改动产品的规格，但是他们可以向市场部门提出更好的选择建议。

一种产品的规格可以用多种形式进行描述，因此，采购需求规格就是指产品的描述方式，也可以是几种描述方式的综合，通常包括以下几种。

1. 品牌

品牌是指产品的牌子，它是销售者给自己的产品规定的商业名称，包括名称、标志、商标。品牌实质上代表着供应商对交付给采购者的产品特征、利益和服务的一贯性的承诺。农产品的品牌往往与产地紧密相连，例如，河北砀山雪梨，海南文昌鸡，常德酱板鸭等。若连锁经营的消费者对品牌商品使用效果很满意，以后往往会再买同样品牌的产品。

但是购买品牌产品可能会使成本提高，因而采购部门会选择非品牌的替代品。而且在采购时过分强调品牌，会导致潜在供应商数量的减少，丧失众多供应商竞争带来的价格降低或改进质量的机会。

2. 至少同等规格

在连锁经营招标或采购方的发盘中，经常会有这样的情况，规定一种品牌或厂商的型号，然后注明“至少同等规格”。这种情况下采购方把责任留给了投标者，让他们去制订同等或更高的质量标准，自己再花费精力去制订详细的产品规格。

3．市场等级描述

例如，小麦和棉花的采购就属于等级采购，评级工作必须由权威部门来完成，通过等级采购购买到满意的产品。

4．样品

这种采购方法适用于那些难以用文字、图样表达的商品。以样品的特征为标准，通过视觉来判断产品是否能被接受，如木材的品种、颜色、外观、气味；塑胶件的外观标准就常需用样品来配合工程图样来加以规定。

5．技术文件

这种方法常用于那些难以用图样表达或难以呈送样品的商品。例如，常用的工程塑料颗粒，就无法用图样来描述，也不便呈送样品（样品不易保存）。化学药品的规格也使用技术文件来规定；而有时采购方向供应商购买一台设备，只需说明是立式还是卧式、工作台行程、加工精度即可。

6．国际标准和国家标准

ISO 9000 系列标准就是一种国际标准。我国对于商品标准有国家标准、行业标准、企业标准。各种标准中包括一系列描述，如物理或化学特性描述、商品和制造方式描述、性能表现描述等。

标准件无需画图，也无需样品，只需写明所需商品的大小及供应商应遵守的国家标准即可。另外，如果某供应商生产的产品在行业中处于领先地位，样品经使用后又完全能满足生产要求，那么采购方可能就会把供应商提供的图样或技术标准作为今后采购商品检验的标准。

（三）采购标准化

所谓采购标准就是对具有多样性和复杂性的商品，在一定范围内作的统一规定，并经过一定的批准程序，以特定的形式颁布的规范和法规。制定标准和贯彻标准的活动过程称为标准化。

标准化可分为工业标准和企业标准。工业标准指的是为简化产品品种、规格，统一产品规格、质量以及性能而制定的一系列规范、规定。如产品系列的确定、零部件标准化、通用化范围的规定、主要产品技术标准的制定等。这类标准如果是行业或全国通用的，分别称之为行业标准、国家标准，这是每个企业必须严格执行的，也是采购活动的主要依据。企业标准是在国家或行业标准的基础上，由供应商企业自己制定的规格。在连锁经营采购工作中采购部门也可以把企业标准寄给行业中主要的几个供应商，在最终采用前征求他们的意见。

值得特别注意的是：符合国际标准、国家标准，以及行业标准的商品并不一定是消费者满意的商品。商品是为了满足消费者需求而采购的，能否满足消费者需求是采购商品质量的根本依据和标准。这就是市场标准。

采购标准包括国际标准、国家标准、行业标准和企业标准。采购标准化意味着可以简化采购工作量，意味着采供双方就明确的尺寸、质量、规格所达成的协议。通过加强采购的标准化工作，可以减少采购的品种，降低库存，从而降低采购商品的成本。

二、采购质量管理的原则

针对采购质量管理的内容，采购质量管理应当符合“5R”原则，总的来讲，采购质量管理的原则是在适当的供应商处购买符合规格的所需数量的商品，采购质量管理必须围绕“质”、“供应商”、“时”、“量”、“地”五个方面（5R）来开展工作。

（一）适当的质量

如果一个连锁经营企业不重视采购质量，在市场竞争中就会无法立足。质量低劣的商品会导致消费者投诉、赔偿、增加售后服务的难度及成本；更严重的是导致消费者不满从而最终失去市场。

因此采购质量管理首先就是要求采购到符合规格的产品，既要保证质量，又要恰到好处地处理质量和成本、供应、服务等要素之间的关系。不同商品、不同使用场合，其质量定位的标准也有所不同。

质量与成本之间的关系一般采用“性价比”来平衡。质量不是越高越好，质量过高会产生质量过剩，并使成本大大增加。采购人员应严格掌握质量标准，慎重选择每一种商品。

质量与供应之间的关系也应当恰当处理。对于大批量的供应来说，如果对质量的要求过高，导致供应商加工周期过长，严重时会导致缺货。特别是对于自动化程度不高的供应商，只要不影响产品质量，不需要一个个非常认真地检验每一个商品。

质量与售后服务之间的关系也比较密切。商品质量高会给售后服务带来方便，但这会增加采购成本；如果商品频繁出现质量问题，不仅降低产品在顾客心目中的形象，也给售后服务带来麻烦，增加服务成本，所以质量应“适当”。

（二）适当的供应商

供应商的选择与评估是采购人员面临的首要任务，供应商的认证也是至关重要的，最好是通过双方的互动不断提高产品质量，从而形成“双赢”的局面。

适当的供应商是说供应商的数量既不是越多越好，也不是越少越好。从目前连锁经营采购发展的趋势来看，企业选择的供应商数量有集中化的趋势，对供应商的要求将越来越高，与供应商的合作关系也越来越密切，从而可以建立起一种长期合作的伙伴关系。因此选择适当的供应商显得尤为重要。

（三）适当的时间

企业已经安排好的销售计划可能会由于所需商品未能及时到达造成缺货，从而造成直接经济损失。但如果实行 JIT（准时化）采购，交货时机就显得尤为重要。采购人员要监督供应商按照订单约定的时间准时交货。

（四）适当的数量

大批量采购虽然会有数量折扣等好处，但是会造成资金的积压。一般情况下，连锁经营企业通常采用经济订购批量进行采购，但也需要根据具体的情况进行具体分析。采购人员要监督供应商按照订单数量准时交货。

（五）适当的地点

在实施 JIT 采购的情况下，连锁经营企业在选择供应商时通常必须选择与在一定距离内的供应商进行合作，因此一个地区往往由于产业链形成产业集聚效应，使得沟通更迅速，可以降低物流成本。

第三节　采购质量管理的基本方法

在采购质量管理工作中，需要了解采购工作过程中商品的质量状况。要想找出影响商品质量波动的原因，就要收集商品的质量数据记录，建立档案并保存记录，然后采用相应的方法进行采购质量问题的分析，从而解决采购质量问题，达到提高采购质量的目的。

一、检查表法

检查表也叫调查表，它是利用统计图表进行数据收集、数据整理和原因分析的一种工具，其格式有多种多样，常用的调查表有采购质量分布调查表、不合格品项目调查表、缺陷位置调查表、不良原因调查表、矩阵调查表等。下面介绍几种有代表性的调查表。

（一）矩阵调查表

矩阵调查表是把造成采购质量问题的成对因素，分别排成行和列，在行和列交叉点上标出调查的问题。这是一种多元问题的调查法。

（二）缺陷位置调查表

缺陷位置调查表是调查商品外观质量的一种调查表。对于供应商所提供的商品，其外观质量是考核的指标之一。外观的缺陷可能发生在不同部位，出现多种类型。缺陷位置调查表（见表 6-1）就是先画出商品示意图，把图面划分成若干小区域。调查时，按照商品的缺陷位置在平面图的相应小区域内打记号。最后归纳成统计号，可以得出某一缺陷比较集中在哪一个部位上的规律。这就为进一步调查或与供应商协商找出解决方法提供了可靠的依据。

表 6-1　缺陷位置调查表

		x	x	x	x	x	x			
				○				○		
	x		x		x		x		x	
		○								

注：表 6-1 是调查铁制品表面涂漆缺陷情况分布调查表，x 表示伤痕，○表示气泡。调查 200 张铁片，有 15 张铁片存在 14 个缺陷。调查表就是把缺陷位置标出后的平面图。从图上明显看出伤痕集中在两条直线上，经查证是涂漆机所致，经与供应商协商修理后基本消除了伤痕。

缺陷位置调查表常用于产品的外伤、脏污等和位置有关的质量问题。

（三）不合格品调查表

对于供应商提供的商品，其中的不合格品需要调查其项目，以及这些项目所占的比率大小。例如把预先设计好的表格放在验收的现场，让验收人员随时在相应栏里面画上记号，填上数据，然后再进行统计，就可以及时地统计出一系列数据。

表 6-2 是一张不合格项目调查表，这张表的日期、供应商、供应量、不合格品量、不合格品率等栏是用来填写收集的数据的，通过对不合格品进行分门别类的填写，就可以对不合格品的原因进行粗略的分析。

表 6-2　不合格品调查表

日期	供应商	供应量	不合格品量	不合格品率	不合格品项目					
					（1）	（2）	（3）	（4）	（5）	其他
合计										

二、分类法

分类法也叫分层法，是一种把记录的原始质量数据按照一定标准加以分类整理，以便分析采购质量问题及其影响因素的方法。分类的目的，是为了通过分类把性质不同的数据和错综复杂的影响因素分析清楚，找到问题的关键所在，以便对症下药，解决问题。

将数据分类时，应该根据分析的目的，按照一定的标准加以区分，把性质相同、在同一条件下收集的数据归纳在一类。分类时，应使同一层内的数据波动幅度尽可能小，而不同类别的差距尽可能大，这是搞好分类法的关键所在。质量数据分类的标准多种多样，一般按以下原则进行分类。

1）按供应商分：即按不同的供应商进行分类。

2）按型号分：即按不同的型号、新旧程度进行分类。

3）按运输方式分：即按海运、公路、航空、铁路分类。

4）按进货时间分：即按不同的进货日期进行分类。

5）按检验方法分：即按全检、抽样检验等进行分类。

6）按检验时间分：即按不同的班次、不同的日期进行分类。

目前，分类法已广泛运用于连锁经营的采购活动中，它既可以用图形表示，也可以用表格表示，如某年某月供应商不合格品分类，见表6-3。

表6-3　某年某月供应商不合格品分类

供应商名称	不合格品数量/t			
	包装破损	过　期	标识无或模糊	合　计
甲	5	12	15	32
乙	7	4	8	19
丙	3	1	2	6
小计	15	17	25	57

三、因果分析法

（一）因果分析图的概念

因果分析图是表示质量特性与原因关系的图，所以也叫特性要因图。因其形状像树枝和鱼刺，因此，又叫树枝图或鱼刺图。在连锁经营采购过程中，影响采购质量的因素是错综复杂、多种多样的，因果分析图就是整理和分析影响采购质量与各原因之间关系的一种工具。其特点是简单明了，一目了然。

它是通过带箭头的线，将采购质量问题与原因之间的关系表示出来的。其图形如图6-1所示。

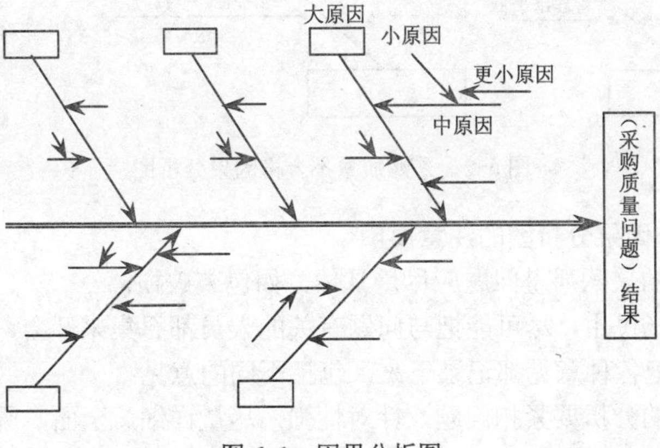

图6-1　因果分析图

（二）因果分析图的作图步骤

（1）先明确要分析的采购质量问题和确定需要解决的采购质量特性。

（2）召集同该采购质量问题有关的人员开会讨论，充分发扬民主，集思广益，各抒己见，分析产生采购问题的原因，如堆码不当、野蛮装卸等。

（3）将采购质量问题写在图的右边，画一条带箭头的主干，箭头描向右端，确定造成采购质量问题的大原因。因为影响采购质量问题一般有若干因素，可以就影响采购质量的因素画出，根据具体情况增减项目，把大原因用大箭头排列在主干线的两侧。

（4）按各大原因引导大家展开分析。将大家提出的原因按大中小顺序及相互之间的关系，用长短不等的箭头线画在图上，然后展开分析到能采取措施为止。

（5）把重要的、关键的原因分别用粗线或其他颜色的线标出来，或者加上框框。这类原因只能有 2～3 项，用投票法、排列图法或评分法确定。

（6）记下必要的有关事项，如绘制日期、制图者、制作单位、参加讨论的人员及其他可供参考的注意事项。

（三）采购质量的因果分析图的应用举例（见图 6-2）

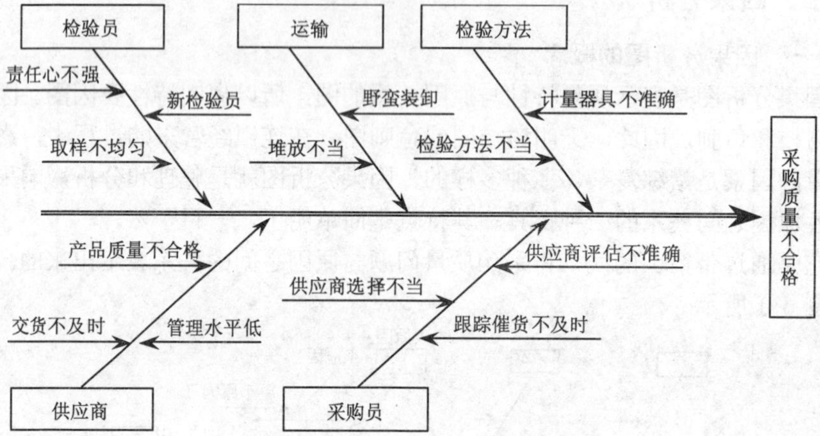

图 6-2　采购质量不合格因果分析图

（四）制作因果分析图的注意事项

（1）确定的采购质量问题应尽量具体，如包装破损。

（2）要发扬民主，尽可能把与问题有关的人员都召集来开会，不要限制与会者发表意见，把各种意见都记录下来，包括不同的意见。

（3）原因的分析要紧扣问题，针对性强，尽量详细、全面，原因分析要细到能采取措施为止。

（4）主要原因一定要标出。主要原因的确定可采用投票法、排列图法或评分法。

（5）为了图形的美观，线段之间的倾斜角度为 60° 左右。

（6）待因果分析图画好后要到现场落实每一个原因项目，制订措施；措施实施后，与排列图相结合，检查其效果。

（7）大、中、小原因之间应有明确界限。

第四节　采购质量管理的保证体系

连锁经营采购质量管理的主要内容包括对采购过程的质量管理，确保采购的产品符合规定的采购要求，其重点在于供应商的选择与评价；其次是采购信息的收集和记录，包括对拟采购的产品、服务的要求，以及质量管理体系的要求；最后是采购产品的验证，应通过检验或其他手段，确保采购的产品满足规定的采购要求。

采购质量管理的保证体系是企业质量保证体系的一个组成部分，是一个专项的质量管理体系，它具有目的性、集合性、相关性、整体性、适应性等特征。

一、采购质量目标

采购质量目标就是指开展采购质量管理工作预期达到的成果。采购质量目标就是要保证采购的产品能够达到连锁经营所需要的质量要求，保证连锁经营企业采购的商品是质量合格的产品。保证质量，也要做到适度。质量太低，当然不行，但是质量太高，一是没有必要，二是必然造成价格升高，增加购买费用，导致消费者不满，所以要求商品采购在保证质量的前提下尽量做到采购价格低廉。

采购质量目标与采购质量成本有关，质量成本是指为了确保和保证满意的质量而发生的费用以及没有达到满意的质量所造成的损失。质量成本包括的含义很广，大部分的质量成本可以用货币来衡量，但有的由于质量不良带来的损失无法用货币衡量，如企业信誉的损失、消费者不满等。

采购质量成本包括采购预防成本、采购鉴定成本、内部故障成本和外部故障成本四个部分。采购预防成本是指评价供应商的质量保证体系，与供应商一起对检验人员实施培训，制定商品的质量标准以及与供应商联系的费用。采购鉴定成本是对供应商的进店商品进行检验、试验等所发生的费用。内部故障成本是指由于采购的商品不合格而进行的返修、退货、索赔等活动所发生的费用。外部故障成本是由于采购的商品所含缺陷在顾客消费时显示出来所造成的损失，如保修费用、退货损失、索赔费用、诉讼费用以及库存产品的降价损失。

采购质量成本可以用采购质量成本率来衡量：

采购质量成本率=（总的采购质量成本/总采购成本）×100%

采购质量目标就是要尽可能地降低采购质量成本。

二、采购质量管理机构和制度

（一）采购质量管理机构

为了使采购质量管理保证体系能够卓有成效地运转，发挥它应有的作用，使采购部门采购的商品符合规定的要求，就需要建立一个负责采购质量的组织、协调、督促、检查工作的部门，作为采购质量管理保证体系的组织保证。这个部门就是专职的采购质量管理机构。

采购质量管理专职机构建立以后，其他部门仍然要负起相应的采购质量责任。采购质量管理专职机构能起到协调营业部门、仓储部门与采购部门的作用，协调供应商与采购部门的作用，使各部门配合得更好。因此，设立采购质量管理专职机构能够避免各自为政，发挥综合优势，更好地提高采购质量。

采购质量管理专职机构在组织开展采购质量管理保证体系活动中的主要作用有：

（1）统一组织协调采购质量管理保证体系的活动，帮助和推动各方面采购质量管理工作。

（2）加强采购质量管理活动的计划性，把采购质量管理保证体系各方面的活动纳入计划。

（3）对连锁经营采购质量管理职能和采购质量保证的任务，进行经常的检查和监督。

（4）统一组织采购质量管理信息的流通和传递，并使之充分而有效地发挥作用。

（5）提高采购质量管理保证体系的功效。

（6）掌握采购质量管理保证体系的动态，积极组织连锁经营企业与供应商之间的沟通与协调。

连锁经营企业的采购质量管理机构形式在各种类型的连锁经营企业不尽相同，一般可以成立由采购副经理领导下的采购质量管理小组，或者由采购部门设立一个单独的采购质量管理机构，这种机构是企业领导执行采购质量管理职能的参谋、助手和办事机构，负责采购质量的组织、协调、督促、检查工作和综合有关部门和供应商的采购质量管理活动，是整个采购质量管理保证体系的执行、监督和反馈中心。

采购质量管理专职机构在采购质量管理保证体系中的主要职责是：协助采购副经理进行日常采购质量管理工作；开展采购质量管理宣传教育；组织采购质量管理活动；编制采购质量管理计划，督促检查采购质量管理计划执行及完成情况；

制订降低质量成本的目标和方案，协同财会部门进行质量成本的汇集、分类和计算；协调有关部门的采购质量管理活动；研究和推广先进的采购质量管理方法；指导采购人员的采购活动；组织供应商的评估，进行采购质量评价等。

（二）采购质量管理制度

分析连锁经营采购管理工作中有关质量管理业务的工作流程，使之合理化、标准化并固定下来，这就是采购质量管理制度。建立采购质量管理制度可以使采购质量管理条理化、规范化，避免职责不清、界限不明、相互推诿，所以它既是采购管理质量保证体系的重要内容，又是建立采购质量管理保证体系的一项重要的基础工作。

1．加强进货检验的质量管理

加强进货检验的质量管理工作包括：进货的验收、检查、质量识别等；进货检验或试验的方法及判断依据等；使用的工具、量具、仪器仪表和设备维护及使用的要求；对检验员、试验员的技能要求。

2．做好采购质量记录

采购人员做好与采购质量有关的记录：一是与接收产品有关部门的记录，如验收记录、进货检验与试验报告、不合格反馈单、供应商处的验证报告等；二是可追溯的质量记录，如验收记录、发货记录、检验报告、使用记录等。

3．采购质量的检查

采购质量检查的主要内容有：是否与供应商建立并保持了采购质量控制的制度与程序；审查供应商的资格和供货能力，对按 ISO 9000 质量标准要求选择的供应商，要对其质量体系进行审核；对供应商进行供货能力的评估和持续供货能力的评估，保存好供应商的档案。

4．制订采购文件

在制订采购文件前，首先要对采购的商品进行验证，对供应商进行验证，对采购合同进行验证，并保存好记录；对采购商品的适用性进行认真的审核。

5．制订详细的质量保证协议

要与供应商达成明确的质量保证协议，其中的质量要求要充分适当，充分考虑其有效性、成本、风险等方面的因素。通常质量保证协议的内容要包括供应商的质量体系，货物的检验、试验数据以及过程控制记录，供应商进行全检或批次抽样检验记录。企业对供应商的质量体系要进行评估，对接受的货物要进行检验。

6．制订采购商品验证方法的协议

采购商品验证方法协议的作用是对供应商提供的产品的验证方法作出明确规定，同时防止由于验证方法的不一致所产生的对产品质量评价的不一致，从而引起争端。

连锁经营企业要与供应商达成明确的验证方法的协议，协议中规定的质量要求和检验、试验与抽样方法应得到双方的认可和充分理解。通常验证方法协议的内容有检验或试验依据的规程、使用的设备工具和工作条件、判断的依据、双方交换检验数据和试验数据方面的协议和方法，以及双方互相检查检验或试验方法、设备、条件和人员技能方面的要求。

三、采购质量控制

（一）采购质量控制的内容

采购质量控制就是为保持采购产品的质量而采取的作业技术和有关活动，它是采购质量管理的一部分。其目的在于为消费者提供符合规格要求的满意商品。采购质量控制这个概念是在采购部门内部以及采购部门与其他部门、供应商之间使用的。采购质量控制的重点是对供应商的控制，采购质量控制就是要使采购商品的质量要求能保证得到满足并且能够客观地得到证明，这就意味着采购方和供应商之间对交易的基本要求、怎样实现这些要求、检验工作规范、出现问题时的处理方法等要取得一致意见。

总的来说，采购质量控制就是使企业所有的采购活动符合规定的质量目标，使企业采购的产品满足规定的质量水平。采购质量控制需要连锁经营企业内部各个部门之间以及连锁经营企业与供应商之间的相互沟通并且协调一致，一旦确定了质量标准，采购的商品都必须处于这个标准的控制之下。为了达到这个标准，采购质量管理部门必须承担几个方面的职责：采购质量标准的制定、评估、控制和保证。

采购质量标准就是要保证采购的商品能够达到连锁经营企业需要的质量要求，保证采购的商品个个都是质量合格的产品。当然，保证质量也要做到适度。

采购质量保证是指采购质量控制所采用的方法和程序，也就是系统地检查产品的功能和生产过程以保证产品能够符合规定的质量要求。组织内部的采购质量评估活动通常叫做审核；组织外部的采购质量评估活动称为认证。

采购质量保证中一个重要的部分就是供应商的选择，供应商将会提供什么样的产品，该产品的设计如何，技术性能怎样，采用什么样的质量标准，这些问题都是不能回避的。

采购质量保证可以通过与供应商签订质量保证协议来进行。质量保证协议的作用：一是对供应商提出质量保证要求，二是通过对供应商的适当控制保证采购产品的质量。

制定质量保证协议的原则是：

1）条款明确具体。

2）内容全面。

3）留有一定余地。

质量保证协议中提出的质量保证条款包括下列内容：

1）帮助供应商建立质量保证体系。

2）随发运的货物提交规定的检验、试验数据以及过程控制记录。

3）由供应商进行全部产品质量检查。

4）供应商应接收批次抽样检验与试验。

5）由供应商实施组织规定的正式质量保证体系。

6）由连锁经营企业或第三方对供应商的质量保证体系进行评估。

（二）采购质量管理保证体系构成

采购质量控制的方法和程序综合起来就是采购质量管理保证体系。采购质量管理保证体系通常记录在企业的质量手册中，质量手册中主要包括采购质量标准的制定、评估、控制和保证，采购质量控制方法，供应商的选择评估以及考核等一些内容。

采购质量管理保证体系包括下列具体内容：

1）明确的采购质量目标、采购质量计划和采购质量标准。

2）严格的采购质量责任制。

3）专职的采购质量管理机构。

4）标准化的采购管理业务和流程。

5）高效、灵敏的采购信息反馈系统。

6）供应商的质量保证活动。

其中，供应商的质量保证活动是采购质量管理保证体系的重点，也是全面质量管理的一个重要组成部分。供应商质量保证活动主要包括以下三个方面的内容：

（1）采购人员要认真准备订单说明书。充分的准备是采购工作成功的基础，说明书中要有详细的商品质量要求以及包装、运输等方面的说明。要对供应商进行初步的资格认定，了解供应商的交付能力；然后由专门小组对供应商的质量体系进行调查，形成调查报告。对在调查中发现的问题进行讨论，并就改进方法达成一致意见；对改进方法的记录文件要定期进行检查。进行样品检验，供应商提供的样品要经过营业部门的检验，作为衡量供应商的标准。在此基础上再让供应商进行试生产，对供应商的生产过程进行审查，审查的重点在于供应商的过程控制和质量控制，双方就审查过程中发现的问题交换意见，达成共识，然后产品正式投产。双方签订质量协议，其目的是保证产品质量满足供需双方达成的要求。通过上述方法，采购方可能实行抽检，甚至免检，以减少进货成本。

（2）采购人员对供应商进行定期验证、检查和评估，包括产品审查、工艺审查和系统审查。产品审查可以发现供应商各方面的运转情况，如采购方的退货率，可以反映产品的质量水平。工艺审查是通过对供应商的工艺系统调查来判断其工艺是否满足标准要求。通常审查“4M”，即人员 Men，材料 Materials，设备 Machines，方法 Methods，检查操作者是否能用适当的设备和技术保证生产出合格的产品。系统审查是将质量体系与外部标准进行比较，外部标准可以是企业自行制定的，也可以是权威认证机构制定的，如国家标准、行业标准。

采购方可以与供应商签订采购商品验证方法的协议。其作用在于对供应商提供产品的验证方法作出明确规定，防止双方由于验证方法不一致所产生的对产品质量评价的不一致，从而发生争端。对验证方法协议的要求：一是与供应商达成明确的验证方法协议，二是协议中规定的质量要求和检验试验与抽样方法应得到双方认可和充分理解。验证方法协议的内容如下：

1）检验或试验依据的规程。

2）使用的设备工具和工作条件。

3）判断的依据或标准。

4）双方交换检验和试验数据方面的协议和方法。

5）双方互相检查、检验或试验的方法、设备、条件和人员技能方面的规定。

（3）采购人员要明确供应商在哪些方面进行了质量保证。采购部门要加强质量管理，明确与供应商保持联系的责任人，谁负责选择供应商；与供应商的沟通口径必须一致。采购部门要树立质量第一的思想，同时供应商要及时得到质量方面的评估和反馈信息。

全面质量管理是一种关注顾客满意度的管理理念和体系，在全面质量管理中，顾客可以是企业内部的，也可以是外部的，在供应链管理中，任何在供应链上接受产品的人都应该看成是顾客。全面质量管理同样适用于采购质量管理，要提高采购质量，同样离不开有关部门和人员的通力合作，因此，连锁经营企业的员工必须不断为改进采购质量而努力，要将采购质量与整个企业的业务活动融合在一起，要以顾客满意作为采购质量管理的最终目标。

本章小结

质量是“产品（或劳务）本身具有的一组固有特性满足要求的程度”。

质量管理是为保证和提高产品质量所进行的调查、计划、组织、协调、控制、检查、处理及信息反馈等各项活动的总称。对采购质量进行严格管理是杜绝假冒伪劣产品、防止欺诈行为和保证连锁经营商品质量的必要措施。采购质量管理的目标就是保证采购商品的质量符合规定的要求，就是要保证采购的商品能够达到满足消费者需要的质量要求。采购质量管理的重点在于正确地选择供应商。

采购质量管理对象主要是采购商品的质量，而采购商品的质量是设计和制造出来的，所以，对供应商质量的管理与控制是重点和难点。供应商产品质量管理的依据包括采购技术规格、采购需求规格、采购标准。

采购质量管理的原则是在适当的供应商处购买符合规格的所需数量的商品，采购质量管理必须围绕“质”、“供应商”、“时”、“量”、“地”五个方面来开展工作。

采购质量管理的方法有：调查表法、分类法、因果分析图法。

采购质量管理的主要内容包括对采购过程的质量管理，确保采购的产品符合规定的采购要求，其重点在于供应商的选择与评价；其次是采购信息的收集和记录，包括对拟采购的产品、设备的要求，人员资格的要求，质量管理体系的要求；最后是采购产品的验证，通过检验或其他手段，以确保采购的产品满足规定的采购要求。

复习思考题

一、选择题

1. 采购质量管理的基本原则有（　　）。

A. 适当的供应商原则　　B. 适当的时间原则
C. 适当的地点原则　　D. 准确性原则

2. 采购需求规格就是指产品的描述方式，它通常包括的方式有（　　）。

A. 国际标准　　B. 技术文件　　C. 样品　　D. 品牌

3. 采购质量管理的方法，主要有（　　）。

A. 询问法　　B. 调查表法
C. 分类法　　D. 因果分析图法

4. 建立采购质量管理制度（　　）。

A. 可以使采购质量管理规范化
B. 是建立采购管理质量保证体系的基础工作
C. 避免职责不清
D. 是采购管理质量保证体系的重要内容

5. 下列哪项是反映产品能适应用户使用目的所具有的技术特性？（　　）

A. 可信性　　B. 安全性　　C. 适应性　　D. 经济性

6. 下列哪项标准是采购商品质量首要的、根本的依据和标准？（　　）

A. 技术标准　　B. 市场标准　　C. 国家标准　　D. 行业标准

二、判断题

1. 产品质量中的“产品”不仅是指有形产品，还包括无形产品。（　　）
2. 采购质量管理的重点在于严格检验采购商品的质量。（　　）
3. 采购质量管理对象主要是采购商品的质量。（　　）

4. 采购质量控制就是使企业所有的采购活动符合规定的质量目标，使企业采购的产品满足规定的质量水平。（ ）

三、问答题

1. 采购质量管理保证体系包括哪些内容？

2. 采购质量检查的主要内容有哪些？

3. 简述采购质量管理分类法的操作过程。

四、案例分析

大连石化的供应商管理

大连石化公司始终坚持将采购质量放在首位，严格管理供应商。2005年，这个公司对所供产品出现质量问题，给工程、生产带来不利影响的两家供应商作出处罚，决定停止其网络成员资格6个月，期间不得发生新的业务。

大连石化公司的电子商务中心对供应商队伍实行动态和量化管理，通过制订《网络成员管理办法》，建立《市场采购商品供方名录》，实施《市场采购商品入网证书》制度，每年都要对供应商在商品供应质量、价格、交货时间、售后服务等项目进行量化打分，建立长期稳定的供货渠道，保证采购质量。2005年8月份，浙江某钢管厂提供的不锈钢管材在公司石脑油加氢项目中，存在严重质量问题；安徽某机电集团有限公司在三蒸馏、一蒸馏等装置上使用的热电偶、双金属温度计在出厂前检验中，没有按规定程序开展工作，致使部分产品漏检一些项目。电子商务中心按照《网络成员管理办法》有关规定，及时对这两家公司作出了处罚。

为严格管理，电子商务中心今年还修订了《物资验收管理办法》，对容易出现质量问题的物资，如阀门等由原来的抽检改为目前的100%试压。利用光谱仪等现代化设备进行材料分析、硬度测验，实现了物资定量分析，改变了过去验收主要靠眼看、手摸、凭经验的做法，使验收质量更有保障。对反应器、压缩机等关键性重要设备，委派专业人员到厂家现场监造，确保设备制造的每个环节、每道工序都受到监控。由于采购量大，监造、检查人员不够，这个公司还从生产车间抽调了6名设备员、安全员，培训后也直接加入到了监造和检查工作中。

问题：

大连石化公司采取什么措施保证采购质量？

第七章 7

连锁经营采购的数量和时机管理

学习目标

技能目标： 1. 初步学会定期订货法和定量订货法

2. 能够将 ABC 分类控制法应用到库存管理中

3. 学会根据实际情况调整订购批量与订购时间

知识目标： 1. 了解库存的基本概念

2. 初步掌握库存管理的基本知识

3. 熟悉影响库存的因素

引导案例

戴尔公司的准时化采购

戴尔公司的营运方式是直销，在业界号称“零库存、高周转”。在直销模式下，公司接到订货单后，将电脑部件组装成整机，而不是像很多企业那样，根据对市场预测制订生产计划，批量制成成品。真正做到按顾客的需求在极短的时间内完成定制生产，速度和精度是考验戴尔公司的两大难题。

戴尔公司的做法是：利用信息技术全面管理生产过程，采取准时化（JIT）的采购与生产技术。通过互联网，戴尔公司和其上游配件供应商能迅速对客户订单作出反应，当订单传至戴尔公司的控制中心，控制中心就把订单分解为子任务，并通过网络分派给各独立配件制造商进行生产。各供应商按戴尔公司的电子订单进行生产组装，并按戴尔公司控制中心的时间表来供货。戴尔公司所需要做的只是在成品车间完成组装和系统测试，剩下的就是客户服务中心的事情了。

准时化采购是一种理想的采购模式，它能够最大限度地消除浪费、降低库存、实现零库存。但是，通常情况下我们不能实现零库存，那么，为了最大限度地降低库存成本的同时又能保证连锁店不缺货，连锁经营企业在采购中每次应该采购多少？多长时间采购一次？这就是本章要解决的问题。

第一节 库存管理

一、库存基本概念

库存是一种暂时的处于闲置状态的应用于将来的资源。连锁经营企业设置库存的目的是预防不确定性事件的发生，市场随机的需求变化，以保持连锁经营的连续、稳定，故一般以经济批量订货的形式来保持一定量的库存。

库存按其作用可分为三类：

（1）周转库存，是指进行批量性采购所对应的库存，其目的是为了降低采购成本。

（2）安全库存，是指为了解决因需求不正常变化引起的缺货而设置的一定数量的库存。

（3）调节库存，是指用于调节供需不平衡而设置的库存。

二、库存管理策略

库存有其有利的一面，也有其不利的一面，作为连锁经营企业的采购部门应尽可能减少库存量，以降低风险。

1. 库存管理指标

从连锁经营采购的角度来讲，通常主要使用的是商品的库存周转率。

商品的库存周转率等于商品的年消耗率与商品年库存平均值的比值。库存周转率的取值范围需要根据企业的实际情况而定，其取值越大，说明库存使用率越高，效率越高，库存成本越少。

2. 库存放置

从节约采购成本的角度来讲，连锁经营企业的库存应尽量放置在供应商处，也就是说供应商为连锁经营企业预设库存，或者尽量放置在靠近企业附近的仓库。

3. 减少库存的方法

（1）减少周转库存。平均周转库存量等于 Q/2，其中 Q 为订单批量，因此，只要减少订单批量即可减少周转库存。但这要以保证库存周转，连锁经营各门店不断货为前提。

（2）减少安全库存。为了抵消意外情况的发生需要设置安全库存，减少安全库存应从以下几个方面入手：

1）准确预测需求，降低订货批量。

2）集中批量下达订单。

3）增加采购环境的稳定性。

三、库存的作用

库存的作用集中体现在能有效地平衡供需关系，保证连锁经营正常进行，具体有以下几个方面：

（1）提高连锁经营企业对顾客的反应速度，保证正常供应。

（2）集中批量下达订单，减少订单次数，减少采购成本。

（3）提高企业的服务质量。

但是，库存不仅占用企业流动资金，还占用存储场地，增加管理开支；有时库存的商品因时间太长或仓储管理的原因而变成废品，从而使该商品不能再销售，或者要进行变卖处理，增加了库存成本。

四、独立需求库存控制

对于有规律且确定性（市场需求稳定）的商品库存，可以采用以下方法计算最佳订货周期及经济订货量。

最佳订货周期：$T=\sqrt{\dfrac{2\times C}{D\times F\times P}}$

最大库存量：$S=T^{-1}\times D$

经济订货量：$Q=\sqrt{\dfrac{2\times C\times D}{F\times P}}=\sqrt{\dfrac{2\times C\times D}{H}}$

订货点：$R=LT+A$

式中 D——库存商品的年需求量（件/年）；

P——商品单价（元/件）；

F——单件库存商品保管费与单件库存商品购买费用之比；

C——单位订货费用（元/次）；

H——单位库存保管费（元/件·年）；

LT——订货周期的销售量；

A——安全库存量（紧急订单周期内商品的销售量）。

经济订购量是综合分析进货、储备等各方面支出后得出的总费用最低的一次订购数量。这个总量用由下列各部分构成：①商品总价，由商品单价和订购数量所决定；②运费与杂费，指进货所发生的运费、装卸费、途中消耗和检验费等；③订购费用，指与订购业务有关的商务来往费用、行政管理费用等；④储存费用，指储存商品占用资金的应付利息、维护费、保管费、仓库管理费、库内搬运费、储存商品损耗费等；⑤缺货损失费，指缺货造成的直接损失费用。

图 7-1 为经济订购量，即 EOQ 图示。

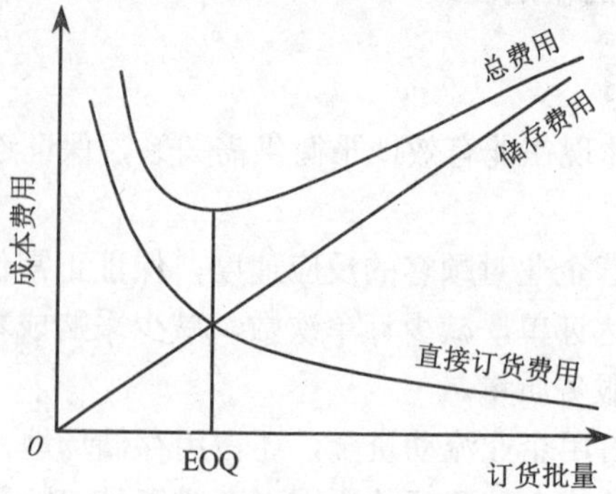

图 7-1　经济订购批量图示

从图中可以看到，订货总费用随订购批量的加大而减少，而储存总费用随订购批量的加大而增加，两者之和是订购总费用。订购总费用线和储存总费用线的交点所对应的订购批量，就是订购批量总费用最小的经济订购批量，即EOQ。

五、影响库存的因素

（一）客户服务水平

我们知道，为了满足顾客的即时需要，就需要大量提高库存量。这虽然提高了客户服务水平，但大大地增加了库存成本。所以，库存要考虑行业竞争企业间的标准惯例，同时就一般情况而言，对客户来讲信守交货承诺比交货速度更重要，更能体现客户服务水平。人们也意识到通过对库存管理水平的提高，同样可以达到提高客户服务水平的目的。但总的说来，客户服务水平的提高与库存数量等依然存在正相关的关系。

（二）订货批量

不同的采购策略，对库存的影响也不同。如果采购次数频繁，采购批量小，库存数量就小；采购次数少，采购批量大，库存数量就大。因此，采购策略对库存有直接影响。在此基础上，产生了通过控制采购批量来控制库存的方法——经济订货批量法，就是协调采购次数、采购数量与库存量三者之间的关系，从而达到对整个库存成本控制的目的。

（三）物流渠道中货物流转的速度

由于销售的连续性，必须考虑物流渠道中货物流转的速度。货物流转速度快，对库存的依赖就会减少，库存数量就可以降低；如果货物在渠道中流转速度慢，不确定因素随时间的增加而增加，就会导致周转次数减少，安全库存量必须有相应的增加。

（四）预测的精确度

如果对顾客相关需求的预测是非常准确的，库存就是固定的；如果对顾客相关需求的预测是不够准确的，为了保证不缺货，就需要安全库存。事实上，如果可以 100%精确地预测补货提前期和需求，就不需要安全库存。

（五）供应和销售的波动幅度

供应和销售都会因为各种原因产生波动，如意外事件、市场的价格波动、消费者偏好的变化、新产品的推出等。此外，供应和销售本身就存在一定的周期性波动。因此，为了保证销售，不得不按照波动幅度持有一定的库存以保证满足消费者的需求。对此，可以根据产品在不同生命周期的波动幅度不同等性质和其他因素随波动幅度的变化而调节库存。

（六）库存成本

成本是决定库存量的最根本的因素，适当的库存量控制是在实现总成本最低的情况下实现的。因此，成本因素对库存会产生重要的影响。

1．**采购成本**（Procurement Costs）

补货时采购商品的相关成本往往是决定再订货数量的重要经济因素。发出补货订单后，就会产生一系列与订单处理、准备、传输、操作、购买相关的成本。确切地说，采购成本可能包括：不同订货批量下产品的价格；订单经过财务、采购部门的处理成本；通过邮寄或电子方式将订单传输到供应地的成本；货物运输成本（采购价格含运输费用、运到价格的除外），即在收货地点的所有商品搬运或商品加工成本。

上述有些采购成本相对每个订单而言是固定的，不随订单订货规模而变化，如订单经过财务、采购部门的处理成本。其他的如运输成本和商品搬运成本等则不同程度地随订货规模的变化而变化。分析时，需要对各种情况加以区别对待。

2．**库存持有成本**（Carrying Costs）

库存持有成本是因一段时期内存储或持有商品而导致的成本。它与所持有的平均库存量成正比，可以分为四种：空间成本、资金成本、保险成本和库存风险成本。

（1）空间成本（Space Costs），指为商品占用存储建筑内立体空间所支付的费用。如果是租借的仓库，存储费用一般按一定时间内存储产品占据的仓库面积来计算，例如元/平方米·月。如果是自有仓库或合同仓库，则空间成本取决于分担的运营成本，这些运营成本都是与存储空间相关的；同时还取决于与存储量相联系的固定成本，如建筑和存储设施成本。若只是计算在途库存的持有成本，则不必考虑空间成本。

（2）资金成本（Capital Costs），指商品库存占用资金的成本。根据经验，该项成本一般占到总库存成本的80%，同时它也是各项库存持有成本中最捉摸不定的、最具主观性的一项。其原因有两个：第一，库存是短期资产和长期资产的混合，有些存货仅为满足季节性需求服务，而另一些则为迎合长期需求而持有；第二，从优惠利率到资金的机会成本，资金成本差异巨大。人们对用于库存的资金成本的确切数额是难以精确计算的，有些企业取资金成本的平均值，而另一些则使用企业投资的平均回报率来计算。最低资金回报率是指企业所放弃的获利最高的投资项目的回报率。

（3）保险成本（Insurance Costs）。保险费用也是构成库存持有成本的一部分，其水平基本上取决于持有的库存量。保险作为一种保护措施，可以帮助企业预防火灾、风暴或偷盗所带来的损失。

（4）库存风险成本（Inventory Risk Costs）。与产品变质、短少、破损或报废等相关的费用构成了库存持有成本的最后一项——库存风险成本。在保持库存的过程中，一部分存货会被污染，损坏，腐烂，被盗，遭受虫害、鼠害或由于其他原因而不适于或不能用于销售。这种成本可用产品价值的直接损失来估算，也可用重新生产产品或从备用仓库提货的成本来估算。

3．缺货成本（Out Of Stock Costs）

当客户购买量很大，但所购商品无法由平常所指定的仓库供应时，就产生了缺货成本。缺货成本有两种：失销成本（Lost Sales Costs）和延期交货成本（Back Order Costs）。

当出现缺货时，如果客户选择收回购买要求，就产生了失销成本。该成本就是本应获得的这次销售的利润，还包括缺货对未来销售造成的消极影响。那些客户容易以其他竞争性品牌来进行替代的商品（如矿泉水、面包、软饮料等），最容易产生失销成本。

如果客户愿意等待，等到货以后再买，那么就不会发生失销的情况，只会出现购买的延期。这样就会产生延期交货成本。如果延期交货的订单不是通过正常的分拨渠道来处理，那么就可能产生额外的运输和搬运成本，以及额外的办公费用和销售成本。这些成本是实际发生的，因而衡量起来并不困难。但失去的未来销售机会的无形成本，却是很难衡量的。如那些在客户心目中有差异的商品（如家电商品、品牌食品），就较容易出现因延期交货而产生的延期交货成本。

（七）其他因素

（1）需求变化。如顾客的需求品种、结构及时间发生变化等。

（2）市场变化。它包括随着时间的变化，商品的价格及稀缺性呈现出的一定的变化，如季节性变化等。

（3）供应商的相关变化。它包括供应商的可靠性、生产能力及采购周期等的变化，这将对库存产生一定的影响。

（4）产品更新。它包括采购方销售产品的更新趋势及供应商所供应货物的更新趋势。

（5）安全库存。安全库存量设置的多少，对库存量产生直接影响。

（6）采购提前期。在确定库存量时，要充分考虑采购提前期，以便为供应商的生产准备、生产及运输过程预留时间。

（7）商品价格。库存商品价格直接影响资金成本，商品价格是库存成本的重要构成部分，因此，对库存成本产生重要影响。

第二节 库存控制

一、库存控制概述

所谓库存控制是在保障连锁经营正常进行的前提下，为使库存商品的数量最少而进行的有效管理的技术经济措施。

（一）库存的实质

连锁经营企业是利用采购手段，将一些供应商手中的产品采购进来，再销售给用户。所以从这个角度上看，所有的企业，实际上都是一个销存系统，其根本目的都是为客户提供产品和服务。企业的业务模式，都是将从社会中输入的物资，转换成社会客户需要的商品，再销售输出给社会中的客户，以满足他们的需要。这时企业可以看成是一个水库，它从上游购进原材料或成品，再将它们变成能够满足人们某种需要的产品蓄积起来，这就是成品库存。企业就是以这些库存来面对下游顾客需要的。当下游顾客需要的时候，就提出一定的库存量予以供应。这种水库的作用很大，它起着衔接供需的作用：一方面，企业自身可以正常进货、正常生产——不管当时有没有发生客户需求。生产出来的产品多了，客户用不完就可以存起来，作为库存以满足以后客户的需求；另一方面，也保证了下游客户的正常消费。下游客户想消费的时候，可以从仓库提货——不管企业在不在生产，仓库里总是有货供应的。这样既保证了正常生产，又保证了用户的正常消费。它衔接了供需，缓冲了供需脱节的矛盾，使企业的生产供应与客户的独立需求都能独立正常地进行。

在企业这个大进销存系统中，又有很多小的进销存系统。企业大进销系统是面对社会客户的需求，而企业内部的进销存系统是面对企业内部各个环节的需求的。

例如，任何连锁经营企业的仓库就是一个进销存系统。采购进来的商品入库，形成进货；由于销售需要又到仓库来提货，就形成出库。入库和出库的结果就形成了库存。因此，仓库管理这个环节就是一个进销存系统。

同样，我们的销售环节也是一个进出存系统。采购环节也可以看成是一个进销（出）存系统：采购进货就是“进”；采购进来的商品形成库存，存于仓库，用以满足销售的需要。销售部门从这个仓库提货销售，就是“出”；采购入库的商品还没有出库，就形成了库存商品。这样就形成了采购这个环节的进销（出）存系统。连锁经营企业采购的存，就是要形成采购库存（原材料库存、成品库存等），来应付销售部门的销售需求。

（二）储存的分类

所有的进销存系统都有储存这个环节。连锁经营企业的储存有各种形态。

1．按储存状态可以分成仓库储存和店面陈列

（1）仓库储存，是指存储在正规的仓库中的储存，一般储存数量庞大，存储时间较长。这种储存由于占用资金，要负担流动资金利息，还要占用仓库，需要负担保管费，而且随着储存数量的增加、储存时间的延长，负担的费用也会越来越高。例如连锁经营企业的商品仓库、批发仓库、零售仓库等，储存企业的储存仓库，仓储企业的仓库等都属于这种仓库储存类型。一般把仓库储存的商品叫做库存商品。库存商品的数量或金额称库存量，简称库存。

（2）店面陈列，是指在连锁店店面陈列的商品，且往往是没有进入仓库保管的商品。例如陈列于零售柜台、货架上的商品或堆码在堆头上的商品等。这些东西虽然也占用流动资金，但是不需要占用仓库，不需要负担保管费。

2．按储存性质可以分成中转储备和周转储备

（1）中转储备，是指为衔接不同动力方式、不同运输环节而设立的商品中转运输储存。例如火车运输换汽车运输、轮船运输换汽车运输、京广铁路运输换陇海铁路运输时，在交接口往往设有中转商品仓库，进行运输中转储存。中转仓库也是要收仓储费或中转费的。

（2）周转储备，是指企业为进行流通周转而进行的一些临时的、不断流转的储备，包括仓库储备和临时堆放。如流通企业的商品仓库以及柜台上存放的货品，不断地销售出去，又不断地补充进来，这些储备商品都是周转库存。没有这些商品，连锁经营企业的销售就无法进行。这些库存商品是保证连锁经营顺利进行的前提条件。

（三）周转库存系统需要进行库存控制

中转储备、周转储备这两类储备，由于它们的性质不相同，因此储存追求的目标也不相同。

1．中转储备追求的目标

中转储备主要为运输服务，在不同运输方式或不同运输环节的接口处设立仓

库，为中转商品的集散组配、暂时储存等作业提供场所。中转储备追求的目标，主要是提高中转作业效率、集散快、节省费用、降低中转成本。

2. **周转储备追求的目标**

周转储备和中转储备方式不同，它是在流通作业的各个环节上为保证上下各个作业环节顺利开展而进行的临时性储备，是流通的前提条件。周转库存追求的目标，是要提高库存周转率、降低库存成本、提高经济效益。为了提高经济效益，就必须进行库存量的控制。周转库存商品的数量既不能少，也不能多，要努力追求一个合适的数量。这也是周转储备区别于中转储备的一个显著特点：周转储备要进行库存量的控制，中转储备则不需要进行库存量控制。

周转储备要进行库存量的控制，其原因是因为周转储备是为流通环节服务的，而流通企业是为了追求经济效益的。为了降低成本、提高经济效益，都希望库存保持一个合适的水平。如果库存太小，则会产生缺货，影响生产或销售，不能满足销售的需要，直接影响企业的经济效益，这显然不好。但是如果库存太大，要占用仓库，需要人保管，要承担一定的保管费。另外，储存的商品，从价值形态上看，它是一种资金的积压。而作为资金的积压，一是占用了流动资金，二是这些占用资金还要付银行利息(资金的时间价值)。这些费用就构成了企业的负担，增加了企业的流通成本，降低了经济效益。而且超库存量还存在库存风险，因为库存积压品，在市场需求不断变化的情况下，很容易成为过时淘汰品，不仅增加库存成本，而且还损失了商品的进货成本。积压越多，费用越高，浪费越大，风险也越高。所以库存量太大，对企业来说显然是很不利的。因此企业的周转库存量不能过小，也不能过大，一定要适量。也就是说，周转储备一定要进行库存控制，这样才能使企业利润最大化。

（四）库存控制过程概述

既然周转储备需要进行库存控制，那么要从哪里入手进行控制呢？这就需要研究一下库存过程本身，看它的哪些环节可以影响库存量的大小。

从连锁经营企业采购过程可以看出，一个完整的库存过程，可以包括以下四个过程。

1. **订货过程**

连锁经营企业总是先要采购订货，订货一般有一个时间过程，叫做订货过程。它是指从决定订货起，到出差订货或发出货单，然后进行订货谈判，直到订货生效，签订订货合同为止的一段过程。订货过程实现了商品所有权的转移，即将一定批量的商品的所有权由供方转移到仓库手中的过程，因此订货过程是一个商流过程。订货过程在账面上成了自己的库存量，这种账面上的库存量又称“名义库存量”，它还不是仓库中实际库存量。

2. 进货过程

订货生效，签订订货合同以后，就要进货，既把订货生效的货物用运输工具从供方所在地运进采购者仓库的过程。进货过程是一个物流过程，即克服空间距离，将产品从供方转移到自己仓库的过程。进货入库后，所采购的商品就成为仓库的实际库存量。因此，进货过程实际上是增加了库存量。

3. 保管过程

商品入库后就进入了商品保管过程，仓库保管员采取各种各样的保管措施，使商品的质量与数量不变，直到商品销售出去为止。因此，保管过程也是保持库存商品数量不变的过程。

4. 销售过程

商品保管一段时间后，就要被销售或被领用出库。出库过程是库存商品数量减少的过程，此过程即是商流过程，又是物流过程。因为这个过程既发生商品所有者的转移，又发生商品空间位置的转移。

（五）库存费用概述

在库存全过程中，全部经营活动所发生的费用大致可分为以下几个方面：

1. 订货费用

它是指在订货过程中发生的全部费用，包括：差旅费用、各种手续费、通信费、招待费及因为订货而支付给订货人员的报酬等。订货费与订货次数成正比，而与每次订货量的多少无关。

2. 保管费

它是在保管过程中所发生的一切费用，包括：出入库时的装卸、搬运、验收、堆码、检验费用；保管用具、用料费用；仓库房租、水电费用；保管人员的有关费用；保管过程因货损、货差等造成的费用；被保管商品作为流动资金的积压，应支付的银行利息费用。显然，保管费用的大小与被保管商品数量的多少和保管时间的长短有关。

3. 缺货费

当顾客需要某商品时，仓库没有现货供应，这就叫缺货。缺货会造成缺货损失，也就是缺货费用。缺货对供应商、对客户都会造成不同程度的经济损失。对连锁经营企业来说，错过了销售机会，减少了收入；或违背了合同条约，遭受了罚款；或加班加点，紧急补救；多次缺货，还会影响信誉，失去客户，从而影响企业的市场竞争能力。对客户来说，也增加了购买费用。简单地说，可以认为缺货费用与缺货量是成正比的，缺货量越大，缺货费用越高。

4. 补货费

所谓补货，就是指顾客买货，仓库没有现货供应，但是，不让顾客空手而去，而是劝顾客仍然在这里等待购买或者订货，自己承诺马上去采购，待采购回来马上补给顾客。这种先订货、后补货是很多经营者常用的做法，补货方式对连锁经营者特别有利，它可以少占用库存、少占用资金，因此经营成本较低、效益较高。但是要实现补货，并不那么容易。首先要有一批很信任自己的顾客，这就要求自己在经营时，有很好的客户关系；其次要有较高的商业信誉。而要达到这两点，是需要花费费用的，如平时花在顾客上的感情费用、优惠服务费用等。这些就构成了补货费用。免费送货、优惠的价格，优越的售后服务等都是补货费用的具体表现形式。

5．进货费与购买费

进货费用是在进货过程中发生的费用。在从供应商那里将所订的商品运到仓库的途中，要经过包装、运输、中转等活动，途中还可能有货损、货差情况等。这些运杂费之和，就是进货费用。它的特点是与进货的数量成正比。除进货费外，还有商品购买费，数字上等于供应商的商品售价。显然，商品的购买费与购买商品的数量成正比。

进货费与购买费成本的共同特点是只与商品数量有关。在计划期间订购量一定的情况下，两项总费用都与批次无关。因此，把这两项费用合起来称作固定成本。依据这种思想，把商品购买成本放在进货费里一起加以考虑，即进货费包括购买成本。

与此相对应，由于订货费、保管费、缺货费和补货费都与订货批量有关，批量不同，费用也不同，因此，把它们称为可变成本；因为只有可变成本才与订货批量有关，在考虑计算订货批量时，只考虑可变成本，而不考虑固定成本。

由以上分析可知，库存过程的全部费用应当包括订货费、保管费、补货费、缺货费、进货费和购买费，在制订库存策略时，应综合考虑这些费用。

二、库存控制功能与原则

（一）库存控制的功能

1．保证连锁经营的正常运行

对顾客需求的预测是不可能十分准确的，顾客需求会随各种市场因素的影响而变化。因此，只有相应数量的库存周转，才能保证连锁经营活动的正常运作。

2．稳定经营的规模

连锁经营企业只有按照适当的数量，即一定的规格组织商品供应，才能获得良好的经济效益。这样，当生产或供货的批量大于同期的需求量时，则外加其存货量；反之，则减少其存货量。

3．降低供需所带来的经营风险

在连锁经营企业的实践中，由于某些客观的因素，如计划失误、运输故障、不合格商品的退货、商品入库的不及时等，出现供需失误是难以避免的，这时若有足够的、适量的库存储备量，则可大大降低经营的风险，保证经营活动正常而有效地进行，以获得良好的经济效益。

（二）库存控制的原则

1．经济效益原则

连锁经营企业进行库存控制的主要目的是为了获得良好的经济效益。它包括确定合理的订货时间和订货数量。总费用成本包括每次订购成本、购入货物成本、存货成本和缺货成本。

2．完整性原则

库存控制必须能够保证连锁经营企业经营所需的各项商品的供应，不能因为采购量小或商品的价值量小而想当然地认为可以临时购置，瞬间的环境变化可能完全改变采购的条件。

3．安全原则

企业在进行库存控制管理过程中，要确保库存商品账实相符、质量稳定，不应使货物在储备中质量下降，如由一级品质变成二级品质，二级品质变成次品，甚至一堆垃圾，从而使企业的有效资产迅速减少，直接影响到企业的经济效益。由于库存货物收发频繁，经常出库、入库及存储，容易导致在库存中发生计量误差、检查疏忽、自然损耗、非法侵占、被盗丢失、虫害损失、鼠害损失等现象。因此，企业的库存控制必须加强安全意识，确保库存的安全。

4．时效性原则

企业制订商品供应计划之后，企业日常经营活动所需的主要是经常性储备。只有当发生无法意料的事情时，企业才能用保险储备。保险储备作为企业长年累月的库存积累，经常发生变质、自然损耗等，从而降低商品的使用率，因此，对库存的商品要进行经常的检查、及时的更新。经常对保险储备进行更换，这就是库存控制的时效性原则，它是提高经济效益和安全性的重要保证之一。

三、库存控制原理和方法

（一）库存控制原理

从库存控制的角度看，在连锁经营库存过程的四个过程中，能影响库存量大小的只有订货、进货过程和销售过程。订货、进货过程使库存量增加，销售过程使库存量减少。因此，要进行库存控制，既可以控制订货过程，也可以控制销售出库过程，二者都可以达到库存控制的目的。

相对而言，通过对销售控制来控制库存，意味着要对用户的需求进行限制，这样自然会影响客户需求的满足程度，大大降低客户服务水平，严重影响连锁经营企业的商誉，因而这是不可行的。

通过对订货和进货过程的控制来控制库存，是在保证满足用户需求的情况，通过控制进货、订货的批量和频率来达到控制库存的目的。由于它保障了用户的需要，所以它是可行的、主动的，但是它只适用于供大于求的商品市场情况。也就是说，在商品富余的市场经济社会中，由于商品极大的丰富，什么时候想订货，就能订到货，想订多少，就可以订到多少。在这种情况下，我们就可以采用这种办法来进行库存控制。

我国目前基本上已经处于商品极大丰富的市场经济社会，所以库存控制方法一般用后一种方法。因此，我们只讨论后一种方法，即通过控制进货、订货过程来进行库存控制。

（二）ABC 分类控制法

ABC 分类控制法，又称重点管理法或 ABC 分析法。其基本原理就是要把品种繁多的库存商品，按其重要性、占用金额的大小等情况，进行分类排列，然后按其重要程度分别采用不同的库存控制方法，以做到有效地进行库存控制。下面结合家电连锁经营企业的实例来进行分析。

（1）按库存品的品种在卡片上记入年销售金额，如表 7-1 所示。

表 7-1　库存品年供应金额

库存品名	
年供应金额	
调查者	
调查年　　月　　日	
备注	

库存品种在 200 个以下时，每种都记入卡片；如果品种非常多，可分区段，并从每个区段中选择一个品种作为区段代表，并将其年销售额记入卡片，然后按销售金额的大小将卡片进行排序，再进一步将累计销售金额与年总销售金额相除，得出百分比，填入表 7-2 内。

表 7-2　ABC 分类计算法

使用 / 品种	年销售金额	累计销售余额	累计销售金额%	品种累计数的%
1 号		1 号年销售额		0.5%
2 号		（1+2）号年销售额		1%
3 号		（1+2+3）号年销售额		1.5%
⋮		⋮		……
200 号		（1+2+⋯+200）号年销售额		100%

具体做法如表 7-3 所示（以 10 个品种为例）。

表 7-3　ABC 分类计算法

使用 品种	年供应金额/万元	累计供应余额/万元	累计供应金额（%）	品种累积数的（%）
1. 冰箱	220	220	36.4	10
2. 彩电	200	420	70.0	20
3. 空调	100	520	86.1	30
4. 电磁炉	40	560	92.8	40
5. 电饭煲	20	580	96.0	50
6. 热水器	8	588	97.4	60
7. 微波炉	6	594	98.4	70
8. 音箱	4	598	99.1	80
9. 饮水机	4	602	99.7	90
10. 钉子	1.6	603.6	100	100

累计金额的百分比计算方法如下（以 3 号品种为例）：

$$\text{空调累计供应额百分比}=\frac{(1+2+3)\text{号的累计供应金额}}{(1+2+3+\cdots+10)\text{号的累计供应金额}}\times100\%=\frac{520}{603.6}\times100\%$$

$$=86.1\%$$

品种累计数的百分比计算，在 10 个品种的情况下，第 1 号品种为 10%，第 2 号品种为 2×10%=20%，其余的依次类推。

（2）把上表中的累计金额百分比和品种累计百分比绘成曲线，再分成 A、B、C 三类销售金额，如图 7-2 所示。以品种累计百分比为横坐标，累计占用金额为纵坐标，按 ABC 分类计算法计算表 7-3 所列关系，在坐标上取点并将所连直线修匀，如图 7-2 所示。

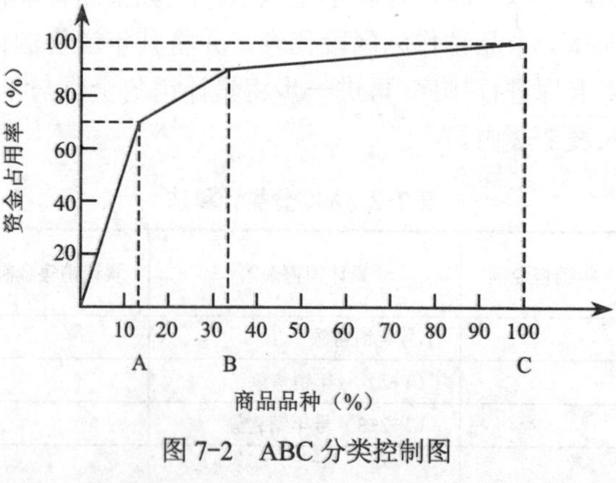

图 7-2　ABC 分类控制图

从上图可以看出，品种累计不到 20%，而资金占用金额约占 70%，我们称之为 A 类；品种累计达 60%以上，而资金占用金额约为 10%，我们称之为 C 类商品。

（3）介于A类和C类之间的库存品，我们称之为B类商品，这就是ABC分类控制法。如果库存品种繁多，逐一列出很麻烦，而且由于混杂在一起，得不出明确的概念，若是按金额大小排队之后，再按一定的标准把销售金额分成段，计算出各个段的百分比，就会一目了然。例如，该厂销售品种为722个，年销售金额为9 253.51万元，分成7段，其ABC分类如表7-4所示。

表7-4　ABC分类表

序号	供应金额区段/万元	品种数	累计数	占全部品种（%）	供应金额（%）	金额累计/万元	占总金额（%）	分类
1	大于10	80	80	10	8 439.10	8 439.10	91	A
2	8～10	6	86	11	53.73	8 492.83	92	B
3	6～8	17	103	13	119.06	8 611.89	93	B
4	4～6	31	134	17	153.34	8 765.23	95	B
5	2～4	67	201	26	188.06	8 953.29	97	B
6	1～2	88	289	37	126.77	9 080.06	98	B
7	≤1	483	772	100	173.45	9 253.51	100	C
合计		722			9 253.51			

分析了三种类型的商品后，就需要采用不同的管理方式，即分类库存控制法，控制的类别与要求如表7-5所示。

表7-5　ABC分类控制法

分项控制＼分类	A类商品	B类商品	C类商品
品种的综合程度	按品种、规格控制	按大类品种控制	按区段总金额控制
库存周期	按预测或数理统计法	按加权平均法	按统计法
检查情况	经常检查	一般检查	按季、年检查
统计	详细统计	一般统计	按金额统计
控制精度	严格控制	一般控制	按总金额控制
保险储备量	较低	较大	允许较高
订货法	定期订货法	定期或定量订货法	定量订货法

（三）采购订货策略

通过控制订货、进货过程来控制库存的基本思想，落实到行动中就是要制订一个合适的采购订货策略。这种采购订货策略，要求对采购订货的时间、数量、操作方法等进行规范化控制，从而达到对整个库存水平进行控制的目的。

1. 采购订货策略的基本内容

采购订货策略的基本内容包括三个方面：

(1) 什么时候订货，即订货时机。

(2) 订多少，即订货量。

(3) 怎么操作，即一个采购订货方式方法。

2. **如何制订一个采购订货策略**

制订采购订货策略的原理，就是要针对各种具体的连锁经营模式、各种具体情况和约束条件，求出使得经营总费用最省的订货参数方案。

(1) 制订采购订货策略。它主要是确定三个方面的问题：

1) 消费者需求的类型。

2) 连锁经营者的经营方式。

3) 合适的控制方法。

(2) 采购订货策略分析。

1) 要分析消费者需求的类型，弄清消费者需求的性质和规律。因为不同性质的需求应当采用不同的订货策略。分析需求类型首先要弄清它是属于什么需求类别，是独立需求还是相关需求？例如消费者对饮水机的需求就是相关需求（与桶装饮用水相关）。

其次要弄清它属于什么需求性质，是属于确定型还是随机型？所谓确定型需求，就是单位时间内的需求量均匀稳定，而且是确定不变的需求。随机型需求是指单位时间内的需求量随机变化、时大时小，没有一个稳定值。仔细分析起来，发现它的取值是在一个范围内变化，这个范围内的取值都是以一定的概率出现的。也就是说，我们不能知道它确定的取值，但能知道它的大概取值范围和取值的可能性。随机型需求的变量叫做随机变量。例如，对机电产品的需求一般是确定型需求，对娱乐保健产品的需求是随机型需求。

还要要弄清它属于什么需求分布，是正态分布还是其他分布？正态分布是一个统计学概念，正态分布的特征，就是需求量的数值分布在以其平均值为中心的一个对称区域内，中间密度大，越往两端密度越小，分布概率密度曲线呈钟形的分布。除正态分布以外的各种分布，我们统归于其他分布。其他分布的特点，是它们总可以用一个分布表来描述，这个表中能够列出所有各个值出现的概率。对于不同的需求分布，应当采用不同的库存控制模型。但是正态分布用得最多。

2) 要弄清连锁经营者的经营方式。在库存控制理论中，将经营者的经营方式分为三种：

① 不缺货经营：就是消费者（用户）的所有需求都能由仓库实现现货供应，不能缺货。不允许缺货，就意味着整个商品供应期间，库存量不能等于或小于 0，仓库里总是有现货供应给消费者（用户）。

② 缺货经营：就是允许不保证对消费者（用户）的现货供应，如果消费者（用

户）来买货，仓库中有现货就供应，没有现货就不供应，不会实行欠账供应。缺货就意味着整个商品供应期间，库存量可以等于0，但不能小于0。

③ 补货经营：就是当消费者（用户）来买货时，仓库中没有现货供应，但是却不丧失这次销售机会，而是实行欠账供应，答应马上进货，待进货后马上予以补货。补货就意味着整个商品供应期间，库存量能够等于0，也能够小于0。也就是仓库里有现货就供应消费者（用户）；若没有现货就实行欠账，并采取赶紧进货的措施，待进货后再补货给用户，消除欠账。

在连锁经营中这三种经营方式都存在，而且每种都还可能采取两种进货方式：

① 即订即到方式：一次所订货物一次全部到货，并且订货、进货过程不需要花时间，也就是一次到货。

② 持续到货：一次所订货物按一定的进货速率进货。整个订货进货过程需要持续一段时间，最起码要有一个以上的进货时间单位逐渐进货。整个进货过程需要持续一段时间，才能到货入库。

在前面两项分析之后，还要选择合适的库存控制方法。

在有规律且确定性的市场需求情况下，连锁经营企业库存控制的订货点技术中，最基本的库存控制方法有两种：定量订货法和定期订货法。它们都是订货点技术中的采购订货方法，但是各自运行的机制不同。定量订货法是基于商品数量的控制，而定期订货法是基于时间的控制。

【小资料】

上海某生鲜品牌供货商销售经理对记者透露，“沃尔玛的订货采购模式和目前上海地区的其他零售商都不一样，我们还不太适应。一般来说，其他卖场订货会限定我们在一段时间之内送到，但是沃尔玛订货要求我们在指定的具体时间到达，在目前的交通状况和物流配送能力的现实环境下，我们很难准点做到。”他举例说，“我们曾经和沃尔玛预定下午2点为送货时间，但是由于堵车等原因，我们下午2点11分到达，此时沃尔玛方面却拒绝收货，因为我们迟到了11分钟。如此，只能再次约定，再次重新配送。他们的要求非常严格，目前上海本地的大多数供货商都较难适应。因为我们没有自己的物流公司，都是聘请其他的专业公司操作，有些物流公司面对这样严格的客户也不太情愿去送货。”对此，沃尔玛上海地区发言人回应称，“我们的库存管理是十分严格的，有自己的运作方式。仓库运作也是需要成本的，无论是入库时间、入库面积、库存商品比例等，都得精打细算。可以说各方面严格安排都是为了节省成本，为了保证天天平价。”

这样，按不同的需求对象、不同的经营方式和不同的商品资源配置方法，可以将独立需求商品的商品配置模型分成若干个类型。

其中，把所有的库存控制方法可以分成两大类：一是定量订货法；另一种是定期订货法。这两种方法各自按需求对象分，又分成确定型订货法和随机型订货法，又可按经营方式和进货方式分成三大类六种模型：

① 不缺货经营，即订即到到货模型；

② 不缺货经营，持续到货模型；

③ 缺货经营，即订即到到货模型；

④ 缺货经营，持续到货模型；

⑤ 补货经营，即订即到到货模型；

⑥ 补货经营，持续到货模型；

除定量订货法和定期订货法之外，也还有其他一些方法，比如有价格折扣订货法和联合订购订货法，价格折扣订货法主要涉及单位商品的价格随着订货批量增加而下降的情况，但订货批量增加却会导致库存成本的增加，这个时候要在经济订货批量和折扣数量之间做一个权衡，以获取总利益最大为原则。联合订购订货法是涉及多品种的订购策略，它是对以上的单品种订货策略的补充，也具有很强的实用性。这些方法都是对经济订货批量的一种补充。

第三节　采购数量和时机的控制方法

一、批量订购与订购时间的确定

订购批量和订购时间是针对现货采购形式来分析的。

订购批量是指每次订购商品的数量。当连锁经营采购量总是较小时，可以集中一次订购，即订购批量等于采购总量。但当采购总量较大时，由于库存成本的原因，这种集中订购一般是不经济的，而应分期、分批地采购。在需求较为均衡的条件下，订购批量和订购次数、采购总量的关系为：

订购批量=采购总量÷订购次数

在实际工作中，需求并不均衡。若每次订购批量相同，可供使用的时间不一定相同；若订购间隔时间相同，每次的订购批量就不一定相同。正是这个原因，在现货采购中，就形成两种基本订购方法，即定量订购法和定期订购法。

（一）定量订购法

定量订购是每次订购数量相同，而没有固定的订购时间和订购周期（即两次订购的时间间隔）。

定量订购的订购时间确定方法是：每当实际库存量降至规定的库存量水平时

就提出订购，每次订购数量相同。提出订购时的库存量标准称为订购点。由于库存量降至订购点时间是不定的，因而订购时间不固定，它由商品需要量的变化决定。因此，定量订购的特征是：订购点和订购批量固定，订购周期和全年订购次数不固定。其库存控制模式见图 7-3。

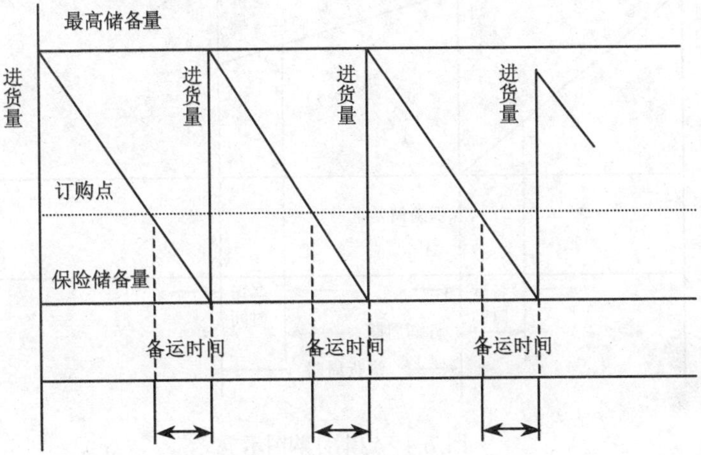

图 7-3　定量库存控制图示

（二）订购点和备运时间

订购点由备运时间需要量和保险储备量两部分构成：

订购点=备运时间需要量+保险储备量

=平均备运天数×平均每日需要量+保险储备量

备运时间也称前置时间，是指自提出订购到商品进货，能上架销售所需的时间。这段时间包括：①提出订购，办理订购手续需要的时间；②供货单位发运所需的时间；③商品在途运输时间；④到货验收入库时间。如果商品在销售之前还要进行整理加工，则备运时间里还应加上销售前准备时间。各次订购的备运时间不一定相同，在确定订购点时，备运时间一般按过去各次订购实际需要的备运时间平均求得。

【例】某种商品每月需要量为 300 件，备运时间 8 天，保险储备量 40 件，求订购点。

订购点=［（300÷30）×8+40］件=120 件

在本章第一节中我们介绍过经济订购批量，定量订购的订购批量一般以经济订购批量（EOQ）为标准。

二、定期订购法

（一）定期订购的概念和特征

按规定的时间提出订购，有一定的订购周期，而没有固定的订购批量，称为定期订购。如每月订购两次，而每次订购的数量则不固定，随时根据库存的情况来决定。图 7-4 为定期订购的一般库存控制情况。

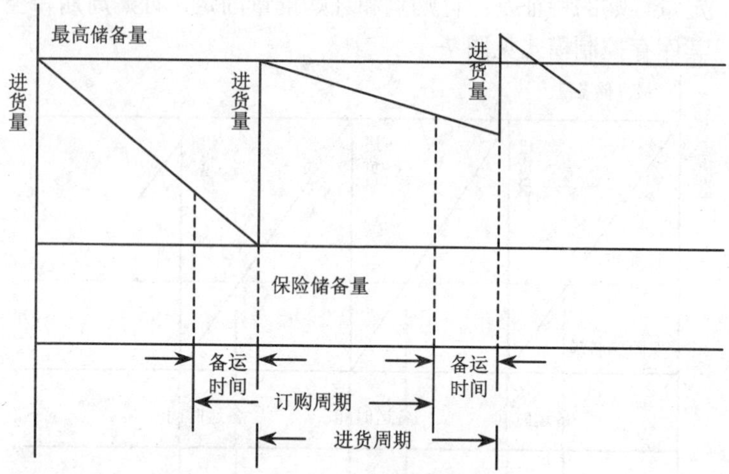

图 7-4　定期订购图示

定期订购是通过定期盘点方法，按规定的时间间隔检查库存量并随即提出订购补充库存的订购。订购时间（日期）和盘点时间（日期）相同，是由预定的进货和备运时间的长短而推算固定下来的。定期订购的特征是：订购周期和全年订购次数固定，如果每次订购的备运时间相同，则进货周期也固定；订购批量和订购点则是可变的。

（二）订购周期的确定

订购周期指两次订购的时间间隔，显然它是影响订购批量和存货水平的首要因素。订购周期主要是由预定的进货周期所决定的。商品充裕的连锁经营企业可采取现货订购法，且能预先确定进货日期的商品，进货周期可由零售商内部管理的需要来安排。连锁经营通常是按内部配送制度来确定进货周期的，如规定 5 天配送一次，则进货周期也定为 5 天。如果供应商要求订货要达到一定数量，则这个限额也是零售商确定进货周期应考虑的一个因素。

（三）定期订购的订购批量

订购批量（即图 7-4 中的进货量）的计算公式为

$$订购批量=\begin{matrix}订购周期\\销售量\end{matrix}+\begin{matrix}备运时间\\销售量\end{matrix}+\begin{matrix}保险\\储备量\end{matrix}-\begin{matrix}现有\\储存量\end{matrix}-\begin{matrix}已订\\未交量\end{matrix}$$

$$=\left(\begin{matrix}订购周\\期天数\end{matrix}+\begin{matrix}平均备\\运天数\end{matrix}\right)\times\begin{matrix}平均每日\\需要量\end{matrix}+\begin{matrix}保险\\储备量\end{matrix}-\begin{matrix}现有\\储存量\end{matrix}-\begin{matrix}已订\\未交量\end{matrix}$$

其中，“已订未交量”指已经订购、在下一订购周期内到货的远期合同数量。

【例】企业某种均衡销售的商品预测全年需要 21 600 件，该种商品一个月向供应商订购一次，保险储备天数 5 天，备运时间 8 天，提出订购时的盘存量为 640 件，原订购在下月到货的远期合同有 1 000 件，求下一个月的订购量。

解：

$$\text{下月订购量}=\left[\frac{21600}{360}\times(30+5+8)-640-1000\right]\text{件}=940\text{件}$$

三、订购批量和订购时间的调整

前面对订购批量和订购时间的分析，是在一定的假设前提下进行的，如假定供货商品不受数量、连锁经营企业储存能力的限制等。而实际工作中订购批量和订购时间会受到多种因素影响，因此采购方必须分析相关影响因素，对订购批量和订购时间加以调整，才能使订购决策更加切合实际和科学、合理。

（一）订购方条件及消费者的影响

1．消费者需求特点

对于需求量确定且均衡的商品，采用定期订购法与定量订购法都会产生良好效果。但是，我们不能希望所有的商品任何时候都是需求量确定且均衡的。消费者的需求会受到很多因素的影响，如季节变化、气候条件、突发事件、自然灾害等，这些因素会导致消费者的需求经常处于不均衡、不稳定或周期变动的状态，这种情况下，若仍采用定期订购和定量订购，就不能满足需要了。因此要根据各种具体情况调整订购批量，提前或推迟订购时间。

2．储存能力限制

订购批量受储存能力或仓储作业能力的限制，尤其对要求特殊储存条件的商品更是如此。因而要按仓储能力的可能性来调整订购批量，避免各类商品同时集中进货，注意进货时间与发货时间的衔接，使仓库能力得以充分利用，在最大程度上减少仓储能力对订购批量的限制。

3．进货资金的限制

连锁经营企业有可能由于资金不足，不能按经济订购批量进货。在销售比较均衡的情况下，只能适当减少订购批量，但这会增加订购次数而使得订购储存总费用增加，因此，需要确定在允许的总费用增加范围内合理地调整订购批量。

（二）供应商条件的影响

1．供应商的生产和供货特点

对于批量轮番生产或生产带有明显季节性的商品，供应商往往呈现出不均衡供货或季节性供货的现象，对这类商品，一般要加大订购批量以防销售断货或缺货。

2. **数量折扣**

在供应商提供订购数量折扣时，往往规定一个能够享受数量折扣的一次订购量。如果订购单位经济订购批量小于这个一次订购量，就意味着享受不到折扣，这就使得订购方要加大原定的订购批量。

关于这个问题，可以用一个具体实例来说明：

【例】某种商品一年需购进 1 000 件，单价 10 元，年储存费率 16%，一次订购费用 8 元，若一次订购在 200 件以上（包括 200 件），可享受价格折扣 2%，那么，是否应该考虑按折扣价订购量订购？

$$\text{经济订购批量}\quad Q=\sqrt{\frac{2RG}{CH}}=\left(\sqrt{\frac{2\times1000\times8}{10\times16\%}}\right)\text{件}=100\text{件}$$

当按折扣价订购量订购 200 件时，节省的费用为

$$\left[2\%\times10\times1000+1\,000\times8\times\left(\frac{1}{100}-\frac{1}{200}\right)\right]\text{元}=240\text{元}$$

$$\text{增加的费用为}\quad\left[\frac{10\times16\%\times(200-100)}{2}\right]\text{元}=80\text{元}$$

由此可知，节省的费用为 240 元，大于增加的费用 80 元，故应按折扣价的订购量购进 200 件。

（三）市场行情的影响

1. **供求动态**

当市场上生产商品的资源趋于紧张时，采购者要适当提前订购进货，适当加大订购量，其目的在于增加保险储备量，防止商品涨价或缺货；当市场上生产商品的资源供过于求时，则要适当减小订购量。

2. **价格变化**

价格变化会直接影响订购量。当市场价格预期会下跌时，采购者要调整原计划订购量，订购数量要比原计划的订购数量少，同时可采用应急购买方式，即仅订购短期需要的商品；当市场价格预期会上升时，可提前订购并增加订购数量。

（四）运输因素的影响

1. **运输方式**

运送速度和运价是选择运输方式的两个重要技术经济指标。对急需的商品，要多选用运送速度快的方式，但这样往往运费较高，所以要减少订购数量；而对正常重要的商品，运输时间是在备运时间中考虑的，若采用速度快的运输方式，备运时间短，订购时间就可以晚一些。

2. **发运方式**

不同商品的发运方式不同，其运费也不同，如铁路零担发运就比整车发运的

运费高得多。采用整车方式订购批量大，当订购批量小于整车装载量标准时，就得考虑是否加大订购批量以采用整车方式。其选择方法类似于前面折扣问题的处理，即计算采用整车方式得到的运费节省数量和订购费用节省数量，以及增加的储运费用，如果节省的费用大于增加的费用，则加大订购批量以采用整车发运。

3. **运输季节性**

运输季节性的影响使进货也具有季节性的特征，因而也要相应地调整订购批量和订购时间。

本章小结

库存是一种暂时的处于闲置状态的应用于将来的资源。设置库存的目的是预防不确定性事件的发生，随机的资源需求变化，保持经营的连续、稳定。

库存有其有利的一面，也有其不利的一面，作为企业的采购部应尽可能地减少库存量，以降低风险。

库存的主要作用在于能有效地促进供需平衡，保证经营正常进行。

对于有规律且确定性的商品库存，可以计算其最佳订货周期及经济订货量。

影响库存的因素有客户服务水平、订货批量、物流渠道中货物流转的速度、预测的精确度、供应和销售的波动幅度、库存成本及其他因素。

所谓库存控制是在保障供应的前提下，为使库存商品的数量最少而进行的有效管理的技术经济措施。

按储存状态分，可以分为仓库储存和临时堆放；按储存性质分，可以分为中转储备和周转储备。

一个完整的库存过程，可以包括以下四个过程：订货过程、进货过程、保管过程、销售过程。

在库存全过程中，全部经营活动所发生的费用大致可分为以下几种：订货费用、保管费、缺货费、补货费、进货费与购买费。

库存的功能体现在保证连锁经营的正常运行、稳定经营的规模、降低供需所带来的经营风险。

库存管理中应遵循经济效益原则、完整性原则、安全原则、时效性原则。

ABC 分类控制法，又称重点管理法或 ABC 分析法。其基本原理就是要把品种繁多的库存商品，按其重要性、占用金额的大小等情况，进行分类排列，然后分别采用不同的库存控制方法，以做到有效进行库存控制。

制订采购订货策略主要要考虑三个方面的问题：需求者的需求类型、连锁经营者的经营方式分析、合适的控制方法。

订购批量是指每次订购商品的数量。当连锁经营采购总是较小时，可以集中一次订购，即订购批量等于采购总量。但当采购总量较大时，这种集中订购一般是不经济的，而应分期、分批地采购。

定量订购是每次订购数量相同，而没有固定的订购时间和订购周期（即两次订购的时间间隔）。

按规定的时间提出订购，有一定的订购周期，而没有固定的订购批量，称为定期订购。

实际工作中订购批量和订购时间受到多种因素影响，因此采购方必须分析相关影响因素，对订购批量和订购时间加以调整，才能使订购决策更加切合实际和科学、合理。这些影响因素有：订购方条件的影响、供应商条件的影响、市场行情的影响、运输因素的影响。

复习思考题

一、选择题

1．库存管理中应遵循哪几个原则（　　）。

A．时效性原则　　B．安全原则

C．完整性原则　　D．经济效益原则

2．实际工作中订购批量和订购时间受到（　　）因素的影响。

A．运输因素　　B．市场行情

C．供货单位条件　　D．气候条件

3．库存持有成本是因一段时期内存储或持有商品而导致的成本，它可以分成（　　）。

A．库存风险成本　　B．库存服务成本

C．资金成本　　D．空间成本

4．库存过程的全部费用应当包括（　　）。

A．进货费和购买费　　B．缺货费

C．订货费　　D．保管费

二、判断题

1．设置库存的目的是预防不确定性事件的发生及随机的资源需求变化。（　　）

2．库存有其有利的一面，没有其不利的一面。（　　）

3．库存的功能体现在保证连锁经营的正常运行、稳定经营的规模、降低供

需所带来的经营风险等方面。（　）

4．当连锁经营采购总是较大时，可以集中一次订购。（　）

三、问答题

1．库存的主要作用体现在哪些方面？

2．如何制订一个采购订货策略？

3．企业某种商品月采购总量 200 箱，单价 800 元/箱。订购费每次 300 元。该企业仓库年平均商品储存额 4 800 000 元，年总储存费用 384 000 元。求该种商品的经济订购批量（EOQ）。

四、案例分析

徐先生的采购建议

一、概况

某店是一家批发和零售各种型号摩托车、自行车及其零配件的商店，每年销售各种类型摩托车约 7 000 辆，自行车约 30 000 辆，年销售额近 5 000 万元。过去几年产品畅销，商店效益好，但是管理比较粗放，主要靠经验管理。由于商店所在地离生产厂家距离较远，前几年铁路运输比较紧张，为避免缺货，该商店经常保持较高的库存量。近两年来，经营同类业务的商店增加，市场竞争十分激烈。

商店摩托车经销部新聘任徐先生担任主管，徐先生具有大学本科管理专业学历，又有几年在百货商店实际工作的经验。他上任以后，就着手了解情况，寻求提高经济效益的途径。该店摩托车、自行车采购的具体方式是，参加生产厂家每年一次的订货会议，签订下年度的订货合同，然后按期到生产厂家办理提货手续，组织进货。

徐先生认为摩托车经营部应当按照库存控制理论，在保证市场供应的前提下，尽量降低库存，这是提高经济效益的主要途径。

二、经济订购批量的计算

徐先生首先选择以 XH 公司生产的产品为例，计算其经济订购批量。

（一）已知条件

徐先生为计算 XH 公司供应的摩托车的经济批量，收集了如下数据：

（1）每年对 XH 公司生产的摩托车需用量为 3 000 辆，平均每辆价格为 4 000 元。

（2）采购成本主要包括采购人员处理一笔采购业务的差旅费、住宿费、通信费等费用。以往采购人员到 XH 公司的所在地出差，乘飞机、住宾馆、坐出租车，一次采购平均用 16 至 24 天，采购员各项支出每人平均为 6 700 元，每次订货去两名采购员，采购成本为 13 400 元。

（3）每辆摩托车的年库存维持费用如下。

1）单位库存量占用资金的机会成本。每辆摩托车平均价格为 4 000 元，银行贷款利率年息为 6%。占用资金的机会成本=（4 000×6%）元=240 元

2）房屋成本（仓库房租及折旧、库房维修费、库房房屋保险费用等）。商店租用一仓库，年租金 52 000 元。仓库最高库存量为 700 辆，最低时不足 100 辆，平均约为 400 辆，因此，每辆车年房屋成本为 130 元。

3）仓库设施折旧费和操作费。每年吊车、货车折旧和操作费平均每辆为 10 元。

4）每年存货的损坏、丢失、保险费用平均每辆为 20 元。

以上各项合计年保存维持费用为：

（240+130+10+20）元=400 元/（辆·年）

（二）如何确定经济订购批量

徐先生将以上数据代入经济订购批量计算公式，计算出经济订购批量以及订购间隔期、订购点、年库存维持成本等。

（1）经济订购批量=448 辆/次

（2）每年订购次数=（3 000/448）次=7 次

（3）订购间隔期。该商店每周营业 7 天，除春节放假 5 天外，其他节假日都不停业。年营业日为 360 日，订购间隔可用以下公式算出。

订购间隔期=（360/7）天=52 天

若采用定期订购方式，订购间隔为 52 天，即每隔 52 天订购一次。

（4）订购点。若采用定量订购方式，则要计算出订购点。

徐先生为计算订购点，需要掌握订货提前期的有关数据，他了解到订购提前期的组成为：

采购准备时间+与供应商谈判时间+供应商提前期+到货验收时间

=4 天+4 天+15 天+2 天=25 天

其中采购准备工作时间，包括了解采购需求、采购员旅途时间。供应商提前期指与供应商谈判结束到摩托车到商店仓库所需的时间。由此可算出，订购提前期为 25 天。

若安全库存为 40 辆，可用下式算出订购点。

订购点=（25×3 000÷360）辆+40 辆=250 辆

（5）年库存维持费用。年库存维持费用等于年订购成本与年保存费用之和，即：

年库存维持费用=[7×13 400+（448/2+40）×400]元

=（93 800+105 600）元=199 400 元

经过对以上数据的收集、分析与计算，徐先生对库存各种费用的大体情况，以及在哪些方面可以采取措施，降低费用，有了一个初步的认识。由此他向总经理提出了建议：每年订购 7 次；订购批量为 448 辆，即每隔 52 天订购一次；订购提前其为 25 天，以确保商店不断货。若能做到这些，则能最大限度地降低库存成本，提高经济效益。

问题：

徐先生的计算有什么不符合实际的地方？他建议的改进措施是否可行？为什么？

第八章 8

连锁经营采购的价格与成本管理

学习目标

技能目标：1. 初步学会最常见的采购定价方法

2. 学会简单的采购成本分析

3. 学会 ABC 控制法及定期采购控制法

知识目标：1. 掌握采购数量与价格变动对成本的影响

2. 正确理解适当价格的含义

3. 熟悉影响采购价格的因素和采购价格的种类

引导案例 **美心公司下大力气降低采购成本**

2002 年，美心公司与大多数高速发展的企业一样，开始面临增长瓶颈。掌门人夏明宪毅然采取以利润换市场的策略，大幅降低产品价格。然而，降价不久，风险不期而至，原材料钢材的价格突然飚升。继续低价销售——卖得越多，亏得越多；涨价销售——信誉扫地，再难立足。面对两难抉择，降低成本，尤其是原材料的采购成本就成了美心生死攸关的重大问题。

夏明宪向采购部下达指令：从现在开始的三年内，企业的综合采购成本，必须以每年平均 10%的速度递减。

这让美心采购部门的员工们有点傻眼，甚至不服气：此前美心公司的“开架式采购招投标制度”属国内首创，既能有效降低成本，又能杜绝暗箱操作，中央电视台都为此做过专题报道。而且此举已经为美心节约了 15%的采购成本，还有什么魔法能够让青蛙变得更苗条呢？

采购商品的成本决定连锁经营企业的商品销售价格，而平价又是连锁经营的生命线。因此，采购商品的成本是决定连锁经营企业生死存亡的关键所在，应引起我们高度重视。

第一节　采购价格概述

确定最优的采购价格是采购管理的一项重要工作，采购价格的高低直接关系到连锁店销售商品或服务价格的高低，因此，在确保满足其他条件的情况下，力争最低的采购价格是采购人员最重要的工作。

一、采购价格的概念

采购价格是指连锁经营企业进行采购作业时，通过某种方式与供应商之间确定的所需采购商品或服务的价格。

（一）影响采购价格的因素

采购价格的高低受各种因素的影响。对于国内采购而言，尽管地区、商业环境、资源、时间与人力成本等方面有所不同，但其价格变动还是相对较小的，因而比较易于预测与控制。而对于涉外采购而言，来自世界各地市场的供应关系以及其他许多因素，包括规格、服务、运输及保险、交货期限等，都对价格有相当大的影响。

1．供应商生产成本的高低

供应商生产成本是影响价格最根本、最直接的因素。供应商进行生产，其目的是获得一定利润，否则生产无法继续。因此，采购价格一般在供应商生产成本之上，两者之差即为供应商的利润，供应商的生产成本是采购价格的底线。一些采购人员认为，采购价格的高低全凭双方谈判的结果，可以随心所欲地确定，这种想法是完全错误的。尽管经过谈判可以使供应商大幅降价，但这只是在供应商报价中水分太多的情况下才会出现，而不是谈判者随心所欲决定的价格。

2．规格与品质

采购企业对采购产品规格的要求越复杂，采购价格就越高。价格的高低与采购品的品质也有很大的关系。如果采购品的品质一般或质量低下，供应商会主动降价，以较低价格成交，有时甚至会贿赂采购人员。在这种情况下，采购人员应首先确保采购物品能满足本企业的需要，质量能满足消费者要求，千万不要只追求价格最低，而忽略了质量。

3．采购商品的供需关系

当企业需采购的商品在市场上供不应求时，则供应商处于主动地位，它会趁机抬高价格；当企业所采购的商品供过于求时，则采购企业处于主动地位，可以获得较低的价格。

4．销售季节与采购时机

当连锁经营企业处于销售的旺季时，对商品需求紧急，因此不得不承受更高的采购价格。避免这种情况的最好办法是提前做好销售计划，并根据销售计划制订出相应的采购计划，为销售旺季的到来提前做好准备。

5．采购数量

如果采购数量大，采购企业就会享受供应商的数量折扣，从而降低采购的价格。因此，大批量、集中采购是降低采购价格的有效途径。但这要同时考虑经济采购批量，综合确定采购量。

6．交货条件

交货条件也是影响采购价格的非常重要的因素。交货条件主要包括运输方式、交货期等。如果是海运、铁路运输或货物由采购方来承运，则供应商就会降低价格；而如果是采用公路汽车运输由供应商承运，则供应商就会提高价格。有时为了争取提前进货，采购方会接受供应商适当提高价格。

7．付款条件

在付款条件上，供应商一般都规定有现金折扣、期限折扣，以刺激采购方能提前用现金付款。采购方如果现金结算、及时付款，就能享受折扣而获得相对较低的进价。

（二）采购价格的不同表现形式

在实际采购工作中，依据不同的交易条件，采购价格可以分为很多的种类。采购价格一般由成本需求以及交易条件决定，一般有送达价、出厂价、现金价、期票价、净价、毛价、现货价、合约价、实价等。

1．出厂价

出厂价指供应商的报价不包括运输及相关费用。这种价格条件下，必须由采购方雇用运输工具，前往供应商的仓库提货或由供应商雇用运输工具而由采购方承担运输费用。这种情形通常出现在采购方拥有运输工具或供应商加计的运费偏高时，或供不应求，供应商不愿提供免费运送服务时。

2．现金价

现金价指采购企业以现金或相当于现金（如支票）的方式支付货款时所享受的优惠价格。其实，现实中一手交钱、一手交货的交易方式并不多见，现金价可使供应商避免交易风险，因而供应商会给采购方一定的现金折扣。

3．送达价

送达价是指供应商的报价当中包含负责将商品送达企业的仓库或指定地点过程中所发生的各项费用，即商品运输及相关费用由供应商承担。就国际市场而言，就是到岸价加上运费和货物抵达买方之前的一切运输保险费、进口关税、银行费用、利息以及报关费等。

4．期票价

期票价指企业以期票或延期付款方式来采购商品。通常供应商会把延期付款期间的利息加在售价中。如果供应商希望取得现金周转，则会让加计的利息超过银行现利率，以促使采购方尽早付现金。如果采购方希望得到现金周转以达到融资的目的，会不惜加付超过银行现利率的利息而延期付款。用贴现的方式计算期票价，即现金价加计利息变成期票价。

5．净价

净价是指供应商实际收到的货款价。净价强调的是供应商不再支付任何交易过程中的其他费用。一般净价在供应商的报价单条款中会写明。它是相对于毛价而言的。

6．毛价

毛价是指供应商发出的采购方享受折扣及某些费用减免之前的报价。采购方享受折扣有数量折扣、现金折扣等；费用减免有运输费减免、安装费减免、维修费减免等。显然，毛价包含净价。

7．现货价

现货价又称时价，是指供需双方按交易当时的市场行情进行交易的价格。这种价格由供需双方每次交易时当时议定，若签订有买卖合约，亦以完成交易后即告终止。在企业采购中，采用现货价交易的方式比较频繁；现价交易时双方不必承担立约后价格可能发生的上下波动的风险。

8．合约价

合约价是指供需双方按照事先约定的价格进行交易。约定的价格一般以书面合同为依据。合约价格适用于持续一段时期的采购供应交易。由于价格议定在先，经常造成现货价与合约价的差异，使供需双方交易时发生利害冲突。因此，最好双方协商定期修订合约。

9．实价

实价指供需双方经过报价、砍价之后实际成交的价格。它是相对报价而言的，强调的是实际成交价格。它是企业会计报表上反映出来的价格。

二、适当价格的含义

采购适当价格并不是采购最低价格。若采购价格要求太低，可能商品品质会较差，交货期限会延误，售后服务会不太理想等。因此采购适当价格应为在既定商品品质、交货期限或其他条件下，所能得到的最低价格。

通常采购的基本要求是品质第一，其次才是价格和服务。因此，采购价格以能达到适当价格为最高要求。尽管价格是采购中一个非常重要的因素，应予以重视，但也不能因此过分重视，而忽略其他采购因素。影响采购总成本的因素，不止价格一个，对于这一点，采购人员必须注意。因此在决定采购的各项原则中，价格不能作为第一项考虑的因素。如不能确保适当的品质、数量与可靠持续的供应，价格高低也就无意义可言。低价交易，往往伴随着劣质品充当好货的现象，产品品质若不能符合需要，即使供应商服务优良、价格低廉，也没有任何意义。所以说，在采购作业阶段，企业应当注意要使所需商品，在适当的品质、数量、交货时间及其他有关条件下，以合适的价格采购。总之，连锁经营采购要遵循的基本原则是：同等质量比价格，同等价格比质量，同质同价比服务。

因此，适当采购价格的目标，主要在于控制所购商品的成本，以期能树立有利的市场竞争地位，并维持与供应商的长期友好合作关系，使商品供应持续不断，这是采购人员的主要责任。

第二节　采购价格的确定

连锁经营中采购价格随采购方式的不同而不同。采购方式有许多种，其中最为常见的是报价采购、招标采购、议价采购等。

一、报价采购中价格的确定

（一）报价采购的含义

报价采购，是指连锁经营采购者拟采购商品时，先寻找理想供应商或货源，再向其询价，寄出征购函，请其寄上报价单或正式报价的采购方式。通常供应商所寄发的报价单，其内容包括：品名、规格、数量、单位、价格、交易条件及有效时间，有时供应商为求取采购方的信任，会主动提出信用调查资料供参考，有时也会寄上样品、图片及说明书。如果报价内容采购方完全同意，此项报价采购买卖契约即算成立。

（二）报价采购的种类

报价采购的权、责与约束力要视合约内容而定。由于要约内容不同，报价采购的种类也各异。一般而言，报价种类虽多，但主要可分两大类，即确定报价与条件式报价。

1. 确定报价

确定报价是指在某特定期限内才有效的报价。换言之，此种报价是指在有效期内，供应商提出的价格为采购方所接受，即得到承诺，此种契约成立；若是逾期对方不寄发接受通知，此种契约不成立，买卖交易行为不受法律约束。但是若买方在接受此报价时，尚附有条件，则原有“确定报价”即告失效，而又形成一种新的要约。确定报价目前是国际贸易中最普遍的一种报价。

2. 条件式报价

所谓条件式报价是指供应商在报价时附有其他条件的报价，由于条件内容不一，因而其种类也各异。

(1) 无承诺的报价：此类报价一般仅可作为参考，供应商是按当天市价报价，若遇物价波动，供应商自行调整其价格，所以这种报价寄发时，必须声明："本报价不受承诺的约束"，或"本报价价格按市价而增减"，或"价格随时适时变更，无需通知"。

(2) 供应商确认的报价：此类报价必须经供应商确认后才能生效，此类报价较无承诺的报价要好些，它既可以对采购方表达出交易的诚意，又可防范风险。不过若遇特殊理由，供应商可叙明原因而取消确认。

(3) 可以先接受的报价：这种报价对供应商较有利，即供应商以一批货同时向两家以上采购方报价，如果其中有一家先接受此报价，则后接受者的报价自动失效。

(4) 买方同意后的报价：此类报价又称许可退货的报价，即买方须看到货品满意后才成立的报价方式，这种报价对供应商极不利，因此很少采用。

（三）报价一般应注意的问题

1．报价单上可附带条件

报价单上附带条件的重要性与主要项目一样。常见的附带条件有："本报价单有效时间至某年某月有效"、"本报价仅限该批货售完前有效"等。

采购方对报价单内容一旦同意接受，则事后不得将它退回或毁约。报价单所列附带条件经接受后则不得撤回，这是国际贸易的惯例。报价单的有效期必须在报价送达对方所在地后才开始生效，而并不是以报价日期为基准。

报价最低、有责任感的供应商将获得订单。在实践中，连锁经营采购者通过征求报价单来选择供应商，并就最终价格与选定的供应商进行谈判。

2．应尽可能在采购订单上注明价格

从法律的观点看，一份采购订单要想具有约束力，就必须同时注明价格及确定价格的方法。当决定要实行报价采购的时候，必须按照一定的基本步骤来进行。采购方应该对可靠的、潜在的货源进行仔细的初选；对报价要求进行精确的措辞；有足够的供应商报价以保证真正的公开报价；一旦接受报价，对报价单应该正确对待；在决定谁成为最终供应商之前应该对报价单进行仔细分析。

3．选择可能和合适的供应商

供应商的选择的准确性实际上来自于对货源的初步调查。对于报价者的要求是：①有能力根据用户的具体需要制造产品，并且能够在预定的日期发货；②作为供应商，在其他方面应该具有足够的可靠性；③报价者数量足够多以保证真正的竞价，但是不能超过必要的数量。

即使供应商开出的价格很低，但是如果采购者认为不太可能与其达成交易，也会把它们从报价的名单中除去。因为有时采购者报价的目的仅仅是为了检查自

己的供应商开出价格的可能性，或者是为了对存货进行估价。然而，需要注意的是，一家供应商决定报价，它就要承担费用，有些时候这笔费用还是不少的。因此，如果没有很好的理由，这家供应商是不会报价的。此外，供应商对于报价邀请的接受是对供应商本身的一种激励，同时也表明达成订货合约是可能的。因此，除非有希望达成订货协议，否则采购者不应该发出邀请。

在确定邀请哪些供应商来报价后，向它们发出一般性邀请信，在信中注明必要的信息：对商品或者服务的完整的说明、商品或者服务预定完成的时间以及发出报价的期限。在很多情况下，正式的报价邀请应避免采取电话等口头邀请方式。

在发出报价后，采购决策还没有宣布之前，报价商们自然很想知道自己的出价与其他竞争者出价的比较情况。对于这些信息必须保密，实际操作中一些采购者在准备分析报价前故意不去了解出价情况，这样他们就可以诚实地告诉每一家报价商，他们不知道各竞争供应商的报价情况；即使已经作出采购决定，采购者也最好不要透露失败报价商与成功报价商之间的价格差距。

二、招标采购中价格的确定

（一）招标采购的优点

招标又称公开竞标，是常见的一种连锁经营采购方法；是一种按规定的条件，由许多供应商投报价格，并择期公开当众开标，公开比价，符合规定的报价最低者得标，然后进行交易的行为。这种类型的采购具有竞争公开、公平的优点，它可以使采购者以真实合理的价格购得符合质量要求的商品，可以扩大供应商的信息资源，有利于降低采购成本，有利于杜绝徇私弊端。其缺点是程序繁琐、费时。因此，招标采购只适用需求量大、技术含量高的标准化产品。对于紧急采购及特殊规格商品的采购不适用。

（二）招标采购的程序

公开招标采购必须按照规定作业程序来进行，一般而言，招标采购的流程可分下列几个步骤：发标、开标、决标、签订合约等四阶段。

1．发标

首先采购方必须对采购商品的内容，依其名称、规格、数量及条件等详加审查，若认为没有缺失或疑问，则可以制发标单，刊登公告准备发售标单。

2．开标

发标后接着采购方就要准备开标场地、出售标单，然后再将厂商所投的标启封，审查厂商资格，若没问题再予以开标。

3．决标

开标之后，采购方必须对报价单所列各项条款详加审查，看其是否合乎规定，再举行决标会议公布决标单位，并发出通知。

4．签订合约

决标通知一经发出，此项买卖即告成立，双方再依招标规定办理书面合约的签订工作。合约一经签署，招标采购即告完成。

（三）招标采购的技术

在整个招标采购的过程中，最重要的是制标单，如何拟订出一份理想的标单，的确是招标采购作业中不可忽视的一项重要基础工作。理想的标单必须符合三项基本原则，即具体化、标准化、合理化。否则整个招标采购工作将弊端丛生，前功尽弃。在符合三项基本原则的前提下，一份理想的标单，还应具备下列几项特性：

（1）能够制订适当的招标采购方式。

（2）规格方面，对于主要规格开列须明确，次要规格则可留有余地。

（3）所列条款务必具体、明确、合理，可以公开比较。

（4）投标须知及合约标准条款，能随同标单发出，内容订得合情合理。标单格式合理，发标程序制度化、且有效率。

目前招标采购所采用的格式，一般有两大类："三用式标单"与"两用式标单"。其中，前者用途较广，为大多数人所采用。三用式标单中包括招标单、投标单、合约。买方将拟采购的商品名称、规格、数量、条款等列在招标单中，投标厂商将其所报价格及条件分别填在投标单各栏中，然后签字投入标箱，经买方审核认可，将合约各栏予以填注，并经负责人签字后即构成合约。

（四）确定投标价格的技巧

在实践中，采购者对投标价格信息的保密是必须面对的关键问题。大多数采购企业都有一项基本原则，即供应商最初的投标价同时也是最终的投标价，在任何情况下都不能修改。只有在出现明显错误的情况下才允许例外。特别是在价格下跌的时期，供应商迫切希望达成交易，会想方设法保证其投标价格是最低的。他们会一再修改投标价，以便使自己的报价最低。有的采购企业不但不阻止这种行为，反而助长这种做法。这其实是非常糟糕的，因为经过修改的最低价伴随的往往是不能保证的商品质量以及相关服务。同时，这样做对其他供应商也是不公平的。

不能修改报价的原则（确定报价法）强调了交易中的质量和服务因素。如果只向那些最诚实可靠的供应商发出投标邀请，供应商在达成交易后采用劣质材料和工艺的可能性就会大大减小。同时由于不必再与供应商在价格上不断讨价还价，采购者也节省了时间。

当采购者希望在收到初始投标后双方仍然具有阐明并确定产品规格及价格的灵活性时，可以不采用确定报价法。这种情况下，采购者会在发出投标邀请的同时通知所有的供应商，并在收到初始投标后与一家或者几家投标商就需要注意的方面进行讨论，然后征求最终的报价。

在某些特殊情况下，采购者在审查了收到的投标书之后，可能通知投标者所有的投标商都没有中标；同时发出新的投标邀请或者通过公开招标以外的方法来进行采购。这种结果多发生在以下情况下：投标商显然没有理解规格的要求，投标者之间存在串通的嫌疑，有的投标价格高得脱离了实际。

（五）最有利投标的确定

在整理所有供应商的投标书及其细目，并比较过投标书后，采购者习惯上往往接受开出最低价格的投标书。采购者的目的是为了得到最低的价格，只要获得同样的商品和服务，不管谁是最终选定的供应商。除非可以提供特别的理由，否则采购者总是与那些投标价格最低的投标商签订合同。

然而，不是在任何情况，价格最低的投标商都能得到订单。如果采购者在发出投标邀请后获得信息表明提供最低投标价格的企业是不可靠的，甚至这个最低的投标价比采购商认为合理的价格还要高，或者采购者有理由相信投标商之间存在着串通行为，就不能与最低投标价格企业签订合同。采购者不能接受最低的投标价还有其他的原因，如企业的管理者或者使用部门可能对于特定供应商的产品有一定的偏爱。这种情况下，价格上微小的差别并不能抵消对特定供应商产品的信赖，也不会使采购者停止从一个相当长的时期内都很满意的货源进货。

选择供应商绝不是仅仅在接到报价单后简单地排列投标商的顺序，并从中选取价格明显低的投标商。因为明显低的价格可能会产生误导，对于两个表面上相同的报价，一个实际上可能高于另一个，如一家供应商采用 FOB㊀价，而另一家供应商则采用 CIF㊁价，这样运费差别会很大；如果供应商正在试图进入新的市场，或者正在攻击它的竞争者，那么它的价格可能会很低；一家供应商可能会采用固定的价格，而另一家供应商则可能坚持伸缩条款。

（六）防止串通投标，获得合理价格

当怀疑供应商之间存在串通行为时，连锁经营采购者可以拒绝所有的投标。虽然这不一定是正确的做法，但是既然有迹象表明存在这种可能性，就要采取有效的措施来杜绝。使用替代商品，可能是采购者处理这种情况最有效的做法。还有一种做法是拒绝所有的投标之后，通过与供应商协商或议价来降低价格。

三、议价采购中价格的确定

连锁经营所需的商品种类繁杂，规格不一，有时须作紧急采购以应急，由于各种因素的关系，连锁经营者中很多人主张议价采购。

㊀ 离岸价（Free On Board），即买方承担船上交货后运至目的港的所有运费和保险费等。

㊁ 到岸价（Cost Insurance and Freight），即卖方必须支付货物运至指定目的港的运费和保险费等。

（一）议价采购的特点

议价采购是针对某种采购商品，以不公开方式与厂商个别进行洽购并议订价格的一种采购方法。由于价格是双方磋商后拟订的，所以这种采购方式又称为双方议价法。美国采购学者亨利认为，议价比公开招标更易接近理想价格，因为各种采购的细节与内容，均可在双方磋商过程中得以解决，进而取得最适当的价格。

（二）议价采购的优缺点

1．优点

（1）对于特殊性与特殊规格的采购品，议价采购最适宜，并且能确保采购质量。

（2）议价采购较之其他采购方式更易于获取适宜的价格。

（3）议价采购最适于紧急采购，它可及时取得迫切需要的商品。

（4）议价采购使采购者可选择理想的供应商，提高服务质量与交货安全性。

（5）议价采购有利于政策性条件或互惠条件的运用。

2．缺点

（1）采购是以不公开的方式进行，容易造成舞弊机会。

（2）秘密议价违反企业公平、自由竞争的原则，易造成垄断价格。

（3）独家议价易造成厂商故意抬高价格的弊端。

连锁经营业界的采购，通常是根据实际需要来决定采用哪种采购方式，一般认为议价价格较之投标价格更接近其理想价格，并且易于获得理想的售后服务，因此连锁经营业界的采购大多数采用议价方式。

3．议价采购厂商的选择

议价采购的主要优点在于可选择理想的供应商，提供最佳质量与最佳价格的商品，因此若找不到供应商，自然无法进行议价工作，所以供应商的选择对于议价采购十分重要。选择供应商的要求是：

（1）以质量、价格、交货与服务作为选定供应商的条件。

（2）尽量优先考虑本地或本国商品。

（3）对于外国商品，可选择代理商或制造商来供应。

（4）所选择的供应商信誉卓著，商业道德良好。

（5）所选择的供应商不会影响到连锁经营利益或造成某种利益冲突。

（三）议价价格预估的方法

议价采购在国内，通常均是由供应商直接向买方寄出估价单报价，但是若与国外供应商议价，有时是通过当地代理商报价。尽管报价方式不同，议价价格很难计算，但我们仍可根据下列方法来寻找适当合理的价格，以供价格预估时参考。

（1）若供应商有产品目录或价目表，可以参照市场行情预估。

（2）进行市场商情调查，可通过同业所提供的采购资料，调查比较三家以上供应商的价目表，以其平均值作为预估价格。

（3）采购食品类商品时，可参考以往进价进行预估。

（4）对于大宗蔬菜水果，除参照以往进价之外，还应电询批发市场。

（四）议价采购的步骤

（1）将议价单寄发供应商或代理商要求报价。

（2）审查报价单。

（3）择期议价并签约：采购方接到供应商寄来的报价单后，经过审查确认，即可由采购方择期议价，双方确认后便正式签署合约。

第三节 采购成本分析

总的来说，连锁经营行业属于微利行业，所以经营者必须深入分析，下大力气控制其经营成本。例如，不能让过量的采购使商品积压而占用大量的资金。因此采购成本的控制不仅是采购管理，也是企业经营管理的重点所在。

商品的采购成本不仅仅是指商品本身的价值，还包括因采购而带来的采购管理成本和储存成本。

一、产品成本

产品成本又称购进成本，是指产品的进价成本，是产品本身的价值，它等于采购单价与采购数量的乘积。在一定时期进货总量既定的条件下，无论企业采购次数如何变动，产品的进价成本通常是保持相对稳定的（假设物价不变且无采购数量折扣），因而属于决策无关成本。

【小资料】

商务部拟订的《零售商与供应商进货交易管理办法》已于2005年10月出台。人们普遍认为该法规总体有利于供应商，多数条款有利于规范大型连锁商的行为。这是因为现在大量中小供应商处于弱势地位。在俗称的“进场费”方面，该办法要求：零售商向供应商收取促销服务费的，应当事先征得供应商的同意；供应商不同意的，零售商不得以任何方式强迫，应当与供应商协商一致，订立合同；除合同另有约定外，零售商收取促销服务费的时间不得早于提供相应服务前十五日，并且不得从应付给供应商的货款中抵扣。该办法同时详细规定了零售企业不得向供应商“变相收取”的费用条目，包括：续签合同费、店内条码费、店铺改造装修费等。

二、采购管理成本

采购管理成本是指企业向外部的供应商发出采购订单，进行相应采购活动的成本费用，是连锁经营企业为了实现一次采购而进行的各种活动的费用，如办公费、差旅费、邮资、电话电报费、运输费、检验费、入库搬运费等支出。采购管理成本中有一部分与订货次数无关，如专设采购机构的基本开支等，这类固定性进货费用属于决策的无关成本。另一部分与订货次数有关，如差旅费、邮资、电话电报费等费用与进货次数成正比，这类变动性进货费用属于决策的相关成本。更具体地说，采购管理成本包括与下列活动相关的费用：检查存货水平；编制并提出采购申请；对多个供应商进行调查比较，选择最合适的供货商；填写发出采购单；填写、核对收货单；结算资金并进行付款。

三、储存成本

企业为持有存货而发生的费用即为存货的储存成本。它主要包括：存货资金占用费，如以贷款购买存货的利息成本；机会成本，如以现金购买存货而同时损失的股票投资收益等；仓储费用、保险费用、存货残损霉变损失等。与进货费用一样，储存成本可以按照与储存数额的关系分为变动性储存成本和固定性储存成本两类。其中，固定性储存成本与存货储存数额的多少没有直接的联系，如仓库折旧费、仓库职工的固定月工资、仓库照明电费等。这类成本属于决策的无关成本。而变动性储存成本则随着存货储存数额的增减成正比例变动，如存货资金的应计利息、存货残损和变质损失、存货的保险费用等，这类成本属于决策的相关成本。

第四节　采购数量与价格变动对成本的影响

一、固定成本与变动成本

连锁经营采购固定成本是指商品采购量在一定范围内增减变动，其总额始终保持不变的有关成本，如按直线法计算的厂房、机器设备的折旧费，管理人员工资，劳动保护费，职工培训费等。这就是说，作为固定成本，只要商品采购量不超过某一特定范围，其数额就会始终稳定在一定的水平上。

变动成本是指随着商品采购量的增减变动，总数额也将发生相应的正比例变动的有关成本，如直接材料费、直接人工费、产品包装费等。这就是说，作为变动成本，只要商品采购量发生某种变动，其总额就会随之发生相应的变动，且变动方向和变动比率都与商品采购量的变化情况完全相同。

1．固定成本的主要特点

（1）在一定范围内，固定成本总额不受商品采购量变动的影响。

（2）在一定范围内，随着商品采购量的增加或减少，单位固定成本将随之相应降低或升高。

2．变动成本的主要特点

（1）变动成本总额直接受到商品采购量变动的影响，与商品采购量成正比例的变动关系。

（2）单位变动成本不因商品采购量变动而发生相应的变动，其数额将始终保持在某一特定的水平上。

变动成本额和商品采购量之间的依存关系，同固定成本一样，也存在着一定“相关范围”的限制。也就是说，在相关范围内，变动成本总额和商品采购量之间呈完全的线性关系；一旦超过相关范围，就可能表现为非线性的关系。

二、商业折扣和折让

供应商为了鼓励企业及早付清货款、大量购买、淡季购买，在原议定的价格基础上还可以酌情降低其基本价格，这种价格调整叫做商业折扣和折让。折扣的种类有很多。

1．现金折扣

这是供应商给那些当场付清货款的采购企业的一种减价。

2．数量折扣

这种折扣是供应商给那些大量购买某种产品的采购企业的一种减价，以鼓励企业购买更多的商品。

3．功能折扣

功能折扣又叫贸易折扣，是供应商给某些采购企业的一种额外折扣，其目的是促使他们愿意执行某种市场营销功能，如推销、储存、服务等。

4．季节折扣

这种价格折扣是供应商给那些过季商品或服务的采购企业的一种减价。

5．促销折让

这是供应商根据市场供需情况，或针对不同的采购企业，在商品标价上给予的折扣。

第五节　采购成本控制

连锁经营的主要目标除了满足消费者需要外，还有为股东创造最大的财务利润，所以，经营者在审核年度绩效时，一般首先考虑投资报酬率，投资报酬率有不同的计算方式，最普通的表示方法如下：

投资报酬率＝利润率×资产周转率

利润率代表了企业相对于收益的成本控制能力，在商品销售价格既定的情况下，成本与利润率成反比。而资产周转率则反映管理阶层对企业可用资产有效利用的能力。所以，企业管理层可通过降低采购成本、利用现有资产来增加销售业绩或综合以上两个方面来达到增加投资报酬率的目的。

一、采购成本控制的原则

连锁经营采购的功能在于取得企业所需的资源，包括商品、设备或服务等，而所有资源的取得都必须要相应地付出一些资金或代价，因为除了少数例外，所有资源的取得都不是免费的。为取得资源所付出的成本越高，对企业或机构就越不利，因为它会降低企业的获利能力及可用的资金等。因此所有负责采购的人员都应牢固树立“降低成本是采购的第一要务”的观念，而其个人或采购单位也应以降低成本的幅度作为主要的绩效考核指标。

必须强调的是：降低成本并不就是“便宜的就是好的”、“越便宜的越有利”。这是以成本为导向的观念，所看重的是支出的“成本”，却疏于评估所取得的资源的“价值”。

采购交易过程中，在进入议价阶段或做成本分析之前，采购部门首先要了解的是这个交易能为企业或机构带来什么样的效益或价值，然后考虑要付出多少成本才属合理。

对连锁经营企业而言，采购人员若从“价值观”出发来思考，其重点就不仅仅是如何降低成本，而是如何以相对较低的成本取得较高价值的商品。

二、采购成本控制的方法

（一）ABC 控制法

一般来说，连锁经营企业的商品种类繁多、价格不等、数量不均，有的商品品种很多但价值不高，有的商品品种很少但价值很高。将这些重要程度不同的商品进行分类管理和控制，即依据库存商品重要程度的不同，分别进行不同的管理，这就是 ABC 控制方法的基本思想。

ABC 分析法是管理学中 20/80 原理的一种应用。20/80 原理指出：在一个集合中存在着重要的“少数”——20 和不重要的“多数”——80。这一思想就是将管理资源集中于重要的“少数”，而不是不重要的“多数”，花 80%的时间与精力在最重要的 20%上，将得到 80%的回报；而在另外的 80%上，只要花费 20%的精力，即可得到不错的效果。

ABC 控制法是将全部商品的库存按年度货币占用量分为三类。为了确定 ABC 分析法所需要的年度货币量，将每个品种库存的年度需求量与每个库存的成本相乘。A 级是年度货币量最高的库存，这些品种可能只占库存总数的 15%，但用于它们的库存成本却占到总数的 70%～80%；B 级是年度货币量中等的库存，这些品种占全部库存的30%，占总价值的15%～25%。那些年度货币量较低的为C级库存品种，它们只占全部年度货币量的5%，但却占库存总数的55%左右。

因此，利用ABC分析法可以保证确定更好的库存控制、供应商的依赖度以及减少安全库存和库存投资。通过将商品分级，采购管理人员就能为每一级的商品品种制订不同的策略，实施不同的控制。

1. ABC三类商品的区分

任何采购商品都可区分为三个不同类型：

A类商品。高值——其价值占采购总值70%～80%的相对少数商品，通常为商品的15%～20%。

B类商品。中值——其总值占采购总值的15%～20%，商品数量居中，通常占商品的30%～40%。

C类商品。低值——其采购总值几乎可以忽略不计，或只占5%～10%，商品数量较大，通常占商品的55%。

对A、B、C三大类商品还可以继续细分。许多公司作了进一步的分类，例如，加一个D类，把A类再分为AAA、AA与A三等，每类商品也可以在该类之中作ABC分类。

2. 分类步骤

（1）列出所需采购商品及其年度销售量，然后用单价乘以年度销售量，算出年度销售金额，如表8-1所示。

表8-1 计算年度销售金额

序　　数	商品每年销售量/件	单位成本/元	年度销售金额/元
F-11	40 000	0.07	2 800
F-20	195 000	0.11	21 450
F-31	4 000	0.10	400
L-45	100 000	0.05	5 000
L-51	2 000	0.14	280
L-16	240 000	0.07	16 800
L-17	16 000	0.08	1 280
N-8	80 000	0.06	4 800
N-91	10 000	0.07	700
N-100	5 000	0.09	450

（2）按年度销售金额排列这些商品，并计算出累计年销售金额与累计百分数。如果决定A类商品将是这些商品中最前面的20%，则A类将包括第一、第二两种商品；第三到第五这3种商品将属B类物品，它们占总商品数的30%；其余50%的商品将属于C类商品，如表8-2所示。

表 8-2　排序并计算累计百分数

商　品	年度销售金额/元	累计年销售金额/元	累计百分数	类　别
F-20	21 450	21 450	39.8%	A
L-16	16 800	38 250	71.0%	A
L-45	5 000	43 250	80.2%	B
N-8	4 800	48 050	89.3%	B
F-11	2 800	50 850	94.4%	B
L-17	1 280	52 130	96.7%	C
N-91	700	52 830	97.9%	C
N-100	450	53 280	98.9%	C
F-31	400	53 680	99.6%	C
L-51	280	53 960	100%	C

（3）将 ABC 分析归纳为列表显示。若把最大精力集中于A类商品采购，可使其库存压缩 25%，这是相当可观的一笔压缩，如表 8-3 所示。

表 8-3　分析归纳结果

分　类	商品的百分数	每组的年使用金额/元	金额的百分数
A（F-20，L-16）	20%	38 250	71.0%
B（L-45，N-8，F-11）	30%	12 600	23.4%
C（所有其他）	50%	3 110	5.6%
总　计	100%	53 960	100%

ABC 方法的 4 条基本法则如表 8-4 所示。

表 8-4　ABC 方法的基本法则

法则名称	具体内容
控制程度	①对 A 类商品应尽可能地严加控制，包括最完备、准确的记录，最高层监督的经常评审，促使供应商按订单频繁交货，紧密跟踪销售以压缩提前期等 ②对 B 类商品作正常控制，做好良好的记录与常规关注 ③对 C 类商品应尽可能使用最简便的控制，如定期目视检查库存商品、简化的记录，用最简的标志法表明补充存货已经订货，采用大库存量与订货量以避免缺货，安排车间日程计划时给以较低的优先级等
采购记录	①A 类商品要求准确、完整与明细的记录，要频繁地、实时地更新记录，对事务文件、报废损失、收货与发货的严密控制是不能缺少的 ②B 类商品只要正常的记录处理、成批更新即可 ③C 类商品不用记录或只进行最简单的记录即可
优先级	①在一切活动中给 A 类商品以高优先级，压缩其提前期与库存 ②对 B 类商品只要求正常处理，仅在关键时给予高优先级 ③C 类商品的优先级最低
订货策略	①对 A 类商品提供明细、准确的订货量 ②对 B 类商品，每季度或当发生主要变化时评审一次 EOQ 与订货点 ③对 C 类商品不要求做 EOQ 或订货点计算，手头存货还相当多时就订下一年的供应量

（二）定期采购控制法

所谓定期采购控制法是指按预先确定的订货间隔期间进行采购，以补充库存的一种采购成本控制方法。企业根据过去的经验或经营目标预先确定一个订货间隔期间，每经过一个订货间隔就进行订货采购，每次订货数量都不同。定期采购控制法中订货量的确定方法如下：

订货量=最高库存量-现有库存量-订货未到量+顾客延迟购买量

定期采购控制法是从时间上控制采购周期，从而达到控制库存量的目的的方法，使用这种方法时，只要订货周期控制得当，就可以既不造成缺货，又可以控制最高库存量。

定期采购控制法的优点是：由于订货间隔期间确定，因而可同时进行多种商品的采购，这样不仅可以降低订单处理成本，还可以降低运输成本。另外，这种方法不需要经常检查和盘点库存，可节省这方面的费用。其缺点是：由于不经常检查和盘点库存，对商品的库存动态不能及时掌握，遇到突发性的大量需求时，容易出现缺货现象，带来销售机会的损失，因而企业为了应对订货间隔期间内需求的突然变动，往往库存水平较高。定期采购控制法适用于品种多、数量大，占用资金较少的企业的商品采购成本控制。

实际上，订货周期也可以根据具体情况进行调整，例如，根据供应商的生产周期进行调整等。

本章小结

采购价格是指连锁经营企业进行采购作业时，通过某种方式与供应商之间确定的所需采购商品或服务的价格。

影响采购价格的因素有供应商成本的高低、商品的规格与品质、采购商品的供需关系、销售季节与采购时机、采购数量、交货条件、付款条件等。

采购价格的种类一般有送达价、出厂价、现金价、期票价、净价、毛价、现货价、合约价等。

采购适当价格应为在既定商品品质、交货期限或其他条件下，所能得到的最低价格。

连锁经营采购中确定价格有许多种方法，其中最为常见的是报价采购、招标采购、议价采购等。

商品的采购成本不仅仅是指商品本身的价值，还包括因采购而带来的采购管理成本和储存成本。固定成本是指业务量在一定范围内增减变动，其总额始终保持不变的有关成本；变动成本是指随着业务量的增减变动，总数额也将发生相应的正比例变动的有关成本，只要业务量发生某种变动，其总额也要随之发生相应的变动，且变动方向和变动比率都与业务量的变化情况完全相同。

采购人员若从“价值观”出发来思考，其重点就不仅仅是如何降低成本，而是如何以相对较低的成本取得较高的价值。

由于企业的资源有限，因此，对所有品种均给予相同程度的重视和管理是不可能的，也是不切实际的。为了使有限的时间、资金、人力、物力等企业资源能得到更有效的利用，应对商品进行分类，将管理的重点放在重要的商品上。ABC控制法是将手头的库存按年度货币占用量分为三类。为了确定 ABC 分析法所需要的年度货币量，将每个品种库存的年度需求量与每个库存的成本相乘。A 级是年度货币量最高的库存，这些品种可能只占库存总数的 15%，但用于它们的库存成本却占到总数的 70%～80%。B 级是年度货币量中等的库存，这些品种占全部库存的 30%，占总价值的 15%～25%。那些年度货币量较低的为 C 级库存品种，它们只占全部年度货币量的 5%，但却占库存总数的 55%左右。

定期采购控制法是指按预先确定的订货间隔期间进行采购，以补充库存的一种采购成本控制方法。

复习思考题

一、选择题

1．下列哪项成本属于变动成本（　　）。

A．直接人工费　　B．产品包装费

C．机器设备的折旧费　　D．管理人员工资

2．以下哪项是议价采购的优点（　　）。

A．最适于紧急采购，它可及时取得迫切需要的物品。

B．较之其他采购方式更易于获取适宜的价格。

C．可选择理想供应商，提高服务质量与交货安全性。

D．手续上比其他方式简单，因此各种费用可以减少。

3．在整个招标采购的过程中，最重要的是标单的制订，理想的标单必须符合的原则有：（　　）。

A．具体化　　B．标准化　　C．合理化　　D．科学化

4．下列哪些是影响采购价格的因素（　　）。

A．规格与品质　　B．采购商品的供需关系

C．付款条件　　D．采购数量

二、判断题

1．采购适当价格应为在既定商品品质、交货期限或其他条件下，所能得到

的最低价格。（ ）

2．报价采购法的唯一标准就是选择报价最低的供应商。（ ）

3．招标又称“公开竞标”，是一种按规定由卖方投报价格，并择期公开，当众开标，公开比价，以符合规定的最低价者得标的一种买卖契约行为。（ ）

4．零库存是指以仓库形式储存的某种或某些物品的数量为“零”，即不保持库存。（ ）

5．固定成本是指业务量在一定范围内增减变动，其总额也将发生相应变动的有关成本。（ ）

三、问答题

1．影响采购价格的因素有哪些？

2．采购价格的种类一般有哪几种？

3．在保证商品质量的同时，我们应该如何正确处理价格与成本、服务等要素之间的关系？

4．招标采购和议价采购各有哪些优点和缺点？

5．举例说明什么是定期采购控制法。

6．某商场2002年市场预测全年需采购乙商品7 500件，商品进价10元/件，每次采购费用100元，每件乙商品每年的保管仓储成本是进价的10%。

（1）有人主张每月平均进货一次，你认为在经济上是否合理？为什么？

（2）若乙商品供应商规定进货量每增加500件，价格就优惠0.5元（但最低不得低于9元），试求出此条件下乙商品的经济批量。

四、案例分析

美心公司是如何降低采购成本的

美心员工在公司总经理的带动下，经过不断的探索，总结出了一套降低采购成本的经验，并形成了一套降低成本的管理模式。

（1）联合采购，分别加工。针对中小供应商，美心将这些配套企业联合起来，统一由其出面采购原材料。由于采购规模的扩大，综合成本减少了20%。配套企业从美心领回原材料进行加工，生产出来的半成品直接提供给美心，然后凭验收单到美心的财务部领取加工费。同时随着原材料成本的降低，配套企业也更具竞争力，规模扩大，价格更低，形成良性循环。

（2）原材料供应，战略伙伴。针对上游的特大供应商即国内外大型钢铁企业，美心的做法是收缩采购线，率先成为其中一两家钢厂的大客户乃至于战略合作伙伴。而钢厂面向战略合作伙伴的价格比普通经销商低5%～8%，比市场零售价低15%。于是仅2002年的一次采购，美心就比同行节约成本近1 000万元。随着采购规模的与日俱增，美心开始有了和钢厂进一步谈判的砝码。应美心要求，钢厂定期向其提供钢材的价格动态，并为美心定制采购品种。比如过去钢板的标准尺寸是一米，而门板尺寸是90厘米，其中十厘米就只能裁下来扔掉。现在钢厂为美心量身定制生产90厘米钢板，就大大减少了浪费，节约了成本。又比如他们还专门为美心开发了一种新材料门框，品质相同，价格每吨可节约600元……

（3）新品配套，合作共赢。对于新配套品种的生产，由于配套企业需要增加大量投资，导致新配套产品与其他配套产品相比，价格大幅增加。美心就以品牌、设备、技术、管理等软硬件向生产方入股，形成合作，合作条件为美心公司自己使用的产品，价格只能略高于生产成本。这样一来，合作方在新产品的生产上减少了投入，降低了风险；同时，美心也降低了配套产品的采购成本，增加了收入。于是各方受益，皆大欢喜……

（4）循环取货，优化物流。为了解决原材料和配套产品的采购问题，美心还与配套企业携手合作，从物流方面进行优化。由于不同配套企业的送货缺乏统一的标准化管理，在信息交流、运输安全等方面，都会带来各种各样的问题，必须花费双方很大的时间和人力资源成本。美心知道，配套企业物流成本的提高，将直接转嫁到配套产品的价格上。于是美心就聘请一家第三方物流供应商，由他们来设计配送路线，然后到不同的配套企业取货，再直接送到美心的生产车间。这样一来，不仅节约了配套企业的运送成本，提高了物流效率，更重要的是，把这些配套产品直接拉到生产车间，保持了自身很低的库存，省去了大量的库存资金占用。美心通过与原材料供应商及配套企业的携手合作，使原材料厂商拥有了稳定的大客户，配套企业降低了生产风险，而自身也在大大降低成本的同时，扩大了产销量，形成了各方皆大欢喜的共赢局面。

2002年，美心门的产销量同比翻了一番，美心的综合采购成本下降了17%，同比全行业的平均水平低23%！

问题：

美心公司采用了哪些策略来降低采购成本？

第九章 连锁经营采购的验收流程

9

学习目标

技能目标： 1. 学会识别质量不合格、须拒收的商品
2. 能够按验收流程完成商品验收作业
3. 能够对常见的假冒伪劣商品进行鉴别

知识目标： 1. 掌握百货类商品的检验标准
2. 掌握食品类商品质量识别作业的要点
3. 了解商品检查作业的内容

引导案例

沃尔玛的商品也存在质量问题

据《茂名晚报》报道，广东化州市的梁先生在茂名沃尔玛买了3包加碘盐，回家后即拆开其中一包加碘盐放在厨房。家人炒菜时，才无意中发现盐袋上居然没有生产日期。在证实盐袋的确没有打印生产日期后，梁先生和沃尔玛服务台联系，没有得到明确答复，一怒之下打12315投诉，要求沃尔玛方面为他提供加碘盐生产日期的资料证明，对出售“假冒伪劣商品”赔礼道歉，且补偿他由平定到茂名打的士的交通费200元。

沃尔玛方面认为，超市是通过正规渠道从茂名市区盐业公司购进的加碘盐，对此事没有责任，不同意赔偿。梁先生再次向市消费者委员会投诉，后经市消费者委员会多方调解，茂名市区盐业公司主动承担责任，承认该公司在该年4月转换包装期间因工作疏忽忘记打上生产日期，赔偿梁先生6包加碘盐的价钱7.8元，另外赔偿梁先生差旅误工费120元。

据《香港商报》报道，同样的问题也发生在沃尔玛在中国开设最早的店面——

深圳洪湖路湖景分店。2003 年 1 月 17 日深圳市罗湖区卫生监督人员在对海鲜干货进行抽检时，发现该店销售的“琼海牌”鳗鱼和小鲨鱼的包装袋上根本没有生产日期，商品从表面看已长出了绿毛；商场的自有品牌产品“冷冻馒头”只有包装日期，没有生产日期，有的也发霉了。

采购的验收是指依据采购合同对商品进行查验收货。验收是连锁经营商品周转的第二步。一个完整的验收流程包括收货、检查、质量识别。其中质量识别是重点，如果对采购商品的质量没有把好关，那么数量就失去了意义，连锁经营不仅无利润可言，反而可能血本无归，甚至还要承担损害消费者权益的法律责任。在质量识别中关键是要掌握商品的验收标准。商品的验收标准有哪些？商品的验收作业流程怎样？收货、检查作业内容有哪些？这些内容本章将一一予以介绍。

第一节　商品的收货作业

商品的收货作业主要分为收货部的作业、仓台人员的作业以及卸货人员的作业等。

一、收货部的作业

1．接受电话预约

供应商一般会提前 1～2 天打电话到收货办公室，告之什么时间送货。

收货部接到电话预约送货通知后，收货管理员打开电脑屏幕查询该订单是否有效。若该订单过期，则让供应商与采购人员联系，是否能延期或有其他新订单；若该订单有效未收，则在预约表中填上订单号码、公司名称、商品说明、数量等信息，并向供应商提供一个预约号。

2．打印收货单

（1）收货管理员在每天下班前应把第二天要收货的收货单打印出来，并在收货记录本上登记收货单号码、订单号码、公司名称等内容。

（2）收货单上库存显示少于某个指标（如 10 件）的商品应用彩色笔作标记，标明为畅销商品。

3．收货单交仓台主管

供应商送货前，应把所有当天要收货的验货单、核查单交仓台主管。

4．单据回收

仓台主管把已收货的整套单据（包括收货单、送货单和核查单）交回收货办公室。

5．核对收货单据

（1）单据是否填写完整。

（2）送货单、核查单是否已盖章。

（3）收货单应有核查人员签名，核查单应有卸货员、核查员、供应商、仓台主管签名，送货单应有仓台主管签名。

（4）核查单、收货单的收货单位、收货数量是否一致，若不符，应向相应人员求证核实。

（5）核对完毕后在右上角签字，注明日期，并把完整的一套单据放在待输入电脑的文件架上。

6．输入电脑打印

（1）录入员第一次在电脑收货录入栏输入，并在收货单录入员栏签名，整套单据放在第一次输入电脑的文件架上。

（2）校核员第二次在收货校核栏输入，在收货单上校核员栏签名，整套单据放在第二次输入电脑的文件架上。

7．核对每日收货报告

（1）收货办公室员工每天早上打印每日收货报告，与前一天输入电脑的收货单据进行核对。核对时应注意：在报告上找出相应的收货单号码；用彩色笔在报告上的订单号、收货单号、商品号上做标记。

（2）比较收货单的“实收数量”与报告上的“实收数量”是否相符，若不符，查询是否输入错误，再做校正报告，待部门经理签字后，输入电脑作出校正。

（3）确认收货单上是否已收商品的每一项都在报告上显示，若出现某一项漏输入，须填写校正报告，待部门经理签字后，输入电脑。

（4）核对报告的收货单须用彩色笔标一个符号表明已核对。

（5）报告核对完，核对人签名，并写上日期。

（6）核对完的报告按日期顺序进行归档。

8．单据的处理、归档

将包括收货单、送货单、核查单的整套单据分成两套，其中一套（含送货单原件）交财务，另一套按收货单号码归档。

9．作废收货单的处理

（1）如果供应商预约送货，但因特殊原因未能当天送货，收货管理员应将收货单作废，并在收货单和收货记录本上写上“作废”，注明作废原因，经理签字后，在电脑系统上确认作废。

（2）收货单打印出来以后，应在24小时内输入数据或作废。

10．不能扫描的商品处理

若商店内商品出现不能扫描，应对照商品上的条码是否与电脑显示相符，若查询电脑条码不相符，可自己打印条码贴上。

若收货时发现商品不能扫描，应查证该商品是否正确，如果商品不在订单上，应退还供应商；若正确，请按下列方法操作：

（1）若铁制品上的条码脱落、不清晰，经查询该商品条码无误，则重新打印条码贴上。

（2）商品上条码底色太浅或太敏感，会经常出现不能扫描，若经查询商品条码无误，则重新打印条码贴上。

（3）商品正确，但条码与电脑不符，则报仓管部、营业部更正。

二、仓台人员的作业

仓台人员主要负责对供应商商品的接收工作，他们必须严格遵守工作时间，服从统一安排，其工作流程为：

1．卸货管理

卸货管理中重点应注意：

（1）商品的安全搬运。

（2）商品的合理堆码。

2．核查商品

核查商品时重点应注意：

（1）准确清点商品，一人清点，另一人复查。

（2）不使用计算器，这是因为计算器输入错误会导致计数错误。

（3）清楚地填写核查单。

3．商品的堆码安排

商品堆码应合理分区：

（1）畅销商品及上架商品区。

（2）滞销商品区。

（3）待处理商品区。

4．收货用品的管理

收货用品应妥善管理，具体包括单据、印章、缠绕膜、封箱胶带等。

三、卸货人员的作业

卸货人员在卸货前首先必须明确供应商所送货物是否是连锁经营企业所订的货物。如果卸下来的货物不是本企业所订货物：轻则重新搬运上车；重则赔偿卸货所带来的损失。因此，卸货人员只有确认无误才能卸货，否则应通知收货管理员，并与采购人员联系，或直接与供应商联系。

1．填写核查单

开始卸货之前，卸货人员应填写核查单，填写的内容包括：供应商、承运商、订单号、车号、日期等。

2．检查货车情况

（1）打开车门，检查商品是否有倒塌、破损情况，如果有，应作出处理。

（2）如果货车有任何潜在危险（如起火），应马上通知主管。

3．进行卸货

（1）卸下第一个卡板货物。

（2）打开其中一箱商品。

（3）再一次核对送货单，看看该商品是不是订购的商品。

（4）按收到的每项商品填写核查单：商品编号、箱装数（销售单位）、卡板的包装数。

4．填写核查单的其他内容

（1）将各个方格内的数目相加算出总数。

（2）收到的部件数（送货单/运货单中的部件数与核查单总数必须相符）。

（3）如果有破损商品，应将破损商品数量，包括压坏、弄脏、发霉或溢漏的商品记录在核查单上。

（4）收货后签上收货管理员的姓名。

（5）批注，用以注明短缺或溢出货物的准确数量。

5．码放货物

（1）将带有卡板的商品堆放在指定地区。

（2）叉车驾驶员对带有卡板的商品进行堆放。

（3）禁止堆放没有储存标签的商品。

（4）凡无订单商品、店面暂存商品、退换货商品都存放在收货区，并应有标签注明。

6．更换坏卡板

商品应堆放在好的卡板上，如果原卡板不能使用，则应将商品重新堆放在另外好的卡板上，并将储存标签贴在新卡板上。

7．用缠绕膜或橡皮筋包扎卡板

任何商品在堆码或运至销售区以前，都要由主管确定是否用缠绕膜橡皮筋包扎。如果用缠绕膜打包则采用 212 式捆扎㊀；如果用橡皮筋包扎则采用交叉式包扎。

第二节　商品的检查作业

一、检查车辆情况

商品检查作业的第一步应检查车辆情况，这一点对于冷冻或冷藏食品的检

㊀ 从被捆扎的商品三维空间图来说，就是 x 轴方向捆扎两圈（2），y 轴方向捆扎一圈（1），z 轴方向捆扎两圈（2）。

查尤其重要。由于冷冻食品的温度应控制在 –18℃以下，所以须以冷冻车来运送；而冷藏品的温度只须维持在 5℃以下，所以用冷藏车运送即可。不过这两类商品都须以塑料容器或纸容器来包装，不要直接置于车内，否则易受污染而影响商品品质。

二、依商品标示规定检查商标

根据《食品卫生管理法》，标示是指标示于食品、食品添加物或食品洗洁剂的容器、包装或说明书上的品名、说明文字、圈画或记号。其标示的事项应包括：

（1）有容器包装的食品、食品添加物和食品洗洁剂，应在容器或包装上用中文及通用符号显著标示下列事项：

1）品名。食品应使用国家标准规定的名称，国家标准没有规定的，不得自定名称。食品添加物应依主管机关规定的名称来标示，其名称应与主要原料有关。

2）内容物的名称及重量、容量或数量。若为两种以上混合物时，应分别标明。

① 以公制标示重量、容量。

② 液体与固体混合的，分别标明液体量及固体量。

③ 内容物含量应根据食品性质分别注明其最低、最高含量或最低与最高含量。

3）食品添加物名称。食品添加物名称须依《食品添加物使用范围及用量标准》上的名称来标示。

4）制造厂商名称、地址。进口品还应加注进口厂商的名称与地址。

5）制造日期。经主管机关公告指定须标示保存期限或保存条件的，应一并标示。《食品卫生管理法施行细则》规定，制造日期应按照习惯辨明的方式标明年、月、日。

6）其他经主管机关公告指定的标示事项。

（2）对于食品、食品添加物或食品洗洁剂的标示，不得虚夸或使用易使人误认有医药效能的标示。

（3）国内制造的，其标示如兼用外文时，其字样不得大于中文。

（4）由国外进口到国内销售的，由进口单位在销售前依规定加中文标示。

（5）经改装分装的，应标示改装者或分装者的名称及地址。

（6）食品、食品添加物或食品洗洁剂经各级主管机关抽样检验合格的，不得以其检验的结果作为标示，用作宣传或广告。

（7）对于食品、食品添加物或食品洗洁剂，不得借大众传播工具或其名义，播载虚假、夸大、捏造事实或易生误解的宣传并或广告。

三、检查标示日期

每种食品均应标有生产日期和有效期限或保质期，以防厂商将快到期或过期的商品混入连锁经营企业，若有上述违规现象应立即退货或拒收。

四、检查商品外观

食品必须密封包装，且不得用金属或橡胶带密封。冷冻食品或冷藏食品应检查其包装是否用订书针或其他金属密封，或用橡胶带捆绑。如有上述情形，应拒收。另外，如有破损的包装，因其品质较易发生变异，故也应拒收，而罐头食品遇有凹凸罐、变形、油渍的情形也应予以拒收。这些现象均可从商品外观的观察中得到。

五、检查数量

检查供应商的送货件数是否与订单相符，并拆开几件货物进行抽查，看其数量是否与包装上标明的相符。对于那些要称重的货物也应进行称重抽查，以验明其重量的准确性。

六、检查送货人员

送货人员离开时，验收人员还要再检查送货人员的物品，以避免夹带事件的发生。

【小资料】

目前我国已颁布的食品卫生相关法律法规有：

1. 中华人民共和国食品卫生法
（1995年10月30日第八届全国人民代表大会常务委员会第十六次会议通过）
2. 关于查处违反食品卫生法案件的暂行规定
3. 无公害农产品产地认定及产品认证程序
（从2003年05月07日起执行）
4. 中华人民共和国消费者权益保护法
（从1994年1月1日起生效实施）
5. 中华人民共和国产品质量法

第三节　商品质量识别作业

不同商品的质量识别有不同的方法及作业程序。这里主要介绍百货类商品的检验标准和食品类商品质量识别作业的要点。

一、百货类商品的检验标准

采购百货类商品的检验标准比较复杂，包括抽样检查比例、检查项目和检查内容。其中，检查项目又分为标识标准、包装标准、外观标准，有的类别还有特殊标准，具体见表 9-1。各类商品的标识标准的检查内容基本是相同的，主要包括：生产厂家、厂址、电话，中文商品名称，产品规格型号，条形码或店内码，生产日期（或出厂日期）。产品若无条形码/店内码、生产日期、合格标识中的任意一项就属不合格品，连锁店有权拒收。

表 9-1　百货类商品的检验标准

类　别	抽样比例	检查项目	检查内容
家电类	20%	标识标准	（各类商品相同）
		包装标准	商品外包装完整、无破损
			商品包装与内装商品实物一致
		外观标准	产品外观无使用痕迹
			无掉漆，无凹痕、无裂痕、无生锈
			按键或开关灵活
			配件与说明书一致，无缺少
		特殊标准	电器类商品在顾客购买时，开箱检验
笔类	1%	标识标准	（各类商品相同）
		外观标准	产品外观无使用痕迹
			笔帽笔杆相配，笔杆光滑
			笔身装饰性图案或字迹清晰
		特殊标准	圆珠笔有笔芯，芯头有蜡包
			荧光笔、白板笔的笔芯颜色与笔帽颜色一致
			套装笔类要求齐全，无缺少
桌面办公用品类	1%	标识标准	（各类商品相同）
		外观标准	产品外观无使用痕迹
			表面光滑，无裂痕
		特殊标准	笔筒笔盒开关灵活
			液体胶水无泄漏
			裁纸刀/剪刀/笔刨无生锈
办公纸品类	2%	标识标准	（各类商品相同）
		外观标准	洁净、无水渍、无折痕
			无缺页、掉页，无破损
			封面印刷清晰，色泽均匀
		特殊标准	活页纸孔洞均匀，易装订
			信封表面需有邮电系统监制字样
			账册/单据需有财政/税务系统监制字样
文件类	2%	标识标准	（各类商品相同）
		外观标准	产品外观无使用痕迹
			色泽均匀、表面平整
			配件齐全

（续）

类　别	抽样比例	检查项目	检查内容
文化用品类	2%	标识标准	（各类商品相同）
		外观标准	产品外观无使用痕迹
			封面印刷清晰，图案内容健康
办公器材	10%	标识标准	（各类商品相同）
		外观标准	产品外观无使用痕迹
			无掉漆、无凹痕、无开裂、无生绣
			按键或开关灵活
		特殊标准	顾客购买办公器材时可进行试用检验
运动用品球类	2%	标识标准	（各类商品相同）
		外观标准	产品外观无使用痕迹
			产品外形饱满，有弹性
		特殊标准	羽毛球的羽毛要齐全无残缺
手工具类	2%	标识标准	（各类商品相同）
		外观标准	产品外观无使用痕迹
			无掉漆，无生锈
		特殊标准	工具组齐全无缺少
电工配件类	2%	标识标准	（各类商品相同）
		外观标准	产品外观无使用痕迹
			外观平整光滑无裂痕、划痕
汽车、摩托车用品/配件类	5%	标识标准	（各类商品相同）
		外观标准	产品外观无开裂
			液体无泄漏
			表面光滑无凹痕
照明用具类	2%	标识标准	（各类商品相同）
		外观标准	产品外观无破损，无裂缝
		特殊标准	表面光滑
			在顾客购买时为顾客通电检验
玻璃/陶瓷制品类	2%	标识标准	（各类商品相同）
		外观标准	产品外观无破损，无裂缝，无气泡
			表面光滑，图案完整清晰，形状规则
		特殊标准	有盖子的产品盖需齐全
			成套售卖的要数目齐全
不锈钢制品类	5%	标识标准	（各类商品相同）
		外观标准	产品外观光亮无擦痕，表面凹痕无生锈
		特殊标准	有盖子配件的产品配件齐全
塑料制品类	5%	标识标准	（各类商品相同）
		外观标准	产品外观无使用痕迹，表面光滑无擦痕，图案清晰完整
		特殊标准	整柜、鞋架类配件齐全

（续）

类　别	抽样比例	检查项目	检查内容
木制品类	1%	标识标准	（各类商品相同）
		外观标准	产品外观无使用痕迹
			表面光滑无木刺
		特殊标准	筷子类要清点数目，看是否与包装数目相符
服装类	10%	标识标准	（各类商品相同）
		外观标准	产品外观色泽均匀
			表面无疵点，无破损
			服装图案完整清晰
			产品干净无污渍
		特殊标准	有纽扣或拉链的，服装的纽扣或拉链齐全
手巾类	5%	标识标准	（各类商品相同）
		外观标准	产品外观色泽均匀
			图案清晰分布
			无漏针、脱线、跳纱
			外观干净无污渍
袜类	5%	标识标准	（各类商品相同）
		外观标准	产品外观色泽均匀
			外观干净无污渍
		特殊标准	丝袜无脱丝
床上用品类	10%	标识标准	（各类商品相同）
		外观标准	产品外观色泽均匀
			图案结构完整美观，分布合理
			面料无破损，无污渍
		特殊标准	凉席无虫眼，无毛刺
鞋类	10%	标识标准	（各类商品相同）
		外观标准	产品外观清洁无污渍
			一双鞋的大小及左右相匹配
		特殊标准	有鞋带的鞋子，鞋带齐全
			皮鞋革面平整，色泽均匀，粘合牢固
箱包类	10%	标识标准	（各类商品相同）
		外观标准	产品外观清洁无污渍
			色泽均匀
		特殊标准	有拉杆的旅行箱需检查拉杆是否抽拉灵活
			皮制箱包需外观无磨损及划痕
婴儿用品类	10%	标识标准	（各类商品相同）
		外观标准	产品外观清洁无污渍
			色泽均匀，图案清晰，需有使用说明
		特殊标准	婴儿衣服需有产品成分表及大小尺寸标识
			玩具有适用范围及使用说明、注意事项、安全警示
			童车需有安装及使用说明书，配件齐全

（续）

类　别	抽样比例	检查项目	检查内容
玩具类	10%	标识标准	（各类商品相同）
		外观标准	产品外观清洁无破损
			色泽均匀，图案清晰
		特殊标准	成套玩具齐全无缺少
			塑料玩具表面圆滑无毛边、飞边及划痕
			音乐玩具或遥控玩具在顾客购买时为其安装电池演示
精品小家电类	20%	标识标准	（各类商品相同）
		外观标准	产品外观精致，无使用痕迹
			说明书或配件齐全
			产品表面喷漆均匀，无掉漆，无划痕
			顾客购买时为其通电检验
电池胶卷类	5%	标识标准	（各类商品相同）
		外观标准	产品外包装严密，状况良好
			规格型与外包装相一致
洗涤清洁用品类	2%	标识标准	（各类商品相同）
		外观标准	产品包装良好，无破损，无泄漏
		特殊标准	洗衣粉颗粒均匀无板结
			洗衣皂/香皂无水浸，无溶化
口腔卫生类	2%	标识标准	（各类商品相同）
		外观标准	产品包装良好，无破损
			产品大小规格与包装相一致
		特殊标准	牙刷、毛巾整齐，牙刷柄光滑
日用纸制品类	2%	标识标准	（各类商品相同）
		外观标准	产品外观清洁
			包装完好无破损

二、常见食品质量识别

（一）冷冻食品

（1）如果有软化、解冻的食品，应高度注意，因为此现象表示温度管理不正常，有变质的征兆。

（2）商品形状要完整，颜色要正常，不得有破碎、变色的情形。

（3）包装内不得有结霜、结块的情形，因为此现象同样表示其温度管理不佳。

（二）加工肉品

加工的畜产品或水产品经过冷冻冷藏处理而有下列情形之一者，应予拒收。

（1）产品发黑，无光泽。

（2）白色产品过白，这可能是因为使用了漂白剂。

（三）冷藏食品

有下列情形之一者，不准进货。

（1）奶品：颜色浑浊或有沉淀物、结块者。

（2）豆制品：有发霉、酸臭、粘液者。

（3）干货类：有发霉、酸败、粘液或颜色过白者。

（4）调理食品：有发霉、酸败、粘液者。

（四）罐头食品

罐形不正常，有凹凸、生锈、刮痕、油渍者均为不良品，不准进货。

（五）渍蔬菜

有下列情形之一者，不准进货。

（1）包装破损、有液汁流出者。

（2）有腐败味道者。

（3）液汁浑浊或液汁太少者。

（4）真空包装已失真空者。

（六）调味品

罐壳被打开或有杂物混入、破损潮湿、油渍者均为不良品，不准进货。

（七）食用油

如果包装漏油、生锈、油脂浑浊不清、有沉淀物或泡沫，则表示此食用油品质低劣或已混入低级油脂，不准进货。

（八）奶油及人造奶油

有下列情形之一者，不准进货。

（1）有怪味、变形者。

（2）包装破损不洁者。

（九）饮料类

有下列情形之一者，不准进货。

（1）包装不完整、有漏气者。

（2）有凝聚物或其他沉淀物。

（3）有沉淀、杂物、凸罐者。

（十）糖果、饼干类

有下列情形之一者，不准进货。

（1）包装破损、不完整者。

（2）内容物破碎、受潮者。

（3）有凸包现象者。

(4) 有发霉现象者。

(十一) 奶粉、奶精、咖啡类

有下列情形之一者，不准进货。

(1) 包装不完整、破损、凹凸罐者。

(2) 内容物有结块或晃动时无松软感者。

(3) 内容物受潮或成胶状者。

(4) 包装有失真空者。

(十二) 米及五谷

有下列情形之一者，不准进货。

(1) 内容物混有杂物者。

(2) 内容物受潮、结块者。

(3) 内容物生虫或经虫蛀者。

(4) 包装、内容量与标示不符者。

(5) 内容物发芽或发霉者。

(十三) 蛋类

有下列情形之一者，不准进货。

(1) 外壳污黑、破损者。

(2) 蛋壳光滑、无粗糙感者。

(3) 松花蛋的蛋壳表面布满黑褐色斑点者。

(十四) 果蔬类

质量识别的基本内容为:

(1) 合格质量: 水果蔬菜无病虫、生理病害及严重污染。这些可通过视觉的判断和实验分析等手段来确认。

(2) 外观质量: 水果蔬菜的颜色、大小、形状、外表、整齐度等符合要求。这些可通过视觉、触觉来进行判断。

(3) 口感质量: 水果蔬菜的新鲜度、嫩度、多汁性、粉性等符合要求。这些可通过味觉、视觉、触觉来进行判断。

(4) 洁净质量: 水果蔬菜的洁净程度。这也可通过视觉、触角来进行判断。

第四节　假冒伪劣商品的鉴别

在连锁经营采购过程中，由于供应商的商品质量不符合要求，给消费者造成经济、人身安全方面的损害，从而给采购方的经济和声誉带来严重损失的可能性，就是采购质量风险。采购质量风险源于供应商，但也可能与连锁经营企业内部有关。由于受利益的驱动，目前社会上还存在不少不法商贩以次充好，提供不符合质量标准的假冒伪劣商品。连锁经营企业内部如不加强采购商品质量管理与控制，不按规章制度进行检查和验收，那么假冒伪劣商品很可能会蒙混过关，这样会导致经常性的退货，也会导致顾客投诉增多，退货增多，降低企业的信誉和产品竞争力，并造成各种管理费用的增加。

一、什么是假冒伪劣商品

简单地说，假冒伪劣商品就是假冒商品和伪劣商品。

假冒商品是指不具有商品特定名称所应包含的价值、使用价值的商品，俗称冒牌货。假冒商品有的是其名称与实际质量毫无关系，有的则形状类似而质量有别。其具体形式有：假冒商标、假冒专利、假冒包装装潢、假冒产地、假冒优质产品、假冒认证标志、假冒合格产品、假冒生产许可证等。

伪劣商品是指商品的外观或内在质量不符合质量标准要求的商品，常表现为粗制滥造、偷工减料等以次充好的现象。

我国国家技术监督局规定有如下 14 种情况的为假冒伪劣商品：

（1）失效、变质的商品。

（2）危及人民安全和健康的商品。

（3）标明的指标与实际不符的商品。

（4）冒充优质或使用伪造许可证的商品。

（5）以假充真或以旧充新的商品。

（6）国家有关法律、法规确定禁止生产销售的商品。

（7）无检查合格证或无有关单位销售证明的商品。

（8）未用中文标注商品名称、生产者和产地的商品。

（9）限时使用却未标明失效时间的商品。

（10）实施生产制造许可管理而未标明许可证编号、有效日期的商品。

（11）按有关规定应以中文标注规格、等级、主要技术成分、含量而未标明的商品。

（12）属处理品（含次品、等外品）而未在商品显著部位标明处理品等字样的商品。

（13）属剧毒、易燃危险品等而未标明的商品。

（14）未注明有关使用说明的商品。

假冒伪劣商品破坏市场规律，严重损害消费者以及企业的利益。商品采购员及销售人员都应掌握假冒伪劣商品的鉴别技术要点，坚决杜绝假冒伪劣商品进店，切实保护广大消费者的利益，维护连锁经营企业的商业形象。

二、假冒伪劣商品的鉴别技术技巧

1. 识别商标标识

简单地说，商标就是商品的标记。假冒伪劣商品一般都是假冒名优商品。我国名优商品都使用经国家工商行政管理局的商标局登记注册的商标，在印刷时，在商标标识周围加上标记："注册商标"、"注"或"R"（外加一个○），其中，"R"为国际通用标记。假冒名优商品在外装上多数没有商标标识，或"注册商标"、"注"及"R"等字样。真品商标为正规厂家印刷，商标纸质好，印刷美观，精细考究，文字图案清晰，色泽鲜艳、纯正、光亮，烫金精细。而假冒商标是仿印真品商标，由于机器设备、印刷技术差，与真品商标相比，往往纸质较差，印刷粗糙，线条、花纹、笔划模糊，套色不正，光泽差，色调不分明，图案、造型不协调，版面不清洁，无防伪标记等。

2. 查看商品标识

假冒伪劣商品的标识一般不是正规企业制作，外包装标识或残缺不全，或乱用乱写，或假冒优质奖标记，欺骗消费者。《产品质量法》第十五条规定，产品或其包装上的标识应符合下列要求：

（1）有产品质量检验合格证明。

（2）有中文标明的产品名称、生产厂家名称和厂址。

（3）根据产品的特点和使用要求，需要标明产品规格、等级、所含主要成分的名称和含量的，都应予以标明。

（4）限期使用的产品，要标明生产日期和安全使用期或者失效日期。

（5）使用不当，容易造成产品本身损坏或者可能危及人身、财产安全的产品，应有警示标志或者中文警示说明。

3. 检查商品包装

名优产品包装用料质量好，装潢印刷规范，有固定颜色和图案，套印准确，图案清晰，形象逼真。伪劣商品一般包装粗糙，图案模糊，色彩陈旧，包装材料质量差，用真假商品对比，容易辨认。

名优商品包装，大多数采用先进机械封口，封口平整光洁，内容物不会泄漏。而假冒伪劣商品的包装，封口时多是手工操作，会出现对口不平整，常有折皱或裂口现象，仔细检查封口处，大多能发现破绽。如假冒名酒，将酒瓶倒置，往往会有酒液渗出，并能闻到酒味。

如果使用回收真酒瓶装假酒，酒瓶常有污垢，封口不圆整，在同一包装箱内的酒出厂日期、生产批号不一，容易辨认。

对包装封口有明显拆封痕迹的商品要特别注意，这种商品很可能是将名优商品的外包装加以"废物利用"的产物。

大多名优产品包装上有中国商品编码中心统一印刷的条形码，经激光扫描器扫描，电脑可以识别；而冒牌货往往无此标志，或胡乱用粗细不等的黑白直线条纹以及数字欺骗消费者，用激光扫描器扫描，没有正常反应，电脑不能识别。

4．检查液体商品的透明度

例如，酒在常温下均为清亮透明，无悬浮物，无沉淀（黄酒和药酒允许有正常的瓶底聚集物除外）。如果酒兑水或啤酒兑水，颜色就会暗淡，而且不清亮透明。

5．看商品的色泽

经验证明，在选购水果时，水果的光泽是判断此类商品质量的一个重要依据。

优质禽畜生肉，肌肉颜色鲜艳，有光泽，脂肪为白色；劣质品肌肉颜色灰暗，无光泽，脂肪发灰、褐色。

例如，“白沙”系列香烟的烟丝色泽枯黄、橙黄、正黄，烟丝均无白点，光泽油润。而假烟烟丝一般比较黑，烟丝中有白点，光泽淡、不油润。

6．手感

检查香烟时，可用手捏，名牌条装烟从外面轻捏会感觉很硬，冒牌条装名烟里面往往是软纸包装的杂牌次烟，轻捏就会感觉纸软。拆开包装检查烟支时，用手捏，感到烟丝有弹性的为正常；手感疲软、容易弯曲的是受潮所致，发脆的则是因为干燥，均有可能是冒牌香烟。

7．听感

罐头有漏听或胖听的不能食用。胖听罐头盖部凸起，用手叩击能听到空虚鼓音。

手搓香烟烟支，能听到轻微沙沙声是正常的；如果柔而无声表明香烟已受潮，如果有较大沙沙作响的是过于干燥了，都不正常。

8．嗅感

凡食品、药品鼻嗅有霉味、酸败味、异败味、异味的，马口铁罐头有金属味的，均不能再食用或服用。

9．味感

名牌香烟吸入后气味醇正，口感舒适；劣质烟有苦、辣、霉味，土腥味，杂气重。

名酒香气浓，醇厚丰满，回味悠长，大多能空杯留香；兑水的白酒品尝时口感香味寡淡，余味苦涩。兑水的啤酒品尝时香味、滋味淡薄，感觉不到酒花香气，味道不纯正。

10．检查商品供货渠道

国家规定部分商品只能由特定部门经销。例如，经销食盐、香烟要有专卖许可证；经销农作物种子要有“三证一照”，“三证”是种子质量检验合格证、种子经营许可证和调入种子检疫证，“一照”是经销单位的营业执照。

三、几类商品的鉴别举例

商品种类繁多，不同商品的质量鉴别方法又各具特点。下面举例简单说明几类常用商品鉴别方法在商品鉴别中的应用。

（一）真假全棉织品的识别

全棉织品有柔软贴身、透气性好、吸湿性强、保暖舒适且不会引起皮肤不适的优点。易与全棉织品相混淆的是“棉的确良”，它是由涤纶短纤维、维纶纤维或粘胶纤维与棉纤维混纺而成。新的“棉的确良”与棉布在外观上相差无几，但使用后易起球、起毛，易脏、易着灰尘，透气性不好，易起静电，容易造成皮肤发痒等。

1. 真品特征

（1）感官鉴别：棉布手感柔软，易皱不平，用手抓一把，有粘滞感觉和厚实感，形成的皱纹消失较慢；取一根纱线拉断后，断处纤维不整齐，长短不一；用口水浸湿后，强力与干燥时相同或更大。

（2）燃烧鉴别：棉织品接近火焰即燃烧，燃烧速度快，火焰呈黄色，有灰白烟，还有烧纸的气味，灰细软且少，为浅灰色。

2. 假品特征

（1）感官鉴别：棉的确良挺括平整，手感滑爽，纤维柔软，但缺乏弹力，不易起皱，用手抓捏后折皱很快消失，且无厚实感，质薄，含粘胶纤维多的棉的确良，其纤维用口水沾湿后，更易拉断，断处整齐，但有散乱纤毛。

（2）燃烧鉴别：燃烧速度比棉慢，灰少，为黑色硬块，燃烧时有特殊异味。

（二）真假丝绸的识别

真丝绸是指纺织经纬均用桑蚕丝织成的织品，或指用柞蚕丝、木薯蚕丝、蓖麻蚕丝等天然丝织成的织品。其品种多样，如真丝绸缎、真丝双皱、真丝被等，具有吸湿性好，穿着凉爽透气、轻盈舒适等优点。假丝绸是指采用人造纤维、合成纤维与蚕丝混纺，或纯人造纤维或合成纤维织成的织品。

1. 真品特征

（1）外观特征：真丝绸品面料柔和、明亮，色泽鲜艳、均匀，手感轻柔、光滑，手摸无拉手感，而有凉爽之感。

（2）摩擦试验特征：比较干燥的真丝绸，互相摩擦时，会发出清脆的声响，称作线鸣或绢鸣。

（3）单丝特征：将真丝绸丝条抽取后解捻，长丝连绵不断，较易拉断，单丝较细。

（4）燃烧试验：真丝绸纤维点燃时，燃烧速度慢，发出毛发烧着的气味。

2. **假品特征**

（1）外观特征：人造丝绸绸面易起皱，光泽亮而刺眼，无真丝的天然光泽，手感粘腻、粗硬，无凉爽感。

（2）摩擦试验特征：织品面相互摩擦时，无真丝绸特有的丝鸣声，贴在皮肤上，有闷热感。

（3）单丝特征：单丝较粗，易拉断，抽断时毛头整齐；浸湿后更易拉断者，可能是人造丝；若单丝强度较大，不易拉断，则可能是合成纤丝。

（4）燃烧试验：纤维燃烧时无毛发燃烧时的特殊气味，有的有醋味或其他气味。

此外，大凡号称"进口真丝"的面料多为假冒品，因为我国每年进口的真丝织物数量较少。

（三）识别新茶与陈茶

1. **闻香气**

新茶干泽时有香气，开汤时香气浓郁芳香。陈茶干泽香气淡或无，开汤时香气淡薄。这是因为陈茶茶叶中的芳香物质已挥发及不饱和成分被氧化的结果，故而香气消失。陈茶往往出现陈味，这是因为类脂酚发生水解和氧化的结果。

2. **看汤色**

将茶叶少许用开水冲泡，约 5 分钟后看汤色：新茶汤色清澈透明，透析度高。陈茶汤色变暗、变深，透析度降低。这是因为茶叶中的氨基酸和糖发生了反应的结果。此外，茶叶中的茶黄素能进一步氧化和聚合，使茶汤透析度低，使茶汤色变深、变暗。

3. **看外形**

当年生产的茶叶外观干硬疏松，色泽新鲜；存放一两年的陈茶则紧缩暗软。摸茶叶片时，新茶用手摸上去较干燥，用手指一捻即成粉末状；陈茶软而重，不易捻碎。新茶梗一折即断，陈茶则不易折断。

另外，因为茶叶含水量超过 10%就失去了饮用价值，所以新茶叶一般含水量较低，陈茶含水量较高。

4. **口感**

新茶饮之有较强的收敛感，陈茶的收敛感则明显降低。

（四）家用电器识别

1. **从包装及标志方面识别**

（1）包装及标志上的文字应该是销售地的正式文字，也就是说，凡在中国市场上销售的商品，其包装及标志应该是中文。假冒及伪劣产品的制造者多数喜欢用外文来欺蒙消费者。

（2）产品铭牌及包装上必须标明：产品名称、型号、额定电源种类及额定电压、额定功率、生产厂名及地址、制造日期或出厂编号。假冒伪劣产品多数标示不完整，或乱标，如经常不标额定功率、额定电压等。

（3）产品或其包装上的标识应当有产品质量检验合格证明，使用不当容易造成产品本身损坏或者可能危及人身、财产安全的应有警示标志，或者中文警示说明。

2．从产品外观及证件方面识别

（1）产品外观应平整、光滑、色泽均匀。假冒伪劣产品由于制造工艺等限制，外观多数很粗糙，金属部分或不镀膜或漏膜，非金属壳体也有锐边、锐角、毛刺等，从外表观察，就有一种粗制滥造的感觉。

（2）产品应附有合格证、使用说明书。国家规定的几类保修产品还必须有保修卡及维修点地址等。

3．借助检测手段识别

通过简单的检测手段可以对家用电器进行识别。例如，借助万用表可以测量电器的电阻值（R），通过公式 $W=U^2/R$（U=220V）求出理论上的输入功率 W 值，看求出的值是否与说明书及电器上标明的相符。假冒伪劣商品由于采用的原料低廉，其输入功率往往和标明值相差较大。

用千分尺可以测量电器的电线直径。一般电源线线芯铜丝线直径为 0.15 ㎜，而假冒伪劣家用电器的电源线很多都不合格，一般只有 0.10 ㎜，铜线的根数也不符合标准。

此外，还可以用高压开关机械特性测试仪，测试各种电压等级以及真空、氯氟化硫、少油、多油等开关。

本章小结

商品的收货作业主要包括收货部的作业、仓台人员的作业以及卸货人员的作业等。

收货部的作业包括接受电话预约、打印收货单、收货单交仓台主管、单据回收、核对收货单据、输入电脑打印、核对每日收货报告、单据的处理和归档、作废收货单的处理、不能扫描的商品处理等流程。

仓台人员的作业包括卸货管理、核查商品、商品的安排、收货用品的管理等流程。

卸货人员的作业包括填写核查单、检查货车情况、进行卸货、填写核查单的其他内容、码放货物、更换坏卡板、用缠绕膜或橡皮筋包扎卡板等流程。

商品检查作业包括检查车辆情况、依商品标示规定检查商标、检查标示日期、检查商品外观、检查数量、检查送货人员等流程。

不同商品的质量识别有不同的方法及作业程序，本章主要介绍了百货类商品的检验标准和常见食品质量识别作业的要点，以及假冒伪劣商品的鉴别等。

复习思考题

一、选择题

1．对于不能扫描的商品处理属于下列哪个部门人员的作业（　　）。

A．收货部　　B．仓台　　C．卸货　　D．柜台

2．核查商品属于下列哪个部门人员的作业（　　）。

A．收货部　　B．仓台　　C．卸货　　D．柜台

3．奶粉、奶精、咖啡类有下列哪种情形者，不准进货（　　）。

A．包装不完整、破损、凹凸罐者

B．内容物有结块或晃动时无松软感者

C．内容物受潮或成胶状者

D．包装有失真空者

4．家电类产品缺少下列哪些项标识时就属不合格品，分店有权拒收（　　）。

A．生产厂家、厂址、电话

B．中文商品名称

C．产品规格型号、条形码或店内码

D．生产日期（或出厂日期）

二、判断题

1．白色过白的加工肉品应予以拒收。（　　）

2．塑料玩具表面有毛边、飞边及划痕，则可以接收。（　　）

3．冷冻食品包装内有结霜、结块的情形，可以接收。（　　）

4．核对收货单据是收货部的作业内容。（　　）

5．凡在中国市场上销售的商品，其包装及标志的文字应该是中文。（　　）

6．棉织品接近火焰即燃烧，速度快，火焰呈黄色，有灰白烟和特殊异味，灰细软且少，为浅灰色。（　　）

三、问答题

1．收货部的作业包括哪些流程？

2．码放货物作业时应注意哪些问题？

3. 依商品标示规定检查商标包括哪些内容？

四、案例分析

某连锁经营企业采购验收管理办法

本公司对商品的验收以及入库均依本办法作业。

第一条　商品管理。收货人员于接到采购部门转来已核准的“采购单”时，按供应商、商品类别及交货日期分别依序排列存档，并于交货前安排存放的库位以利收货作业。

第二条　收货。

（1）商品进来后，收货人员即会同检验单位依“装箱单”及“采购单”开柜（箱）核对商品名称、规格并清点数量，并将到货日期及实收数量填于“采购单”上。

（2）开柜（箱）后，如发觉所载的商品与“装箱单”及“采购单”所记的内容不符，通知办理进货人员及采购部门处理。

（3）若发觉所装载的商品有倾覆、破损、变质、受潮等异常现象，经初步计算如损失超过 5 000 元以上（含 5 000），收料人员及时通知采购人员联络公证处前来公证或通知代理商前来处理，并尽可能维持异常状态以利公证作业；如未超过 5 000 元，则依实际的数量处理收料，并于“采购单”上注明损失数量及情况。

（4）经公证处或代理商确认，收货人员开立“索赔处理单”呈主管核实后，送会计部门及采购部门督促办理。

第三条　商品待验。进厂待验的商品，必须于商品的外包装上贴上商品标签，并详细注明商品号、品名规格、数量及入厂日期，且与已检验者分开储存，并规划“待验区”以示区分。收货后，收货人员应将每日所收货品汇总填入“进货日报表”作为入账清单的依据。

第四条　超交处理。交货数量超过“订购量”部分应退回，但依据买卖惯例，以重量或长度计算的材料，其超交量的 3%（含 3%）以下由商品管理部门于收货时，在备注栏注明超交数量，经请购部门主管（或科长）同意后，进行收料，并通知采购人员。

第五条　短交处理。交货数量未达到订购数量时，以补足为原则，但经请购部门主管（或科长）同意的，可免于补交；短交如需补足时，商品管理部门应通知采购部门联络供应商处理。

第六条　急用品商品处理。紧急商品于厂商交货时，若商品管理部门尚未收到“请购单”，收货人员应先洽询采购部门，确认无误后，始得依收货作业办理。

第七条　商品检验结果的处理。

（1）检验合格的商品，检验人员先于外包装上贴上合格标签，以示区别，商品管理人员再将合格品入库定位。

（2）不符合验收标准的商品，检验人员于物品外包装上贴上不合格标签，并于“商品检验报告表”上注明不良原因，经主管核实并转交采购部门处理及通知请购单位后，再送回商品管理部门，凭此办理退货。

第八条 退货作业。检验不合格的商品退货时，应开立“商品交运单”并兼附有关的“商品检验报告表”，呈主管签认后，凭此办理商品出库。

问题：

该采购验收管理办法制订得是否科学合理？为什么？

第十章 供应商管理

10

学习目标

技能目标：1. 学会评估新供应商
2. 能够对供应商进行有效控制
3. 学会考核供应商，能够判断滞销品并予以淘汰

知识目标：1. 掌握选择供应商的标准
2. 了解供应商开发的途径
3. 熟悉供应商管理的内容及新商品引进的业务流程

引导案例　为什么将业务集中于少数供应商

一位连锁经营采购总监曾经这样说："我们和少数的几个厂家合作非常紧密，因为我们的目标是双方共同发展。除了最好的商品外，我们还要求良好的服务。如果只是下一两个订单，就很难保证供应商的服务达到较高的水平。因此，我们专注于少数几个厂家，希望通过这种合作，使对方感觉到我们的重要性，并相应地改善服务质量。另外，彼此多一些业务和配合，工厂更能了解我们的要求，我们不需要花很多时间来解释，这样合作起来更容易一些。工厂也喜欢这种模式，对工厂来讲，与业界巨头合作，本身就是一个了解、学习先进经验和世界标准的过程。有些厂和我们合作已经有了一段时间，彼此非常愉快。但是，专注于少数供应商，并不意味着我们不想结识更多的厂家。由于业务的拓展，我们也努力联系更多的厂家，了解其优势，并考查其生产工艺和质量体系。如果我们结识的厂家多了，可以在他们之间产生竞争，这对我们的业务有好处。"

现在，连锁经营的管理流程不再是以商品管理为起点，而是延展到上游供应商。日本许多连锁经营企业只用为数不多的供应商就能够满足需求。他们设计出

了一种能最大限度地降低风险、强化竞争优势的合理的供应结构，并且与供应商建立了一种能促使其不断降低成本、提高产品质量的长期的战略合作关系，借此增强本连锁经营企业的核心竞争力。

第一节　供应商管理概述

一、供应商管理的概念

供应商是指那些向采购方提供产品或服务并相应收取货币作为回报的经济组织。供应商管理就是采购方对供应商的了解、选择、开发、使用和控制等综合性的管理工作的总称。其中，了解是基础，选择、开发、控制是手段，使用是目的。供应商管理的目的就是要建立起一个稳定可靠的供应商队伍，为连锁经营提供可靠的商品供应。

企业在供应链管理环境下与供应商的关系是一种战略性合作关系，提倡一种双赢机制。企业在采购过程中要想有效地实施采购策略，充分发挥供应商的作用就显得非常重要，采购策略的一个重要方面就是要搞好供应商管理，逐步建立起与供应商的合作伙伴关系。

二、供应商管理的重要性

供应商是与采购商相关联的独立的利益主体，而且是一个以追求利益最大化为目的的利益主体。按传统的观念，供应商和采购商是利益互相冲突的矛盾对立体，供应商希望从采购商手中多得一点，采购商希望向供应商少付一点，为此常常斤斤计较，甚至在商品的质量、数量上做文章，以劣充优，降低质量标准，减少数量，甚至制造假冒伪劣产品欺骗购买者。采购商为了防止伪劣质次产品入库，需要花费很多人力、物力加强商品检验，大大增加了商品采购检查验收的成本。因此供应商和采购商之间，既互相依赖又互相对立，彼此相处总是一种时时戒备、处处设防的紧张关系。这种紧张关系，对双方都不利。对采购商来说，商品供应没有可靠的保证，产品质量没有保障，采购成本太高，这些都直接影响企业的经营成本和效益。

如果采购方找到了一个好的供应商，它的产品质量好、价格低，而且服务态度好、保证供应、按时交货，这样采购时就可以非常放心。不但商品供应稳定可靠、质优价廉、供货准时，而且双方关系融洽、互相支持、共同协调，这样对采购管理、对企业的经营和效益都会有很多好处。

为了营造出这样一种与供应商的关系，克服传统的观念，就有必要非常注重供应商的管理工作，通过多个方面持续努力，去了解、选择、开发供应商，合理使用和控制供应商，建立起一支可靠的供应商队伍，为企业经营提供稳定、可靠的商品供应保障。搞好供应商管理也是搞好采购管理的基础。只有建立起一个良好的供应商队伍，各种采购工作才能比较顺利地进行。

三、供应商管理关系的转变

传统的观念认为：供应商和采购商的买卖过程中交易内容简单，双方的交易关系自钱货两讫时就基本结束。在其他条件一定时，交易价格则成为双方谈判的焦点，供应价格被视作一项主要成本（采购商品/服务成本），供应商管理的核心内容是如何降低价格。

采购商促使供应商降价的手段主要有：公开招标，改换供应商，谈判车轮战，延长付款期等。由于双方关系是你进我退的单赢局面，尽管这些方法能够起到一定的降低成本的作用，但除非整个供应链的成本下降，否则过度的压价可能彻底破坏其与供应商关系，失去供应商的支持。

20 世纪 90 年代中后期，发达国家的供应商与采购商的关系开始发生战略性的变化。供应商管理的内容也远远超出了压价的范围。1999 年科尔尼公司针对采购优异性作了一项全球性调查，调查内容为全球 162 家公司从 1995 年到 1998 年的总成本节约及其各项构成。结果发现，领先的公司已经从压价转向了其他的采购战略。领先公司的成本节约中，传统方法只占总成本节约的 49%，其他 51%则来自于更先进的采购战略，包括全球采购、供应商关系改进、共同流程改进和规格说明改进等。相比之下，其他公司成本节约的 72%仍然来自于集中采购和最优价格两项传统方法，而其余四项只占 28%。

在新的采购环境下，供应商管理关系发生了根本性变化，供应商正在从单纯的货物/服务的提供者转变为采购商的战略性商业伙伴。采购商更多地从双赢的目的出发帮助供应商改进流程，降低营运成本。同时采购商通过减少供应商数目，一方面控制自身供应商管理成本，另一方面增加单个供应商采购量，以提高供应商依赖度。

新的战略供应商关系已经成为一种趋势。在更紧密的共同利益联系下，游戏规则从单赢变成了双赢，供应链的双方有了共同目标。供应商成本的各项组成都成为采购商的供应商管理内容。例如，针对供应商的生产成本进行产品规格改进，针对供应商的销售成本和运输成本进行共同流程改进，针对供应商库存成本和管理费用重新设定服务水平等都是在保证采购商利益的前提下，以降低供应商成本为目的。

此外，供应商关系还会因行业的特点不同而不同。对于产品生产周期长的行业，如美国的汽车业，供应商关系的重点是缩短产品生产周期，降低成本；对于高物流成本的行业，供应商关系的重点是提供物流合作，如跟随重点客户建厂，提出合理建议等；对于高库存成本的行业，如维修业和电子元器件业，供应商关系的重点则是通过积极参与库存管理计划等方式降低库存成本。

供应商关系管理在我国还处于初级阶段，但随着行业竞争的加剧，不稳定的供应商关系给企业带来的经营风险也越来越大。实践证明，战略供应商关系管理在一定程度上起到了整合行业的供应链的作用，可以进一步优化资源配置，能够增强供应商和采购商双方的竞争优势，降低营运风险，对许多国内连锁经营企业都有现实的借鉴意义。

四、供应商管理的目标及战略

1．供应商管理的具体目标

（1）获得符合连锁经营企业质量和数量要求的产品或服务。

（2）以最低的成本获得产品或服务。

（3）确保供应商提供最优的服务和及时的供应。

（4）发展和维持良好的供应商关系。

（5）开发潜在的供应商。

2．供应商管理的战略

（1）设计一种能最大限度地降低采购风险的合理的供应商结构。

（2）采用一种能使采购总成本最小的采购方法。

（3）与供应商建立一种能促使供应商不断降低成本、提高质量的长期合作伙伴关系。

五、供应商管理的内容

供应商管理应当包含以下几个基本内容。

1．供应商调查（这个方面的内容在第五章第六节已经叙述过了，此处不再赘述）

2．资源市场调查（这个方面的内容在第五章第六节已经叙述过了，此处不再赘述）

3．开发供应商

在供应商调查和资源调查的基础上，还可能发现比较好的供应商，但是不一定能马上得到一个完全合乎连锁经营企业要求的供应商。将一个现有的原型供应商转化成一个基本符合企业需要的供应商的过程，就是一个开发过程。

4．供应商评估与考核

供应商评估与考核是一项很重要的工作。它分布在供应商管理的各个阶段：在供应商开发过程中需要评估；在供应商选择阶段需要评估考核；在供应商使用阶段也需要评估考核。不过每个阶段评估考核的内容和形式并不完全相同。

5．供应商选择

在供应商评估考核的基础上，选择确定合适的供应商。

6．供应商的使用

与选定的供应商开展正常的业务活动。

7．供应商激励与控制

在使用过程中激励和控制供应商，以建立一种理想的合作关系。

以上七个方面的内容中，第一、二个问题在本书第五章已经介绍，以下主要阐述其他几个方面的问题。

第二节 供应商开发

选择适当的供应商，是采购工作成功的关键因素。其实，采购最怕的就是找错供应商。不管价格如何便宜，如果供应商选择不当，日后就可能出现商品品质欠佳、交货期不准等一系列的问题。开发供应商就是要从无到有地寻找新的供应商，建立起适合于企业需要的供应商队伍。

一、供应商信息的来源

要开发供应商，首先，就必须扩大供应商来源，换句话说，供应商越多，选择供应商的机会就越大。有经验的采购商通常通过以下途径和信息寻求供应商：

（1）互联网的搜索引擎，网络广告等。

（2）国内外报纸、刊物、广播电台、电视、网络等新闻传播媒体。

（3）国内外相关产品展销会、产品发布会。

（4）政府组织的各类相关商品订货会。

（5）国内外相关行业协会的会员名录、产业公报。

（6）国内外相关企业协会。

（7）国内外各种厂商联谊会或同业工会。

（8）国内外政府相关统计调查报告或刊物，如工厂统计资料、产业或相关研究报告。

（9）各类出版物中的厂商名录。

（10）整体性的媒体招商广告。这一方式主要针对连锁经营新开业的店铺，利用电视、报纸做全国性或区域性的招商广告，在预定期举办说明会，介绍公司状况，先吸引厂商接触再慢慢选择。这也是一种供应商信息来源之一。

（11）媒体广告。连锁经营企业可以在强势性的电视或报纸杂志的广告上，通过媒体上的联系电话，地址来寻找供应商。

（12）同行市场调查。采购人员可到竞争对手店内市场调查，发现优良商品供应商的信息。

1）商品包装上的制造商或进口代理公司的联系电话。

2）如果没有电话，还可利用包装上制造商或进口代理公司的名称，向 114 查询电话查询。

（13）厂商介绍。针对想要引进的商品向同行厂商询问，让厂商提供相关信息。

（14）供应商自行找上门。相关供应商为了开拓市场可能派推销人员找上门来，这是一个很好的利用机会。

【小资料】

在国际市场大融合的今天，国外食品采购商、经销代理商纷至沓来，他们来中国寻求代加工工厂，采购具有价格优势的产品，与国内企业合作建厂等等，所有这些都离不开信息源。毫无疑问，互联网营销娴熟的企业，首先会选择便捷的网络作为起点，寻找中国合作商。目前，中国食品商务网已先后接待了台湾、韩国、俄罗斯、墨西哥、美国等地的采购团，并向他们推荐了符合要求的诸多食品企业会员，一站式地协助他们完成了国际采购和其他合作项目。

二、开展招商活动

有时连锁经营企业在进入一个新的城市时，为了开发供应商会开展招商活动，这样不仅达到了采购商品的目的，而且可以创造一个良好的品牌效应及社会效应，让供应商了解连锁经营企业的发展潜力与业务机会。让采购人员在未来组织货源上工作较为容易，并取得较好的交易条件。

其实施的步骤如下：

（1）印刷“连锁经营招商手册”。

（2）播发电视广告、刊登报纸广告。

（3）联系主要品牌的供应商，以“邮寄”或“传真”的方式发邀请函。

（4）举办至少两场“大型采购（招商）说明会”，每场参加人数 500～1 000 人，各类供应商均可参加。

（5）采购（招商）说明会的内容包括：

1）连锁经营企业背景说明。

2）连锁经营企业的发展潜力与前景。

3）连锁经营企业的连锁优势。

4）连锁经营企业的企业文化。

5）连锁经营企业的作业系统。

6）供应商应注意与配合的事项。

7）供应商的业务机会及好处。

8）连锁经营企业对供应商的期望。

三、供应商关系的开发

供应商关系的开发，是指与供应商建立合作伙伴关系，把供应商纳入连锁经营的供应链管理中来。

过去，许多连锁经营企业把自己的供应商看成对手，并在此基础上与他们建立关系。当前，越来越多的连锁经营企业正在逐渐认识到建立好的供应商关系的重要性。日本的连锁经营经验告诉我们，好的供应商关系能带来许多好处，可以得到能够接受包括交付时间、质量、数量改变的灵活多变的供应商。另外，供应商还总能帮助企业发现问题，提出解决建议。因此，单纯依据价格选择和变换供应商是一种很短视的方法，不能满足连锁经营不断变化着的需求。

保持好的供应商关系对连锁经营企业非常重要。许多连锁经营者正在建立供应商伙伴关系。这种观点强调的是和少数可靠供应商维持稳定关系，这些供应商能够进行高质量的供应，严格按照交付时间运作，保持与消费需求的变化、交付时间的变化等相关的柔性。两种相反的供应商观点对比如表 10-1 所示。

表 10-1　供应商作为伙伴与对手的对比表

对比项目	伙　伴	对　手
供应商数量	一个或几个	许多
关系长短	长期	不一定
低价格	考虑因素之一	主要考虑因素
可靠性	高	可能不高
公开程度	高	低
质量	确保供应源；供应商认证；较可靠	买方观点：可能不可靠
业务量	大	也许小，因为供应商多
位置	由于供应与服务必须及时而强调近	非常分散
柔性	有	没有

通常，供应商可以从以下八个方面为连锁经营采购者带来帮助：

（1）降低采购成本。

（2）降低运输成本。

（3）提高产品质量。

（4）改进产品设计。

（5）减少产品抵达市场所花时间，准时供货。

（6）提高顾客满意度。

（7）减少存货成本。

（8）引进新产品或新工序。

不过，供应商伙伴关系也存在许多障碍，如果利益大量偏向连锁经营企业一方，供应商在加入这种关系时可能会犹豫不决；有时供应商还要流出现金，增加设备的投资；另外还有一种可能就是双方在文化方面差异太大，无法形成伙伴关系。

供应商伙伴双方只有在共同压缩存货、稳定生产和销售时才能合作愉快。通常，采购方或供应商是大型企业时更有可能从合作关系中获利，而且这样的企业规模更有助于合作。

第三节　供应商的评估与选择

一、供应商评估的目的

供应商管理已经成为关系到企业商品采购质量的关键因素，而供应商评估则是做好供应商管理、使供应链合作关系正常运行的基础和前提条件。

只有客观、科学地评估供应商和进行供应链采购管理，才能保证企业从供应商那里得到最大价值的产品和服务，才能选择到合适的供应商以更好地为连锁经营企业服务。

供应商评估在企业建立稳定的供应链采购合作关系、保证产品质量、降低生产成本、提高经济效益等方面发挥着巨大的作用。

二、供应商评估的指标和方法

要选择合适的供应商，就要对供应商作出系统全面的评价，相应地必须有一套完整、科学、全面的综合评价指标体系。在国外，供应链管理已成为企业的“第三利润”来源。但在中国，供应链管理才刚刚开始。很多企业，特别是中小企业，在采购管理中有时往往根据供应商的印象而进行供应商的选择，供应商的选择中还存在一些主观成分。供应商选择的标准也不全面，大多集中在评估要素的某一方面，如产品质量、价格、交货准时性和批量等，没有形成一个全面的供应商评估指标体系，不能对供应商作出全面、具体、客观的评价。

所以，进行供应商评估，必须建立起一套完整的供应商评估体系，必须有一套评估标准。一般来说常用的评估指标包括：

1．公司知名度

同类产品/同类供应商的比较可由供应商调查得到结果。

2．公司证件

营业执照、税务登记证、卫生许可证、产品检验报告、一般纳税资格证以及其他相关证件是否齐全。

3. **商品商标知名度**

商品商标是驰名商标、著名商标还是知名商标。

4. **产品质量合格证**

所有省级以上检验单位颁发的产品合格证是否齐全。

5. **公司经营状况**

这主要看年销售额，一般达到 5 000 万元就算优秀。

6. **送货方式**

是否符合连锁经营企业要求。

7. **售后服务**

是否有专职部门负责；是否能及时地处理突发事件。

8. **退换货**

换货条件是否宽松。

9. **产品质量价格比**

是否在同类产品中为最高。

10. **结算方式**

是否符合行业标准。

11. **促销计划**

是否有强有力的年度、季度、月度促销计划。

12. **费用赞助支持度**

是否达到连锁经营企业要求。

供应商的评估可以依据以上标准综合打分，按分数的大小决定选择结果。对于新供应商可参照表 10-2 进行处理。

表 10-2　新供应商的评估结果及处理

得　分	级　别	处 理 方 式
85～100 分	A 级	可作为重点推荐供应商，提交评审小组评审
70～84 分	B 级	可提交评审小组评审
60～69 分	C 级	暂不提交评审，如无更优条件供应商再提交评审
59 分以下	D 级	暂不考虑

对于老供应商的评估，可以按“ABC 管理法”中的指标体系及评价标准进行，见表 10-3。

利用 ABC 管理法来管理供应商，把对供应商的评价分为 A、B、C、D 四级，按照其重要程度分别进行管理。A 级厂商通常由主管亲自控制及管理，或由采购主管来决定合作方式。

表 10-3 厂商评价表 编号：

项 目	评 价				
	A	B	C	D	得 分
商品畅销程度	非常畅销（10）	畅销（8）	普通（6）	滞销（2）	
次品率	2%以下（15）	2%～5%（10）	5%～10%（6）	10%（2）	
配送能力	准时（15）	偶误（10）	常误（5）	极常误（2）	
供应价格	比竞争店优惠（20）	与竞争店同（10）	略差于竞争店（8）	与竞争店差距大（2）	
促销配合	极佳（15）	佳（10）	差（5）	极差（2）	
商品品质	佳（10）	可（8）	差（6）	时常出现坏品（2）	
退货服务	准时（10）	偶误（8）	常误（6）	极常误（2）	
厂商经营潜能	极佳（10）	佳（8）	普通（6）	小（2）	
备 注	评价每半年一次，一年两次，取平均分 得分 70 分以上为 A，60～70 分为 B，50～60 分为 C，50 以下为 D A 级供应商年度总结时适当表扬				

三、供应商选择的基本条件

连锁经营企业要有效地管理采购工作，寻求合格的供应商是其首要任务。

最适当的供应商，应具备许多条件，但能提供品质合适、数量充足的商品及准时交货，价格合理以及完善的服务，应该是共同的要求。以下为供应商选择的基本条件：

（一）合适的商品质量

供应商提供的商品质量的好与坏，高与低是供应商选择的首要条件。供应商应取得 ISO 的系列认证，并有质量合格证、商检合格证等。

在我国，商品的执行标准有国家标准、行业标准及企业标准，其中又分为强制性标准和推荐性标准。强制性标准是一定要达到的标准，推荐性标准则由供应商与采购商之间协商采用。

（二）齐全的企业资料

连锁经营企业自己应该是遵纪守法、诚实经营的商业企业，同样也应该要求供应商遵纪守法。由于市场上的供应商相当多，并不是所有的供应商都能成为连锁经营企业的供应商。对于初次与连锁经营企业接触的供应商，要求其务必提供以下资料，以便对其资信等各方面进行调查、评估。

（1）营业执照副本。

（2）国税、地税的税务登记证。

（3）生产许可证（特种商品由制造商提供）。

（4）商检合格证。

（5）进口商品的进口商品检验合格证。

（6）商品检验报告。

（7）商标注册证。

（8）食品制造商的卫生许可证。

（9）电工类商品的安全认证。电视机、收录机、电冰箱、电风扇、房间空调器等几类商品必须提供 CCC 认证、长城标志。

（10）代理商代理授权书。

（11）指定/总经销证书。

除以上基本文件外，各地工商、技术监督部门，卫生检验部门可能还会针对各地自身的情况，对生产或经销商品的单位有一些特殊的规定及要求。例如，针对外地企业生产的食品类商品，进入本地销售，许多地方相关部门要求生产企业必须办理进入当地销售的许可证。此证通常在卫生防疫部门办理，但各地会有差异，且该证通常有期间限制，原则上一个许可证只对一种商品有效。但目前各地的执行实际上并非十分严格。

另外，供应商还应提供或填写“供应商简介”、“供应商基本资料表”、“供应商报价单”、“新供应商问卷调查表”、“新供应商产品问卷调查表”，以及一套完整的“产品目录”或“样品”。

（三）合理的交易条件

1. 低廉的供应价格

供应商低廉的供应价格是相对于市场价格而言的。如果没有相同商品的市价可比，应参考类似商品的市价。

同时，供应商低廉的价格，还可通过单独与供应商进行议价采购或由数家供应商竞标的方式来取得。单独与供应商进行采购时，采购人员最好先分析成本或价格；数家供应商进行竞标时，采购人员应选择两三家较低标价的供应商，再分别与他们谈判，求得公平而合理的价格。但在使用竞标方式时，采购人员切勿认为能提供最低价格的供应商即为最好的供应商。另外，连锁经营企业必须综合评价一个供应商的送货、售后服务、促销支持、其他赞助等各方面的条件。所以有时候连锁经营企业会放弃与提供极低价格的大批发商的合作，而选择不愿意提供极低价格的制造商合作，因为通常制造商在产品质量、货源保证、售后服务、促销活动及其他赞助上会有更多的营销费用支付。

2. 合适的折扣

理想的供应商应能向连锁经营企业提供合适的折扣，因为许多连锁经营企业的商品都必须进行打折促销。若供应商提供的折扣数无法达到让连锁经营企业的商品售价能吸引顾客购买，就算连锁经营企业向供应商订货，这一关系也不可能持久，而且这种交易反而不利于连锁经营企业的价格形象，故最好不要选择这样的供应商。

3．较长的付款期限

付款期限是供应商用来商谈采购价格的砝码。在国内一般供应商的付款期限是30～90天左右，视不同的商品周转率和产品的市场占有率而定。对于连锁经营企业而言，一般的食品干货类商品付款期限在货到45天以上，百货类商品的付款期限在货到60天以上，这些都会作为采购合同的主要条款。由于连锁经营企业实行每月统一付款，供应商实际收到货款的时间一般要比合同规定的平均延长15天。连锁经营企业应尽量选择最有利的付款天数（账期），对于惯于外销或市场占有率大的供应商，一般要求的付款期限都比较短，有的甚至要求现金或预付款，如果商品好卖，知名度高，当然也可以接受。

在正常情况下，连锁经营的付款作业是在交易齐全时，按买卖双方约定的付款天数（账期），由银行直接划款至供应商的账户。不过，国内连锁经营企业有一种现象值得注意：在付款时，总是推三托四，找一大堆借口，延迟付款，造成供应商财务的困难。

对于新进供应商来说，连锁经营企业必须请供应商详细了解连锁经营“供应商手册”有关付款部分的内容，并对连锁经营的付款流程详细予以说明。在以往的经验中，由于连锁经营采用了国际上先进的商业运作模式，与国内传统的商业作业模式有很大的区别，一些供应商（尤其是内陆城市的供应商）对此相当陌生，另外连锁经营企业开业初期，许多流程尚未顺畅，导致付款不及时，影响连锁经营企业与供应商之间的合作。

4．准确的交货期

由于连锁经营企业电脑计算订单数量的公式中，交货期是个重要的参数，采购人员要求供应商以较短的时间交货，这样能降低存货的成本。但是不切实际的压短交货期，将会降低供应商商品的质量，同时也会增加供应商的成本，反而最终影响连锁经营的价格优势及服务水平。因此采购人员应随时了解供应商的生产情况，以确立合理及可行的交货期。一般而言，本地供应商的交货期为2～3天，外地供应商的交货期为7～10天。

5．强大的促销支持

连锁经营的促销活动是连锁经营营销最重要的武器，如营业推广活动、POP广告等。促销成功与否，依赖于采购人员选择的商品是否正确，供应商是否支持，以及售价是否能吸引顾客上门。通常连锁经营促销所选择的商品都是一些价格相对较低的商品，例如能得到供应商强力促销支持的、畅销的、高回转的、大品牌的日用消费品。在采购人员采购中，要提出供应商提供促销支持的要求，如连锁经营每个门店的每期广告宣传单发行数量达到30 000～50 000份，直接邮寄到公司的目标顾客群中，影响力极大，对提高供应商商品的品牌知名度及市场占有率有很大帮助，供应商应鼎力支持。对于一些担心促销价格会扰乱其市场价格体系的供应商，连锁经营采购人员则应强调连锁经营实行的是会员制，会员顾客与非会员顾客之间享受不同的类别待遇，一般非会员顾客不得购买或采取“会员价”方法，甚至可采取限购等方法或措施加以控制，故不会对其价格体系造成很大的影响。除此以外，还有一些其他促销活动，如有奖销售、附送赠品、发放优惠券、先试后用等都需要得到供应商的大力支持。

第四节　新品引进及滞销品淘汰

新品引进是连锁经营企业经营活力的重要体现，是保持和强化企业经营特色的重要手段，是企业创造和引导消费需求的重要保证，也是连锁经营采购供应商管理的重要内容。

一、典型的新品引进业务流程

什么是新产品？市场营销观念认为，产品是一个整体概念，包括三个层次：一是“核心产品”，即顾客所追求的基本效用和利益；二是实体产品，如品质、款式、品牌、包装等；三是附加产品，如售后的运送、安装、维修保证等服务。只要是产品整体概念中任何一部分的创新、变革与调整，都可称之为新产品。所以新产品不仅指新发明创造的产品，像改进型产品、新品牌产品、新包装产品都可称之为新产品。那么，新产品来源于哪里呢？它来源于我们选定的供应商。

连锁经营企业引进新商品一般都要经过一定的程序。图 10-1 为新品引进业务流程图。

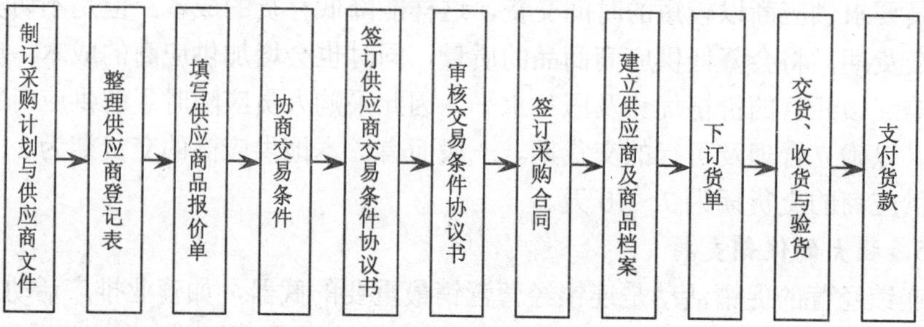

图 10-1　新品引进业务流程图

（一）新商品引进的控制

新商品引进的控制管理关键是建立一系列事前、事中和事后的控制标准：

1. 事前控制标准

连锁经营采购业务人员应在对新引进商品市场销售前景进行分析预测的基础上，确定引进该新商品能给企业带来的既定利益，这一既定利益可参照目前企业经营的同类畅销商品所获得的利益或新品所替代的淘汰商品获得的利益。例如规定新引进商品在进场试销的3个月内，销售额至少不低于替代淘汰商品的销售额，方可列入采购计划的商品目录之中。

2．事中控制标准

采购商在进行某种新品采购业务谈判的过程中，要求供应商提供该新商品的各种详细、准确、真实的资料，最好提供该商品进入连锁经营销售系统后的促销配合计划。

3．事后控制标准

负责该新商品引进的采购业务人员，应根据新商品在引入连锁店试销期间的实际销售业绩，如销售额、毛利率、价格竞争力、配送服务水平、送货保证、促销配合等对其进行评估，评估结果优良的新商品可正式进入销售系统，否则中断试销，不予引进。

（二）自有品牌的开发

自有品牌，又称商家品牌，是指由连锁经营企业自己拥有并在自己的连锁店内销售的商品品牌。自有品牌商品大多是食品类商品，如生鲜食品、副食品、腌制食品等。沃尔玛连锁超市自有品牌不仅在自己的连锁店内销售，还进入了其他连锁超市，如好又多连锁超市就采购了沃尔玛自有品牌的三大类共60多个品种的商品。

1．连锁经营开发自有品牌的意义

（1）有利于连锁经营企业同时掌握产品制造与销售两个市场的主动权，增加企业在流通中的主导和控制作用。连锁经营自有品牌的开发经营，是由企业依据顾客需求信息，提出商品的设计、品质要求，以企业名称作为商品品牌，自己生产制作或选择合适的制造商定牌生产，因而它贴近消费需要，连锁经营自有品牌具有品种选择上的优势，其开发经营是零售业对工业企业如何更贴近市场的一种导向，也是连锁经营消费者导向的具体体现。

（2）有利于连锁经营实现商品低价格，提高对商品价格的控制力。由于自有品牌商品是企业生产或直接向生产厂家定牌生产的，减少了诸多中间环节，交易费用与流通成本大大降低。同时，由于自有品牌商品全部在自家连锁店销售，无需像一般供应商进入连锁销售系统时支付巨额通道费和市场推广费。所以，自有品牌商品的价格通常比同类商品价格低30%。

（3）有利于增加利润。在自有品牌开发、经营过程中，连锁经营企业除了获得正常的销售利润之外，还会获得部分制造利润。这也是经营一体化战略的具体体现。

（4）由于自有品牌商品的品质标准由连锁经营企业制订，因而自有品牌的开发有利于保证连锁经营企业经营商品的质量，保证商品货源供应的稳定性。

（5）在自有品牌商品低价格、高品质的保证下，有利于连锁经营知名度和顾客信任度的提高，有利于企业经营规模的扩大和自身实力的增强，同时也有利于增强企业抵抗经营风险的能力。

2．自有品牌开发商品的选择

自有品牌是连锁经营企业的无形资产，最终要通过其载体—— 商品实现其价值。尽管连锁经营企业的自有品牌可用于制造商的各种定牌商品，但实践中，连锁经营企业根据其开发的目标，对自有品牌的载体（商品）的选择，主要集中在以下三个商品群：一是目前企业经营中高周转率、高购买频率商品群的替代商品，也就是本书前面讲过的敏感商品；二是高竞争性、高成长性的商品群，如绿色食品；三是普通供应商与配送中心无法生产加工的商品群，如部分生鲜食品的加工包装，只能在卖场内的加工场进行。

二、滞销品淘汰业务流程

1．典型滞销品淘汰业务流程模式

由于卖场空间和经营品种有限，所以每导入一批新商品，就相应地要淘汰一批滞销商品，使整个连锁店的商品结构优化，以实现整体利润最大化。因此，选择和淘汰滞销品，就成为了连锁经营供应商管理及商品管理的一项重要内容。图10-2为滞销品淘汰业务流程图。

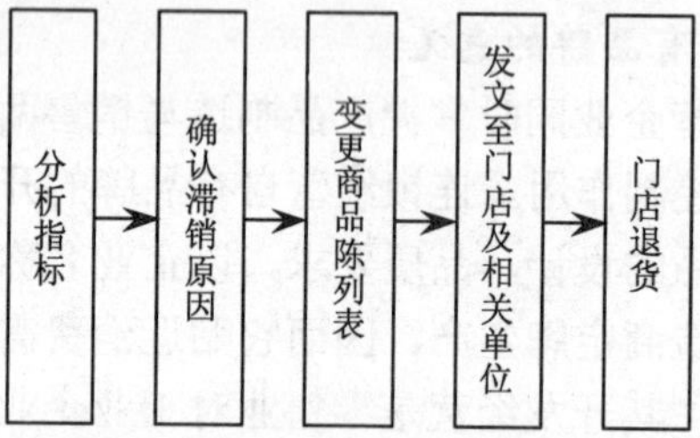

图 10-2　滞销品淘汰业务流程图

（1）分析指标：根据滞销品的标准进行数据分析。例如，以销售额进行排榜，最后3%为淘汰基准，或以每月销售量未达到一定的数量单位，如60个单位为基准，或以商品品质为基准等，找出销售不佳、周转慢或品质有问题的商品作为淘汰品。

（2）确认滞销原因：采购人员应了解淘汰商品的真正原因，究竟是商品不佳，还是人员作业失误和疏漏，如缺货未补，订货不准确，陈列定位错误等，然后再确认是否淘汰。

（3）告知门店：淘汰滞销品之前，总部应至少在提前 10 天向门店告知滞销品的项目、商品陈列的变更情况，以及退换货作业的程序。

2. 淘汰商品的选择标准

滞销商品与主力商品（畅销商品）是两类对利润贡献正好相反的商品群。其选择标准主要有：

（1）销售额排行榜。根据本企业 POS 系统提供的销售信息资料，挑选若干排名最后的商品作为淘汰对象，淘汰商品数大体上与引进新商品数相当。

（2）最低销售量或最低销售额。对于那些单价低、体积大的商品，可规定一个最低销售量或最低销售额，达不到这一标准的，就列为淘汰商品。

（3）商品质量。对那些被技术监督部门或卫生部门宣布为不合格的商品，理所当然应将其淘汰。

3. 退货的处理方式

滞销商品淘汰时应注意退货的处理方式。关于退货的处理方式，传统的做法主要有以下两种：一是总部集中退货，即将各门店所有库存的淘汰商品集中于配送中心，连同配送中心库存淘汰商品一并退给供应商；二是门店分散退货，即各门店和配送中心各自将自己的库存淘汰商品统计、撤架、集中，在总部统一安排下，由供应商直接到各门店和配送中心取回退货。

传统退货处理方式是一种实际退货方式，其主要缺陷是花费连锁经营企业和供应商大量的物流成本。

为了降低退货过程中的无效物流成本，目前连锁经营企业通常采取的做法是在淘汰商品确定后，立即与供应商进行谈判，商谈 2 个月或 3 个月后的退货处理方法，争取达成一份退货处理协议，按以下两种方式处理退货：一是将该商品作一次性削价处理；二是将该商品作为特别促销商品。这种现代退货处理方式为非实际退货方式，即并没有将货退还给供应商，它除了具有大幅度降低退货物流成本的优点之外，还为供应商解决了滞销商品收回后再销的大难题，也为连锁经营促销活动增添了更丰富的内容。

需要说明的是：选择非实际退货方式还是实际退货方式的标准，是削价处理或特别促销的损失是否小于实际退货的物流成本；对于那些限期使用的商品（如食品），虽然该商品本身不属于淘汰商品，但连锁经营企业与供应商之间也可参照淘汰商品的非实际退货处理方式，签订一份长期的即将到期商品退货处理协议，以避免退货给双方造成的不必要损失。

第五节 供应商控制

目前，我国连锁经营企业已对内部管理和与外部合作进行了系统的变革，但对供应商的控制方面还有待加强。具体地说，我国的连锁经营企业现在更重视的是如何对下游的销售渠道进行开发和管理，而对上游供应商如何进行管理方面则重视不够，这将成为我国连锁经营未来发展的一大障碍。因此加强对上游供应商的管理和控制将是今后连锁经营管理的重点之一。

在连锁经营企业内部供应链管理的过程中，真正能够为连锁经营赢得显著的竞争优势，即大量节省成本的办法是做好对上游供应商的控制。也就是说，连锁经营在将利益空间扩大到一定程度的时候，如果想得到更大的空间，就要开辟新的利润增长点，而仅限于对其自身销售的管理显然不够。因此，加强对上游供应商的控制，建立一套系统而有效的供应商控制体系，是挖掘更多利润空间的一个行之有效的方法。当前，一些国外的大型连锁经营企业已经对其供应商进行了一系列的控制，并已经取得了明显的成效。随着市场的全球化，国内连锁经营面临着与国外连锁经营的激烈竞争，适应并运用这些新的连锁经营管理模式，加强对连锁经营上游供应商的控制，是加强连锁经营企业竞争力的客观要求。因此，对供应商的管理控制工作有其重要性和必然性。

连锁经营管理的不断发展要求连锁经营逐步走上合作、联盟的道路，但很容易看出，在行业供应链的各个节点之间或多或少地都存在着利益上的矛盾，如何解决或者削弱这些矛盾则是需要进行研究和探讨的问题。当然，这些出发点是探讨连锁经营应采取何种方法达到让供应商作出让步，从而控制自己采购成本的目的。

一、对于供应商的成本控制

成本控制是整个连锁经营活动控制的一个重要组成部分。从广义上来说，成本控制是对连锁经营的各个方面和环节所有成本的控制。在此我们介绍同采购相联系的、与供应商有关的一系列成本的控制，即狭义的成本控制。

纵观全球知名连锁经营企业，我们可以发现，真正具有很大规模，具有很好的稳定性和成长性的企业，往往是通过运用先进的管理方法来控制其成本，以实现更大利润的。世界第一大零售商沃尔玛（Walmart），就是因为在成本控制方面卓有成效，从而为其发展并跃居全球第一大连锁经营企业提供了条件。那么，对于供应商的控制究竟能给连锁经营在成本控制方面带来什么样的效果呢？

（一）实现价格控制

我们知道，价格主要是由市场的供求关系决定的，此外，供需双方的谈判也会起到不可忽视的作用。从当前的市场状况来看，商品的价格往往是采购商与供应商谈判的重点。对于供应商来说，商品价格的高低直接关系到其销售额和利润的多少。因此，虽然在一定的压力或诱惑下，供应商会在其可以承受的程度内，在价格上作出一定的让步，但让步的前提是保证供应商有利可图。从另一方面来看，商品价格对于连锁经营企业来讲直接意味着它的成本，为了获得更高的利润，它将努力压低各个方面的成本，当然包括控制采购商品的价格。

（二）保证商品质量，降低质量控制成本

商品质量是连锁经营的生命，在当前日趋激烈的竞争中，尽管影响连锁经营成败的因素越来越多，但质量仍然是企业决胜的关键。连锁经营企业之间的质量竞争是非常激烈的，它不仅表现在商品的销售上，质量本身及其管理的方式也直接影响到连锁经营的商品竞争力。因此，连锁经营企业之间的质量竞争实际上是质量管理的竞争，连锁经营企业应把质量管理作为自己的重要任务。

现在的连锁经营都非常重视商品质量的内部控制，在企业内部采用了各种质量管理方法，包括进行统计、建立质量管理体系等。但这些工作进行时往往会耗费很多的成本。如果能够通过对连锁经营外部供应商的控制，进而加强对内部商品质量控制的话，那么连锁经营企业就可以从中节省更多的成本。

实际上，除了可以通过连锁经营内部对商品质量进行管理外，对供应商的控制也可以直接影响到下游连锁经营对其商品质量的控制成本。这是因为，如果能够积极有效地对上游供应商进行控制，供应商在作出一定让步的同时会积极地维护其与采购商之间的关系，这样就从供应商内部自然地加强了质量管理和控制，从而降低了连锁经营在这方面的成本。此外，当连锁经营企业与供应商达成一定的共识后，连锁经营企业就可以更加主动地向供应商提供所需商品的特性和质量，并通过一些特定的投资，以及在技术与管理上的帮助，来达到使供应商有效控制商品质量的目的。相应地，采购商本身的成本也会下降。

（三）实现物流成本的节省

连锁经营应非常重视如何更快、更好地将商品推向市场。因为随着市场竞争的加剧，商品必须转化成利润才能使连锁经营得以生存和发展。为了赢得顾客，连锁经营管理必然是以消费者及消费者满意度为中心的管理。连锁经营的供应链的管理也由“推式”管理，转变为以消费者需求为原动力的“拉式”管理。在这个过程中，物流还是一个薄弱的环节。那么，对供应商进行控制是否能起到降低物流成本的作用呢？答案是肯定的。

在连锁经营的过程中，时刻都存在着物的移动，连锁经营企业购进商品，供应商要将其商品通过各种方式运送到连锁经营企业的仓库。最后，商品到达顾客手中。当连锁经营企业可以有效地控制供应商的时候，对物流的管理和物流成本的控制就不仅是连锁经营企业的单方面的行为了，而是其与供应商双方面的行为。为了降低成本，买卖双方可以通过协商来控制物流成本，建立起一套行之有效的物流体系。这样，下游连锁经营企业就可以及时地得到其需要的商品，节省时间，快速地对市场变化作出反应。同时，上游供应商也可以在这一过程中节省物流成本，提高其供货效率，实现与其下游连锁经营企业的长期、稳定的合作。

（四）有效地控制损失

控制损失是当今连锁经营的一项重要任务。在这里谈到的控制损失实际上是一种效果，即通过控制供应商来达到控制损失的效果。因此，控制损失的方法实际上就是控制供应商本身。

1. 合同损失控制

在很多时候，由于供应商没有按照合同的内容履行其应承担的义务，因而给连锁经营企业带来了严重的经济损失。

供应商和连锁经营企业之间通常是通过签订合同，并各自履行合同中所载明的权利和义务来完成交易的。那么，怎样才能控制由于契约风险导致的损失呢？连锁经营企业可以通过对供应商的控制来解决这一问题。因为一旦连锁经营企业和供应商在某种条件下建立了交易关系，而且双方都愿意积极地维护这种关系，那么对于下游连锁经营企业来讲，由契约风险造成的损失就会小得多。因为在这种情况下，交易双方的权利和义务尽管可能因合同的终结而结束，但由于相互利益的制约，相互在资金、技术、管理及服务上的帮助是会持续下去的。对于供应商来讲，为了不断推进双方的合作，可能会在这方面给予相当的重视。如果通过某种方式对供应商进行适当的控制，就可以在不同程度上减少合同损失。

2. 市场风险控制

由于市场需求处在迅速变化当中。虽然很多连锁经营企业在市场销售方面下了很大的力气，包括宣传、促销等，想通过这些方式来达到占领市场的目的，但这样的做法却收效甚微。市场信息经常处于不对称状态，需求信息从供应链的末端不断地向上传导，然后由供应商作出一系列的反应，并进行生产活动。然后，物流、信息流由供应链的初始环节（供应商）流向其末端—— 最终顾客。由于信息技术的不断完善，市场变动可以在很短的时间内通过信息流传到连锁经营企业，而连锁经营企业需要做的是马上根据市场信息作出反应。如果可以通过对供应商的控制来降低物流时间及成本，那也就意味着连锁经营企业可以更快地行动并抢占市场。现在很多大型连锁经营企业，在得到确实的市场信息之后，可以非常迅速地作出反应并调整其商品及营销策略，这一切都是与供应商息息相关的。因此，对于连锁经营来讲，建立良好的供应商控制体系不仅可以降低成本，控制其上游供应商造成的风险，还可以间接地减少由于市场变动可能导致的市场风险损失。

二、建立供应商之间的竞争机制

连锁经营企业与供应商之间建立伙伴关系以前，通常是希望通过供应商之间的完全竞争来获得主动地位和由此带来的好处。通过这种方式，采购行为可以扩展到所有可供选择的供应商，以提高企业的讨价还价能力。

这种供应商管理的观点对连锁经营的采购战略具有非常重要的意义。采购方有意同供应商保持正常的交易管理，避免任何形式的相互承诺，引起供应商之间的竞争。这些供应商都会为提高商品的质量和降低商品的成本及价格而努力，这样，采购商就可以选择最优的供应商达成交易，从而提高采购商品的质量并降低购买价格。当然，完全竞争控制是有其适用性的，因为不同的市场结构可以导致不同的供需双方力量的对比，因此，也就产生了对供应商控制方法的不同要求和选择。

（一）完全竞争机制的原理

完全竞争机制如何能够控制供应商呢？真正有效的供应商管理意味着在平衡供应商要求的同时，尽可能多地满足连锁经营的需求。连锁经营企业应该不断地提高供应商的主动性，而不是单方面地去要求供应商履行其难以履行的义务。例如，规定过低的价格或过高的产品性能等。当然，对于连锁经营企业来说，为了有效地控制成本，特定的要求是必要的，但孤立地去要求一个供应商，事实证明是不明智的。

连锁经营企业与供应商之间存在利益对立关系，这使连锁经营企业在实现其要求的过程中碰到很多障碍，而这些障碍在某些时候是无法通过单方面努力排除的。因此，对于那些与连锁经营企业之间仅仅是正常交易关系的上游供应商来说，在大部分的情况下是不会作出让步的。为了解决这一问题，最好的方法是连锁经营企业应该避免来源单一的采购。因为供应商所处的市场也处于竞争状态，利用供应商之间的竞争，连锁经营企业就可以从中得到很多好处。

（二）完全竞争机制的目的

完全竞争机制主要可以达到三个目的：控制成本、信息完全化、创造良好的市场环境。

1. 控制成本

对于一个企业来说，降低成本将贯穿于企业经营的始终。所以，控制成本是企业能否生存和发展的决定性因素之一。完全竞争机制的目的就在于有效地控制企业的采购成本及一些关于质量控制而发生的成本。由于采取对供应商的完全竞争机制，连锁经营企业拥有了更好的讨价还价的能力，从而可以与供应商进行谈判，通过提供全面准确的资料来促使供应商在一些相关条件上作出让步。此外，由于连锁经营企业有意地为供应商创造了一个完全竞争的环境，导致不同的供应商为了取得在竞争中的优势而提高产品质量、控制生产成本，以期在价格上战胜竞争对手，而供应商这一系列的行动对于连锁经营企业来讲都是有利的。

2. 信息完全化

通过完全竞争机制，连锁经营采购获得了供需中的主动权，而这些都离不开信息完全化这一基础。市场的完全竞争必然伴随着信息的充分传递。由于完全竞争控制人为地创造了一个局部的完全竞争市场，这也就实现了在这一市场环境中信息向完全化的靠近。由于供应商之间的激烈竞争，使价格和信息都逐渐趋向于客观。也就是说，连锁经营采购在坐观供应商之间竞争的同时，可以得到较为全面的价格及质量信息，从而获得一定的好处。因此，信息的完全化是完全竞争机制的另一个主要目的。

3．创造良好的市场环境

连锁经营为了追求利润的最大化，通过完全竞争来控制其上游的供应商。在此过程中，完全竞争，或者应该说是很接近完全竞争的一种市场结构就产生了。如果供应商企业足够多，这时就可以认为连锁经营企业一直希望获得的完全竞争市场在一定范围内基本形成了，这对于连锁经营企业的成长将是非常有利的。

（三）完全竞争机制的运用

连锁经营企业应该采取何种供应商控制方式？首先应该对其市场环境进行分析。在卖方垄断的市场上，是无法使用完全竞争状态时的控制方式的。这是因为在供应商一端只有很少的几个供应商巨头将供应方的市场垄断了，他们不会因为抢购订单而去对下游的连锁经营企业进行任何让步。因此，下游连锁经营企业很难通过完全竞争控制从他们那里得到好处。在这种情况下，连锁经营企业往往只能是接受者。

在不完全竞争的市场中，尽管不存在极端垄断的情况，但连锁经营企业的实力是十分重要的。如果下游连锁经营企业的实力微薄，而上游供应商的实力强大，从某种角度上就无异于形成了卖方垄断，即人们经常说的“厂大压商”。因此，连锁经营企业的实力对于能否运用完全竞争控制是非常重要的。

相反，在买方（采购商）垄断的市场上，完全竞争控制是可行的。因为买主只有一个或者少数的几个，供应商必须对采购商作出种种让步才能销售它们的商品。同时，供应商必须竭尽全力地压缩成本、提高商品质量，以获得连锁经营企业的信赖，从而与其建立较长期的合作关系。也就是说，如果连锁经营企业的实力非常雄厚，可以有足够的能力来控制其上游的供应商，是可以运用完全竞争控制来实现成本及质量控制的。

总之，连锁企业采购能否运用完全竞争控制，关键在于连锁经营企业的实力。如果连锁经营企业有足够的能力建立起在市场上的霸主地位，完全竞争控制是可行的；反之，连锁经营企业必须另寻他途，完全竞争控制对其来说是不适用的。

三、合同控制

合同控制是连锁经营企业通过与供应商进行谈判、协商，根据双方的利益达成某种一致，并以合同的形式固定下来。它的目的是使双方在今后的具体购销活动中能更好地履行各自的权利、义务，基于该合同产生的一切买卖行为都要以框架协议的规定为准，它也可以看成是一种比较松散的合作。目前，很多大型的连锁经营企业都通过合同控制这种方式来进行供应商的管理。

（一）合同控制的目的

1．节约成本

合同控制所带来的连锁经营企业在成本上的节约和完全竞争控制是不同的。从成本压缩的程度上来看，通过完全竞争控制可以得到较为合理的价格，但并不是最低的。因为市场价格有着周期性或非周期性的波动，因此，连锁经营企业也会承担或多或少的成本。通过合同控制带来的成本控制可能是程度相当深的。如果下游连锁经营企业的实力非常强大，就有可能通过与供应商的谈判获得低于完全竞争控制带来的价格。即使下游连锁经营企业没有那样强大的实力，由于和供应商的长期合作，在谈判中同样也有可能获得相当低的价格。

2．加强与供应商合作

合同控制的另一个目的是加强连锁经营企业与其上游供应商的合作。需要强调的是，合同控制在运用之前，连锁经营企业和供应商往往都要考虑对方是否有资格或是否值得自己这样做。作为连锁经营企业，商品的价格、质量及能否及时交货是最重要的，而供应商则更加关心连锁经营企业在市场中的表现、能力以及可持续发展的可能性。这是因为，供应商之所以要提供优惠条件，或者说作出让步，就是为了能够与连锁经营企业较长期地合作，就是要追求薄利多销和长期的盈利。因此，合同控制实际上又可能成为真实的合作。通过合同控制解决了连锁经营企业与供应商利益上的一些冲突，并为今后进一步合作奠定了基础。因此，可以说合同控制是一种中性的控制。其优势是非常明显的，随着战略联盟的出现，这种控制方式会越来越多地被连锁经营企业采用。

（二）合同控制的缺陷

1．可能不利于供应商降低生产成本

合同控制在有些情况下是不利于供应商降低生产成本的。这是因为供应商通过加强生产管理、改进技术、提高生产率等一系列措施，实现了生产成本的降低，这事实上会直接导致供应市场上的商品价格下降。如果合同规定供应商必须按照当前的市场价格出售商品，那供应商就吃亏了。尽管他们提高了生产率，降低了生产成本，但结果却于己无益。因此，当合同控制被广泛运用时，对促进供应商降低生产成本方面来说是不利的。

2．可能不利于供应商提高商品质量

在完全竞争机制下，由于供应商必须通过降低成本、提高质量来增加其竞争力，所以对商品质量的控制和改善是非常重视的。然而，在合同控制中，由于合同已经规定了商品的规格、质量等内容，因此，在某些时候，供应商就可以不再一如既往地提高其商品质量。因为提高商品质量意味着一定的投入，而这种投入又不一定会为供应商带来好处。

（三）合同控制的具体运用

由上可知，合同控制方式除了在卖方垄断的市场结构中都可以得到一定的应用。如果是在买方垄断的市场中，连锁经营企业可以通过合同控制得到非常优厚的条件，从而获得更多的利润；在不完全竞争的市场中，如果连锁经营企业有能力掌控市场，在市场上占有相当重要的地位，同样可以获得很大的好处，如国美家电连锁经营企业。即使对于那些规模不大、对市场也不起主导作用的连锁经营企业，同样也可以通过这种方式获得一些好处，如一些连锁经营药店。这是因为，供应商不仅为规模大的连锁经营企业提供商品，为了平衡其销售结构，降低风险水平，也会将一些规模较小的连锁经营企业作为其长期合作的对象。因此，中小型连锁经营企业同样可以通过这种方式来获得比较低的价格，降低成本。

合同控制的一个关键性问题就是双方关系的建立和维护。因为合同双方并不是有着长期紧密的合作，供应商与连锁经营企业之间的关系比较松散，实际上是一种不紧密的合作。那么，如何建立以及维护这种比较松散的合作关系就显得非常重要。如果这种关系不能够得以维持的话，对于连锁经营企业和供应商都是一种损失。因此，如果希望通过合同控制来达到控制供应商的目标，首先需要具备的条件就是连锁经营企业拥有一支与其关系良好的供应商队伍；其次则是在合同控制过程中积极维护双方的利益和关系，实现有效控制，而不是仅仅在形式上合作。

四、建立战略伙伴型关系

在过去，美国和日本的连锁经营企业运用了上述两种不同的模式。美国的供应商控制主要是通过完全竞争控制来实现的，而日本的供应商则主要通过合同控制，并都在一定程度上取得了成功。到底哪一种模式更好呢？实际上，需要做的是如何从这两种供应商管理模式中获得更多的好处，将这两者结合起来运用，甚至可以在它们的基础上发展更新、更好的模式。其实，现在各国的供应商管理模式都在向着伙伴型供应商关系和持久正常交易型供应商关系的组合方向发展。

1. 长期稳定的交易关系

正常交易模型意味着连锁经营企业使用短期合同频繁地在多个供应商中轮流购买。从经济性的角度来说，这并不是一个明智的方法。传统的正常交易模型存在交易成本过高的不足，把采购在多个供应商之间细分，没有规模经济效益，因而是不可取的。

长期稳定的交易模型可以克服正常交易模型的缺点。但是在长期稳定的交易模型下连锁经营企业在选择供应商的初期，就要进行一系列的考察、认证工作，以确定哪些供应商有潜力长期保持低成本。

供应商在与连锁经营企业间的合作机制中将进行一些专项投资，如建立电子数据交换制度。只要价格具有竞争力，供应商就可以获得长期的业务保证，这有利于供应商规模的扩大，从而进一步节约生产成本，促进竞争以及为更牢固的合作创造基础。

2. 战略伙伴关系

当供应商为连锁经营企业提供的是战略性商品时，那么建立战略伙伴关系是必要的。这是因为，战略性商品往往是具有差异性的商品。对于这种商品，连锁经营企业和供应商的合作是极为关键的，这种商品往往能够决定连锁经营企业在其市场中的地位。同时，对于上游的供应商来说，由于制造生产这种差别性的商品也可以获得更多的收入，而且在同业的竞争中具有独特的优势，因此，合作双方都希望能够建立起紧密的合作关系，从而实现双方的利益。这种利益的实现，无论从管理上还是技术上都需要高度的合作。

【小资料】

沃尔玛在中国的经营始终坚持本地采购，提供更多的就业机会，支持当地制造业，促进当地经济的发展。目前，沃尔玛中国销售的产品中本地产品达到95%以上，并与近2万家供应商建立了合作关系。沃尔玛一贯视供应商为合作伙伴，与供应商共同发展。在2003年至2005年由中国连锁经营协会主办的中国零售商和快速消费品企业共商协作研究调查中，沃尔玛连续三年排名“快速消费品企业综合评价最高的零售商”的第一名。2006年8月，在上海商情及快速消费品研究中心组织的《2006年度供应商满意度调查报告》中，沃尔玛多项满意度指数最高，被供应商评为“满意的连锁经营企业”。

因此，战略伙伴关系要求供应商与连锁经营企业之间建立密切的管理信息的共享系统。通过信息的及时传递，双方可以获得及时准确的管理资料，加强了双方在管理上的整合，促进了共同发展。正是由于战略性伙伴关系的存在，供应商的成功与其下游连锁经营企业的成功是密不可分的。这样，供应商必然自发地提高主动性和积极性，致力于帮助连锁经营企业创建最终商品市场中的竞争优势，并通过合作的成功来促进自身的发展和壮大。

要建立完善的供应商控制体系，就要从多方面下手，最有效的方法就是组合，即将现有的供应商控制方式有效地组合起来，从而建立起一套完整的供应商控制体系。这不仅对于连锁经营企业是有利的，对于供应商来讲同样也是有利可图的。

第六节　供应商考核

连锁经营采购的管理流程不再是以商品管理作为起点，而是延展到上游供应商，设计一种能最大限度地降低风险、强化竞争优势的合理的供应结构，并且与供应商建立一种能促使其不断降低成本，提高产品质量的长期的战略合作关系，借此增强连锁经营企业的核心竞争力。

一、供应商考核的目标

现代连锁经营处于一种动态的环境之中，有时必须根据外在环境的变化调整其行动策略。连锁经营采购从选择供应商开始就必须将其纳入整个连锁经营管理系统之中。目前，供应商的交货时间、商品质量、库存水平等对连锁经营的影响越来越大，同时也影响着采购的效率。因此，连锁经营采购需要对供应商的开发、控制、考核评价、评定及重新确定双方合作关系等多方面进行跟踪，保证连锁经营供应链系统的稳定和高效运作。因此，供应商考核管理有以下具体的目标：

1．获得符合连锁经营总体质量和数量要求的商品和服务

每一个采购方连锁经营都会有一整套的战略规划和方针。在选择供应商时，必须充分考虑供应商与本连锁经营的发展方向是否一致，它所提供的商品和服务能否满足本连锁经营的质量及数量的要求。

2．确保供应商能够提供优质的服务和商品，以及及时地供货

连锁经营在选择供应商及双方的供需关系确立后，必须将优质的服务与商品、及时的供货作为考核评价供应商的根本原则。

3．力争以最低的成本获得优良商品和服务

连锁经营总是以追求最大利润为根本目标。因此，在供需关系发生后，连锁经营企业也会采取多种措施来降低自己取得最优商品和服务的成本，能够提供最大供应价值的供应商是所有连锁经营企业都希望与之合作的供应商。

4．淘汰不合格的供应商，开发有潜质的供应商

连锁经营企业与供应商之间并非是从一而终的既定关系。双方都会不断地审视和衡量自身利益是否在和对方的合作中得以实现，不符合自身利益的合作伙伴最终会被摒弃。

5．维护和发展良好的、长期稳定的供应商合作关系

越来越多的连锁经营企业意识到，同供应商发展战略伙伴关系更加有利于自身的长远发展，连锁经营谋求的应该是同供应商的长期伙伴关系。

二、供应商考核的主要内容

对供应商进行考核的基础是确定考核的内容。基于供应商在连锁经营供应链中的地位和作用，可以从以下几方面加以考虑：

1．供应商是否遵守连锁经营企业制订的供应商行为准则

供应商行为准则是连锁经营企业对供应商最基本的行为约束，也是两者保持合作关系的基本保障，这是进行供应商考核的首要内容。

2．供应商是否具备良好的售后服务意识

采购商品在运输和使用过程中可能因为质量问题或使用方式不当等原因而导致损坏。在发生这种情况时，供应商应及时修理，提供相关的售后服务支持，而不应借故拖延，或者让连锁经营企业蒙受损失。

3．供应商是否具备良好的质量改进意识和开拓创新意识

随着市场竞争的加剧，企业的技术创新、商品创新层出不穷。尤其是在高新技术连锁经营企业中，商品更新换代的速度日益加快。连锁经营企业的创新意识离不开供应商的支持，有时供应商的创新甚至是推动连锁经营企业创新的原动力之一，它为连锁经营企业提供了更大的利润空间。

4．供应商是否具备良好的运作流程、规范的企业行为准则和现代企业管理制度

如果供应商管理混乱、行为准则不健全就会很难在激烈的竞争中维持生存和发展，因为这些问题的存在不利于和连锁经营企业建立长期稳定的合作关系。

需要说明的是，对于供应商进行考核的内容涉及许多方面，不同连锁经营企业对此有各自的具体要求和期望。对于大型国际连锁经营企业来讲，供应商选择的成功与否关系到连锁经营整个系统的正常动作，因此，它们对供应商进行考核评价时有更多、更严格的标准和更广泛的内容。而中小连锁经营企业对供应商的要求则相对而言较为宽松。另外，就考核评价内容而言，有些方面是可以量化的，例如，可采用“及时供应率”先来衡量供应的好坏。及时供应率=商品及供应数÷商品需求总数×100%。依据及时供应率数值的大小就可以对供应商进行排名；有些考核内容只能由连锁经营企业在长期的运作中通过观察得到。许多连锁经营企业根据自身规模和运作情况，形成了自己的一套对供应商进行考评的指标体系，这更是值得提倡的。

三、供应商考核的操作步骤

供应商的考核评价选择程序可以归纳为图 10-3 所示的七个步骤。在实际考核评价时，连锁经营企业必须确定各个步骤的开始时间，每一个步骤对连锁经营企业来说都是动态的（连锁经营可自行决定先后和开始时间）。

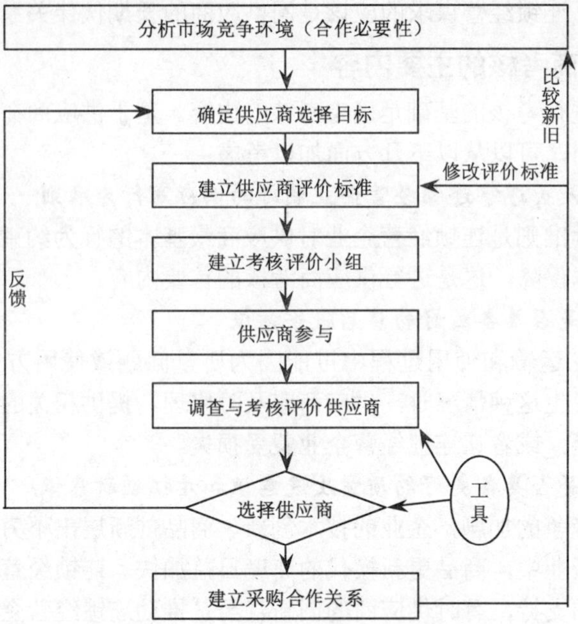

图 10-3　供应商考核评价选择程序图

下面我们就几个关键步骤作进一步说明。

1．市场竞争环境分析

要想建立基于信任、合作、开放性交流的供应链长期合作关系，必须首先分析市场竞争环境。这样做的目的在于找到针对哪些商品市场开发供应链合作关系才有效，连锁经营企业必须知道现在的商品需求是什么，商品的类型和特征是什么，以此来确认消费者的需求，确认是否有建立供应链合作关系的必要。供应商考核、选择不仅仅是一个简单的过程，它本身也是连锁经营企业自身的一次业务流程重构过程。如果实施得好，就可以带来一系列的利益。

2．确定供应商选择目标

连锁经营企业选择的供应商，其战略必须与连锁经营企业的战略一致，它所提供的商品和服务能够满足连锁经营的商品质量、数量及时机等方面的要求。

3．建立供应商考核标准

供应商考核指标体系是连锁经营企业对供应商进行综合考核评价的依据和标准，是反映连锁经营企业本身和环境所构成的复杂系统的不同属性的指标，是按隶属关系、层次结构有序组成的集合。不同行业的连锁经营，不同商品需求和环境下的供应商考核应是不一样的，但都涉及以下几个可能影响供应链合作的方面：

（1）供应商的业绩。

（2）人力资源开发。

（3）质量控制。

（4）成本控制。

（5）技术开发。

（6）消费者满意度。

（7）交货协议。

4．建立考核评价小组

为了控制和实施供应商考核，连锁经营企业必须建立一个专门的小组，这个小组的组员以来自采购、质量等与供应链合作关系密切的部门为主。这些组员必须有团队精神，而且还应具有一定的专业知识和技能。这个考核评价小组必须同时得到连锁经营企业和供应商最高领导层的支持。

5．供应商参与

连锁经营企业决定实施供应商考核后，考核评价小组必须与初步选定的供应商取得联系，以确认它们是否愿意与连锁经营企业建立供应链合作关系，是否有获得更高业绩水平的愿望。所以，连锁经营企业应尽可能早地让供应商参与到考核评价的设计过程中来。然而，连锁经营企业的资源毕竟是有限的，只能与少数关键的供应商保持紧密合作，所以参与的供应商应该是尽量少的。

6．调查与考核评价供应商

考核评价供应商的第一项工作是调查、收集有关供应商生产运作等全方位的信息。在收集供应商信息的基础上，就可以利用一定的工具和技术方法进行供应商的考核评价。

对供应商进行调查是供应商考核的关键环节。对供应商进行调查是对供应商的能力作出一种预测。一般方法是派出一组资深的调研员对供应商进行访问，以了解供应商的硬件和软件条件，研究各种程序，向有关负责人收集有关信息。通过这些工作，对供应商是否有可能交付优质商品作出预测。它具体包括：

（1）对老供应商进行调查。如该供应商是连锁经营企业的老供应商，当它要提供新品种时，调研员可查询本企业对该供应商的评定资料。评定资料包括该供应商的商品供应能力、交货及时的能力、对质量问题处理及时的能力、财力状况以及其他相关信息。

（2）对新供应商进行调查。如供应商是准备开发的新供应商，在进行直接调查的同时，调研员可查询与其合作的其他企业对该供应商的考核评价资料，以获取供应商的开发实力及合作的优势等各方面信息。

（3）进行直接调查。要使调查结果尽可能反映实际情况，企业就需要对调查的方法和内容做认真细致的考虑。总的说来，调查的内容力求全面，调查重点应侧重于工序能力控制、员工培训和资历考核等方面；同时，调查要讲求效益，要充分利用已有的、社会性的数据库资源。经验表明，为了做到有的放矢，最好是事先编制调查表，寄发给被调查的供应商，要求其如实填写。调查组在了解供应商提供的信息之后，再到现场进行访问、核实。

供应商的考核评价主要审核内容有：

（1）资格审核。根据供应商设计出来的样品进行试验，测试其设计制造能力，以判断供应商的能力或资格。制造能力是管理、技术、加工方法等各种能力的综合，因此，如果试验结果理想，通常就可以认为该供应商具备相关能力。资格审核一般是到供应商现场进行调查，实地考察，对供应商的能力作出考核评价。审核内容根据企业的情况不同而不同，一般应包括以下几个方面。

1）供应商的品质保证体系，包括品质管理、体系的完善性、体系运作的有效性。

2）合同评审，包括评审制度、客户要求、评审记录。

3）设计控制，主要指设计开发能力，包括供应商是否有自行设计、开发主要产品的能力；是否有一套完善的产品设计开发控制制度；是否能够做到任何客户规定的要求都予以考虑；是否制订了严格的安全性、功能特性和可接收标准。

4）文件与资料管理制度，主要指供应商是否有一套完整的文件、资料、图纸的管理制度，且能严格贯彻实施。

5）文件与资料控制。

6）采购管理，包括管理程序或办法、进货检验与试验的管理。

7）产品的标识，包括进货标识、保管与交付标识、安装标识。

8）生产管理。

9）产品检验与试验。

10）纠正和预防措施，即是否有一套完整的制度，对客户的意见、抱怨，产品制造过程中的不合格品以及其他不规范的工作均进行原因分析、纠正改善和预防，消除潜在不利因素，并加以监督和控制。

11）包装、储存、保管、交付。

12）品质记录，即是否做到无论是内部品质记录还是提供给外公司的品质记录，均很齐全、清楚，记录与实际相符，且查找十分方便。

13）培训。

14）售后服务，即对客户是否提供良好的服务，主动调查客户的服务需求，并主动尽力实施；如客户有抱怨是否能及时纠正改善和预防，并能将信息及时反馈给客户。

15）成本控制。

（2）供货质量的审核。通过查阅以往供货质量情况，审核该供应商的商品质量保证能力。其具体做法是查验该供应商供应商品的记录及有关产品质量的记载，走访使用单位，了解商品使用情况。若某客户连续从该供应商进货，均未发现和发生质量问题，说明该供应商提供的商品质量保证能力较好，可以信赖。

（3）供应商的质量管理体系以及质量控制能力的审核。对已经通过 ISO 9000 族标准质量认证或其他质量认证的供应商进行审核时，可到现场了解其运行和落实情况，审查其质量管理文件，并着重关注其反映持续改进状况的管理评审、内审、纠正措施和试验等过程。如这些方面处理得好，表明该供应商具有较完善的质量管理体系，可作为连锁经营企业的供应商。

如果某供应商未通过 ISO 9000 族标准的质量认证或其他的质量认证，并不意味着其没有质量管理体系。只要该企业对关键要素和过程控制良好，产品质量能达到要求，也可定为连锁经营企业的供应商。供应商的质量控制能力的审核主要是了解其在对质量偏差纠正的及时性等方面的控制能力。

（4）样品、小批量试用的鉴定与审核。如果一个供应商的样品质量高，但是其批量质量不尽如人意的话，这个供应商不能成为连锁经营企业优先考虑的供应商。样品的质量符合要求并不代表小批件的质量也能符合要求。因此，确定样品合格后，可先进行小批量试用，试用合格后再指定供货或正式使用。小批试用不但验证了供应商产品与样品和技术要求的一致性，还验证了供应商供应质量的稳定性。

企业应对新开发的供应商的样品进行审核。样品鉴定应符合技术规范要求，遵循技术标准。该标准可直接采用国际标准、国家标准或行业标准，同时，该标准应在开发样品前经双方认可，与供应商加工标准一致或相容。当产品的技术规范与供应商的相关技术要求存在差异时，企业认证人员有责任向设计人员提出合理的、不影响产品质量的改动建议。尽管某些供应商在遵循产品技术规范要求上有一定的难度，但是供应商要想在供应商竞争中取胜就必须进行质量整改。此外，在审核过程中，还应审核对方的顾客满意度、职工素质、技术装备、财务状况等。审核和调查后应形成明确的审核报告和调查报告。然后，连锁经营企业应对供应商的合作质量管理与控制能力、质量保证能力、履约能力、服务与技术能力综合评估。

供应商提供样品的方式根据所要采购的商品形式的不同而不同。有些需要按照图纸或者特定的要求进行加工；有些是标准化的产品，供应商只需从仓库中提取样品运送过来既可。因此，连锁经营采购部门应组织质量管理部门等相关人员对供应商提供的样品及检测进行评审，目的是验证供应商的样品能否满足连锁经营企业的技术和质量要求。样品评审的方法多种多样，有些样品企业本身就可以进行评审鉴定，有些样品需要借助社会其他部门或企业进行第三方鉴定。

7. 选择供应商

经过质量调查、论证，开发样品，小批量试用等过程的审核和选择，符合连锁经营企业质量要求的即为备选的供应商。但是，供应商的选择除了考虑质量要求以外，还要考虑价格、信用、管理水平等其他因素。另外，同一商品的供应商数目应根据商品的重要性程度和供应商的可靠程度而定。一般可以保持2～3 个，以保证供应的可靠性和形成供应商之间的竞争，有利于商品质量的持续改进和提高。

在经过考核评价后，会得出一个结论，并形成决策。根据一定的技术方法选择供应商，如果选择成功，则可开始建立供应链合作关系。如果没有合适的供应商可选，则返回步骤二重新开始考核评价选择。

在建立供应链合作关系的过程中，市场需求也将不断变化。连锁经营企业可以根据实际情况的需要及时修改供应商考核标准，或重新开始供应商考核选择。在重新选择供应商的时候，应给予旧供应商足够的时间适应变化。

在大的连锁经营集团，对供应商的管理考核评价一般是由采购经理领导进行的。采购部门根据不同标准对供应商进行分类，并根据其供应情况计算出相应的考核评价指标。在此基础上，得出对某些供应商的总体考核评价结果，并据此决定是否与其继续合作。连锁经营企业对供应商的管理不是单向的，而是需要和供应商建立合作伙伴关系，以便共同发展。因此，连锁经营企业应将考核评价结果反馈给供应商，共同探讨提高合作效率的途径。

四、供应商考核的相关策略

调查统计数据表明：目前我国连锁经营企业在选择供应商时，主要的标准是商品质量，这与国际上重视质量的趋势一致；其次是价格，92.4%的连锁经营企业要考虑这个标准；另外，69.7%的连锁经营企业会考虑交货提前期。还有数据表明，批量柔性和品种多样性也是连锁经营企业考虑的因素之一。

从选择供应商的标准统计调查数据中发现，我国连锁经营企业在考核评价选择供应商时存在一些应注意的问题：连锁经营企业在选择供应商时，主观的成分过多，往往根据对供应商的印象来确定究竟与哪个供应商成交；另外，对供应商选择依据的标准不全面，目前连锁经营企业的选择标准多集中在供应商的商品质量和价格方面。

其实，连锁经营企业可以把供应商分为两个类型：重要供应商和次要供应商。重要供应商是少数的、与连锁经营企业关系密切的供应商；而次要供应商是相对多的、与连锁经营企业的关系不是很密切的供应商。供应链合作关系的变化主要影响重要供应商，而对次要供应商的影响较小。

在继续深入分析的基础上，根据供应商在供应链中的增值作用和竞争实力，还可对供应商进行分类，分类矩阵如图 10-4 所示。

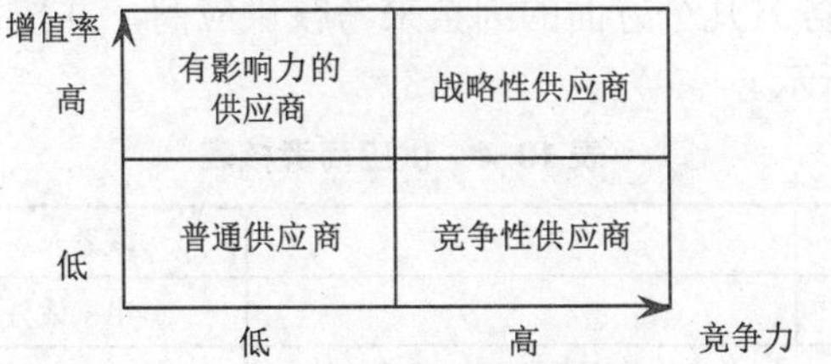

图 10-4 供应商分类矩阵图

在图 10-4 中，纵轴代表的是供应商在供应链中的增值作用。对于一个供应商来说，如果不能增值，那么，它在供应链中就不可能存在；横轴代表的是某个供应商与其他供应商之间竞争力的区别。在实际运作中，连锁经营企业要根据不同的目标选择不同类型的供应商。对于长期需求而言，要求供应商能保持较高的竞争力和增值率，因此最好选择战略性供应商；对于短期或某一短暂市场需求而言，只需选择普通供应商满足需求即可，这样可以保证成本最小化；对于中期需求而言，可以根据竞争力和增值率对供应链重要程度的不同，选择不同类型的供应商（有影响力或竞争性的供应商）。

还要指出的一点是，进行供应商考核是有成本的，面面俱到地对供应商的所有方面进行考核评价是不符合成本收益原则的。因此，进行供应商考核要抓住关键的少数指标。例如，在酿造啤酒的过程中，影响啤酒质量的因素很多，但主要因素是水的质量、酿造的温度以及酿造的时间。这三个因素控制好了，就能保证啤酒的质量。同样，在所有的供应商考核要素中，质量是最基本的前提。如果商品质量不合格，其他方面的评价就失去了意义。

五、供应商综合考核评价指标体系的设计

要对供应商作出系统全面的考核评价，就必须有一套完整、科学、全面的综合考核评价指标体系。调查表明，影响供应商选择的主要因素可以归纳为以下四大类：

企业业绩，如质量管理方面的业绩、知名大客户的评价、通过的质量认证、质量管理方面的研究成果等。

产品结构和供应能力，如产品线、产品组合情况、生产规模、仓储配送能力等。

质量系统，如产品的品质评审记录、品质保证经理和管理者代表、品质保证体系、全员品质意识等。

企业环境，如供应商市场的政治、法律、经济、技术、人文环境，自然条件，供应商竞争的类型等。

目前，在国内大型连锁经营的实际操作中，采购人员通常从价格、品质、逾期率和配合度（服务）几个方面的因素来考核供应商，并按百分制的形式来计算得分，如表 10-4 所示。

表 10-4 供应商考核表

供应商名称			联系人		
地址及邮编			电 话		
项 目	配 分	考核内容及方法		得 分	考核人
价格	最高为 40 分，其中标准分为 20 分	根据市场最高价、平均价、自行估价制订一个标准价格，标准价格对应分数为 20 分 每高于标准价格 1%，标准分扣 2 分；每低于标准价格 1%，标准分加 2 分 同一供应商供应几种商品，其得分按平均分计算			
品质	30 分	以交货批退率考核： 批退率=退货批数÷交货总批数×100% 得分=30 分×（1–批退率）			
逾期率	20 分	逾期率=逾期批数÷交货总批数 得分=20 分×（1–批退率） 另外，逾期 1 天，扣 1 分；逾期造成缺货 1 次，扣 2 分			
配合度	10 分	1．出现问题，不太配合解决，每次扣 1 分 2．公司会议正式批评或抱怨 1 次扣 2 分 3．客户批评或抱怨 1 次扣 3 分			
			总 计		
备注	1．得分在 85～100 分者为 A 级，A 级为优秀供应商，可大量采购 2．得分在 70～84 分者为 B 级，B 级为合格供应商，可正常采购 3．得分在 60～69 分者为 C 级，C 级为应辅导供应商，需进行辅导，减量采购或者暂停采购 4．得分在 59 分以下者为 D 级，D 级为不合格供应商，应予以淘汰				

至于以上项目是否齐全，各项分数分配是否恰当，究竟应如何分配，各连锁经营企业可视具体情况自行决定。若存在 5 个项目，就可以每个项目给 20 分，然后分别予以不同的权数 0.3，0.2，0.2，0.2，0.1，最后计算加权平均分。

1．价格

根据市场同类商品的最低价、最高价、平均价、自行估价，计算出一个较为标准、合理的价格。

2．品质

批退率：品质以交货批退率考核，即根据某固定时间内（如一个月、一季度、半年、一年）的批退率来判定品质的好坏。如上半年某供应商交货 60 批次，判退 3 批次，该供应商的批退率=3÷60×100%=5%，批退率越高，表明其品质越差，得分越低。

平均合格率。根据每次交货的合格率，计算出某固定时间内合格率的平均值，以此判断品质的好坏。如 1 月某供应商交货 3 次，其合格率分别为：90%、86%、94%，则其平均合格率=（90%+86%+94%）÷3=90%，合格率越高，表明其品质越好，得分越高。

总合格率。根据某固定时间内总的合格率来判定品质的好坏。如某供应商第一季度分 5 批供货，共交货 10 000 个，总合格数为 9 850 个，其合格率= 9 850÷10 000×100%=98.5%，合格率越高，表明其品质越好，得分越高。

3．逾期率

逾期率=逾期批数÷交货批数×100%，逾期率越高，得分越少；逾期时间越长，扣分越多；若逾期造成缺货，则加重扣分。

4．配合度（服务）

在配合度上，应分配适当的分数，服务越好，得分越多。

将以上四项分数先相加得出总分，以此为最后考核评比分数，来考核评价供应商。

需要注意的是：供应商评价切忌面面俱到，全面撒网，全面用力，要善于抓重点，抓关键点，这样才能取得事半功倍的效果。经验证明，供应商评价控制的关键点有以下几个方面：

（1）供应商的初选及选择条件。

（2）供应商的品质保证能力的调查。

（3）供应商的样品品质鉴定。

（4）供应商评价内容及步骤的确定。

（5）供应商评价结论的审核与批准。

（6）合格供应商的批准以及档案的建立。

（7）合格供应商的供货情况的定期监督与考核。

（8）根据供应商定期考核的情况，进行优胜劣汰的选择或辅导。

（9）对已发现的问题的处置。

本章小结

供应商是指那些向买方提供产品或服务并相应收取货币作为报酬的经济组织。搞好供应商管理也是搞好采购管理的基础工作。供应商管理的核心内容是如何降低价格。

供应商关系管理在我国还处于初级阶段。但随着行业竞争的加剧，不稳定的供应商关系给企业带来的经营风险也越来越大。实践证明，战略供应商关系管理在一定程度上起到整合行业的供应链的作用，它能够进一步优化资源配置，增强供应商和采购方双方的竞争优势，降低营运风险，对许多国内连锁经营企业都有现实的借鉴意义。

供应商管理的主要内容是开发供应商，在此基础上对供应商进行评估与考核、激励和控制。

要开发供应商，就必须扩大供应商来源，开展招商活动，与供应商建立合作伙伴关系。

选择供应商的基本条件是合适的商品质量、齐全的企业资料、合理的交易条件。

新品引进是连锁经营企业经营活力的重要体现，是保持和强化企业经营特色的重要手段，是企业创造和引导消费需求的重要保证，也是连锁经营采购供应商管理的重要内容。

由于卖场空间和经营品种有限，所以每导入一批新商品，就相应地要淘汰一批滞销商品，促使整个连锁店的商品结构优化，以实现整体利润最大化。

加强对供应商的控制会使连锁经营企业由于实现了价格控制、保证了商品质量、实现了物流成本的节省、有效地控制了损失而在成本控制方面取得理想的效果。

合同控制是连锁经营企业通过与供应商进行谈判、协商，根据双方的利益达成某种一致，并由双方签署的框架式协议。它的目的是使双方在今后的具体购销活动中能更好地履行各自的权利和义务，基于该合同产生的一切买卖行为都要以框架协议的规定为准。

美国的供应商控制主要是通过完全竞争控制来实现的，而日本的供应商控制则主要通过合同控制。将这两者结合建立供应商的激励机制也许是一种更好的供应商控制方式。

供应商考核管理目标是：获得符合连锁经营总体质量和数量要求的商品和服务；确保供应商能够提供优质的服务和商品，以及及时地供货；力争以较低的成本获得优良的商品和服务；淘汰不合格的供应商，开发有潜质的供应商；维护和发展良好的、长期稳定的供应商合作关系。

供应商考核管理的主要内容包括：供应商是否遵守连锁经营企业制订的供应商行为准则；供应商是否具备良好的售后服务意识；供应商是否具备良好的质量改进意识和开创新意识；供应商是否具备良好的运作流程、规范的企业行为准则和现代化企业管理制度。

复习思考题

一、选择题

1．选择供应商的基本条件是（ ）。

A．过硬的商品质量　　B．齐全的企业资料

C．低廉的供应价格　　D．较短的付款期限

2．供应商的控制会使连锁经营企业达到（ ）的目的。

A．价格控制　　B．保证了商品质量

C．实现了物流成本的节省　　D．有效地控制了损失

3．完全竞争控制主要可以达到（ ）的目的。

A．控制成本　　B．信息完全化

C．完善市场竞争机制　　D．形成战略伙伴关系

4．供应商考核管理的目标是（ ）。

A．获得符合连锁经营总体质量和数量要求的商品和服务

B．确保供应商能够提供优质的服务和商品，以及及时地供货

C．力争以较低的成本获得优良的商品和服务

D．淘汰不合格的供应商，开发有潜质的供应商

二、判断题

1．国内外产品展销会也是寻求供应商的主要信息来源。（ ）

2．开展招商活动不仅达到了采购商品的目的，而且还可以创造一个好的品牌及社会效应，让供应商了解连锁经营。（ ）

3．供应商关系的开发，是指与供应商建立合作伙伴关系，把供应商纳入连锁经营的供应链管理中来。（ ）

4．合同控制有利于供应商降低生产成本。（ ）

5．目前我国连锁经营在选择供应商时，主要的标准是商品质量，其次是价格，再次是交货提前期。（ ）

6．新发明创造的产品是新产品，改进型产品、新品牌产品、新包装产品也可称之为新产品。（ ）

三、问答题

1．供应商成本控制的作用主要体现在哪几个方面？

2．供应商管理的正常交易模型和供应商管理的伙伴模型的基本原理有什么关系？

3．完全竞争控制主要想达到哪些目的？

4. 为什么说建立供应商的激励机制也许是一种更好的供应商控制方式？

5. 供应商考核管理的目标有哪些？

6. 供应商考核管理主要包括哪些内容？

7. 如何根据供应商在供应链中的增值作用和竞争实力对供应商进行分类？

四、案例分析

案例1　供应商综合月度考评

某连锁经营企业根据供应商分类模型，将供应商分为伙伴型、优先型、重点商业型及普通商业型四类。该连锁经营企业进行“供应商考评工作指导”，所有供应商都必须进行月度考评，其中对伙伴型、优先型和重点商业型供应商要提出月度评估报告，发送相关部门并反馈给供应商进行改善。对于普通商业型供应商则只需统计考评分数，对供应商的供应表进行监测，一旦不符合要求可以直接考虑淘汰。考评细则分为四块：质量部分由品质管理部门负责，每月进行一次考评；价格及合作部分则由采购部负责，每季进行一次；结果综合与报告由采购部负责，每月记录一次。每年初，采购部门会同品质管理部门与生产计划部门共同制订各供应商的年度考核目标，并与供应商讨论征得其同意。每月考核结果是由采购部通知供应商，若不符合年度目标要求，供应商需要提出相应的改进措施，并将改进措施以及改善结果按要求定期反馈给采购部门。针对供应商的实际表现，连锁经营企业实施以下奖惩措施：

（1）表现正常的供应商——连续六个月考评分数大于 80 分，其中质量部分大于 30 分，交货部分大于 20 分。这些供应商可考虑作为年终优秀供应商评选的候选单位。

（2）警告状态的供应商——包括连续六个月考评分数小于 80 分的供应商以及新批准交货期不到一年的供应商。对于连续六个月考评分数小于 80 分的供应商应限期六个月内改进，否则该供应商就应该降为“开除状态”。

（3）开除状态的供应商——连续 12 个月考评分数小于 80 分的供应商。这些供应商原则上必须予以开除。

如因客观条件所限不能开除，则需经采购经理同意，责令其限期整改，整改完毕后对其重新进行全面审核，审核结果符合要求而且供应商愿意根据审核结果持续进行改进的，才能回到“警告状态”。

供应商月度考评分数总分为 100 分：

* 质量批次合格率（质量）　　35 分
* 准时交货率（交货）　　25 分
* 价格　　20 分

* 支持 20分

其中，质量批次合格率与准时交货率每月考评一次，由商品质检员负责，具体打分要求如表10-5所示。而价格与支持每季考评一次，由采购员负责，具体打分如表10-6所示。供应商月度考评综合报告如表10-7所示。

表10-5 供应商质量批次合格率与准时交货率月度考评细则

质量批次合格率（%）	得 分	准时交货率（%）	得 分
100	35	99～100	25
>99.5	30	95～99	20
>98.5	25	90～95	15
>97.5	15	80	10
>95	5	70～80	5
<95	0	<70	0

表10-6 供应商价格与支持季度考评细则

价 格	得 分	支 持	得 分
报价合理、具体、透明	2	反应及时、到位	5
价格具有竞争力	12	合作态度良好	3
不断降低成本	2	沟通手段齐备	3
让顾客分享降低成本的利益	2	共同改进积极	5
开具收款发票合格、及时	2	其他	4
满分	20	满分	20

表10-7 供应商月度综合考评报告

供应商名称： 主要产品：

考评期： 报告期：

供应商表现

细 则	总 分	1999年各月考评各项表现得分											
		1月	2月	3月	4月	5月	6月	7月	8月	9月	10月	11月	12月
质 量	35	23	24	24	28	30	33						
交 货	25	24	24	23	22	24	24						
价 格	20	14	14	14	15	15	15						
支 持	20	12	12	12	12	12	12						
总得分	100	73	74	73	77	84	86						

改进要求： 跟进行动：

采购员： 日期： 供应商： 日期：

改进检查结果： 跟进行动：

采购员： 日期： 供应商： 日期：

问题：

分析上述连锁经营企业的供应商综合月度考评方法的优缺点，并说明原因。

案例 2 中商集团对供应商的引进、评估及认可

中商集团认为，对供应商的引进、评估及认可是采购工作关键的一步。经过实践，中商集团供配货中心总结出一套引进、评估及认可供应商的程序，主要有以下步骤：

1. 接洽和登记

各采购部在供应商接待日，由买手或买手助理接待未进场的供应商，并与之洽谈。查验供应商相关证件，了解其经营意图，并把供应商分为厂商和代理经销商两大类，填写《供应商资料登记卡》。

2. 对供应商进行调查和分析

（1）检查该供应商的资信状况、相关证件是否属实。供应商应提交营业执照复印件，还要提交由供应商法定代表人签字（并加盖公司印章）、发给供应商谈判人员的授权书原件。如果供应商是代理商，就提交供应商与生产厂家之间签订的代理合同或其他证明的复印件；进口商品应提交进出口许可证、进出口卫生检疫证、进出口单据和其他有关文件的复印件。此外，供应商还应出具商标注册证、条码证明、专利证明等其他相关证件。

（2）调查了解供应商的产品在同类商品中所处的地位；生产厂家的规模，代理商的权限；供应商品的价格、质量，是否有充足的货源，以及商品的毛利率；同类商品在中商集团各大卖场的销售情况；供应商的商品在竞争对手的商场销售的状况；供应商对中商集团的支持力度；供应商的商品引进后市场销售情况的分析预测，等等。通过上述调查和分析，确定该供应商是否可以引进。如果可以引进，则填写《供应商引进申报表》。

（3）为了保证引进工作的效率，上述调查、分析工作必须在 1 周内完成。

（4）将获得认可的供应商确定为后备供应商，并将其所填写的《供应商资料登记卡》、《供应商引进申报表》及供应商的相关证件，上交给采购部高级经理。高级经理审核同意后，填写《引进供应商登记表》，然后提交给“供应商审查委员会”审核批准。

（5）“供应商审查委员会”由中商集团供配货中心总经理、物价部门、质检部门、财务部门、监督部门代表及买手和高级经理组成。“供应商审查委员会”对新引进的供应商的资质、商品的质量及价格、销售预测、相关费用、经营位置等进行审查后，最后确定该供应商是否被引进。

问题：

中商集团供配货中心总结的这套引进、评估及认可供应商的程序可以推广应用吗？为什么？

第十一章 11

连锁经营采购谈判和采购合同

学习目标

技能目标： 1. 学会制订连锁经营采购合同及审查合同条款

2. 能熟练运用采购谈判技巧

知识目标： 1. 掌握连锁经营采购谈判的基本方法

2. 熟悉连锁经营采购合同的基本内容

引导案例 某商业有限公司与供应商的采购协议

某商业有限公司与供应商协商约定，采购方以传真方式将订单发送给供应商。供应商在收到订单后30天内必须将采购方订购的商品按订购数量送至采购方指定的地点。如果延误，采购方将每天按商品总额的0.5%给予供应商处罚，以上罚金采购方有权在采购方应付供应商货款中直接扣除。如供应商按时交货，但有部分商品数量不足，采购方将按缺货商品价值总额的20%一次性从应付供应商货款中扣除，作为违约罚金。

采购方收到供应商所供应的商品后，应向供应商送货人员出具订单并填写实际收货数量，同时填写验收单，双方必须在订单及验收单上相应位置签名确认。供应商送货人员持订单作为采购方付款凭证，如供应商不慎将订单丢失，应出具供应商书面证明，并由法定代表人签字后采购方才给付货款。

由于连锁经营有一个庞大的销售网络系统，其销售总量巨大，因而成为许多供应商争夺的销售渠道。但连锁经营企业受其卖场面积和经营品种等因素的限制，必须对希望进入连锁系统的众多供应商进行选择，同时，供应商也不是无条件加入连锁系统的，这就涉及到连锁经营采购谈判和签订连锁经营采购合同。那么，采购商可采取哪些谈判方法？连锁经营采购合同内容有哪些？这些就是本章将要学习的内容。

第一节　连锁经营采购业务谈判

一、供应商准入制度

设立供应商准入制度，目的是从一开始就淘汰和筛选不合格的供应商，以便节约时间，提高采购效率。供应商准入制度一般由采购部制订、采购委员会或总经理审核签发后实施。供应商准入制度的核心是对供应商资格的审查，包括供应商的资金实力、技术条件、资信状况、生产能力等方面。这些条件是供应商供货能力的基础，也是将来履行供货合同的前提保证。这些基本的背景资料要求供应商提供并通过银行、咨询公司等中介机构加以核实。关于如何选择供应商，我们已经在上一章介绍过了，在此不再赘说。在供应商资格达到基本要求后，连锁经营采购人员应将其对具体供货要求的要点向供应商提出，初步询问供应商是否能够接受。若对方能够接受，方可准入，并且将这些要点作为双方进一步谈判的基础。

二、连锁经营采购业务谈判的内容

1. 连锁经营采购业务谈判的三项制约文件

连锁经营采购业务员同供应商进行谈判的依据是连锁经营企业制订的采购计划、商品促销计划以及供应商文件。

（1）采购计划。该计划包括商品大类、中分类、小分类等各类别的总量目标以及比例结构（如销售额及其比重、毛利额及其比重）、周转率、各类商品的进货标准等。

（2）商品促销计划。该计划包括参加促销活动的厂商及商品，商品促销的时间安排，促销期间的商品价格优惠幅度、广告费用的负担、附赠品等细节内容。

（3）供应商文件。采购计划与促销计划是连锁经营企业采购部制订的两项总体性计划，通常是针对所有商品制订的，而不是针对某供应商制订的。连锁经营企业采购业务员同供应商的业务谈判还必须依据总部制订的供应商文件来进行，其内容包括：供应商名单（公司名称、地址、开户银行账号、电话等）、供货条件（品质、包装、交货期、价格及折扣等）、订货条件（订购量、配送频率、卖场布局与陈列等）、付款条件（进货审核、付款、退货抵款等）、凭据流转程序（采购合同——订货单——供货编号——形式发票——退货单——退货发票）等。

供应商文件的作用实际上是要求供应商在与连锁经营企业的交易中，按照连锁经营企业的运作规范来进行交易。

2. 连锁经营采购业务谈判的基本内容

上述三项文件尤其是供应商文件构成了采购业务谈判内容的框架，也是采购合同的基本内容框架。具体的谈判内容主要包括：

（1）采购商品——品牌、质量、品种、规格、包装等。

（2）采购数量——采购总量、采购批量等。

（3）送货——交货时间、频率、交货地点、最高与高低送货量、保质期、验收方式等。

（4）退货——退货条件、时间、地点、方式、数量、费用分摊等。

（5）促销——促销保证、组织配合、费用承担等。

（6）价格及价格折扣——新商品价格折扣、单次订货数量折扣、累计进货数量折扣、年底返利、不退货折扣、提前付款折扣等。

（7）付款条件——付款期限、付款方式等。

（8）售后服务保证——保换、保退、保修、安装调试等。

3. 连锁经营采购谈判中应注意的事项

（1）交易谈判的基本原则是双赢，既要使自己作出最少的让步而获得最大的收益，同时又能使对方同意。

（2）谈判前要做好充分的准备，如明确自己的责任及可承担的极限，明确要达到的目的，分析对方的有利和不利条件，认清对方应承担的责任，了解对方的要求，了解对方谈判代表的背景，如教育程度、职位、权力、个性、喜好、年龄、资历、籍贯、语言、家庭状况、身体状况等。

（3）选择对自己熟悉的、有利的谈判地点、谈判环境和谈判时间。

三、价格确定中的谈判方法

采购商通过公开招标可以取得所要采购商品的合理价格，竞争可以使价格降到很低的水平。在这种水平下，高效率的供应商仅仅能够补偿其生产和销售的成本，并获取少量的利润。如果供应商想取得订单，就必须能够提供给采购商一个有吸引力的报价。这使供应商承受着很大的压力。作为采购商，要进行高效率的招标，必须具备几个条件：①存在至少两家、最好多家有资格的供应商；②供应商希望达成交易（公开招标在买方市场上最为有效）；③商品的规格清楚，这样，每家投标商才能准确地了解所要投标的项目，采购者也能容易地比较来自不同投标商的报价；④不存在投标商之间的串通。当这些条件中任何一个得不到满足时，即只有单一货源、卖方市场、规格不完全或者能产生不同的理解、供应商有串通的嫌疑时，谈判就成为价格确定过程中的一种比较合适的方法。

谈判是价格确定过程中最复杂也是成本最高的一种方法。这种方法通常在不宜采用公开招标的大宗采购项目上使用（即议价采购）。谈判需要双方坐下来，通过商讨就一项采购销售合同的主要条款达成共识，如运输、规格、保修、价格及其他条件等。谈判通常应用于采购者面对单一货源的情况，在这种情况下，采供方要最终能够达成协议，他们的任务就是确定能为双方接受的一系列的条件。因为要花费时间和费用，所以除非涉及的金额非常大，否则不采用正式的谈判。

供应商和采购企业都希望进行公平的谈判，而供应商最好做到以下几点，才能确保谈判的公平性：①以高效率的方式运作；②保持价格与成本的相关性；③不利用只有一家供应商的优势；④对于客户的要求能够进行适当、合理的调整；⑤愿意考虑采购商的特殊需求。

1. 讨价还价

连锁经营企业讨价还价的目的是为自己争取最大的优惠条件，降低采购成本。讨价还价首先需要了解产品的基本情况；其次要了解产品的各种报价；还需要估计经销商的大致利润。在了解了各种报价、经销商的大致利润后，就将面临一个“砍价”的过程。常言道“货比三家”，采购人员在讨价还价之前可以多问几个供应商的报价，遇到过高的报价自然不会去购买，对于过低的报价也要警惕。一般情况下，采购方遇到的是一个差不多的报价，这时候就要分析考虑具体情况了。在讨价还价的过程中，要合理还价，对于一些最新上市、售价高昂、品牌知名度较高的产品，采购方可以多还点价；反之则可以少还点。总之，要做到“心里有杆秤”，既要称供应商又要称自己，两边平衡了才能双方共赢。

2. 价格抬高的修正

一般而言，谈判一定要在比较低的价位上达成。但在某些偶然情况下，采购者可能会作出把供应商的初始报价抬高的修正。这是因为如果在谈判过程中采购者清楚地了解到供应商可能对规格存在误解，也就是说，供应商可能低估了完成任务所需耗费的资源，那么采购者可以提供相关信息以引起供应商的注意，从而相应地调整供应商的报价。一份好的合同必须是双方都能接受的。

四、价格变化条款

1. 价格下跌的担保

对于需要重复采购的商品，其交易价格是依据当时的市场价格签订的。因此，合同相当于提供了市场价格下跌的担保，如果要求价格随市场变化而变化，须注明价格的变化将由一种特定的商业或者贸易期刊上公布的价格表确定。这样就不会出现采购商担心价格下跌得更多，不愿意马上进行采购的情况了。价格下跌担保消除了采购者的担忧。

2. 价格保护条款

合同的价格保护条款就是指在连锁经营采购者与一家或者多家供应商就商品签订长期合同的情况下，如果与合同上标明的销售价格相比，一家可信赖的供应商可以以更低的销售价格提供给采购者条件类似、数量相同、质量相当的商品，则采购方有权要求签订合同的供应商或者把销售价格降到这个较低的价格水平；或者允许采购者以更低的价格从其他的供应商处采购。

3. **伸缩条款**

许多伸缩条款就成本变化时的价格升降进行了说明。伸缩条款往往在极度通货膨胀时期得到广泛的应用。在通货膨胀时期，供应商认为其未来成本非常不确定，而且不可能给出稳定的报价。如果定价包含了所有的风险，就会因为价格过高而减小吸引力，而且对于采购的连锁经营企业来说这样做也是不公平的。

在确定带有伸缩条款的合同时，会遇到许多特殊的问题。例如，价格调整的比例，在调整价格时所采用的价格和工资比率方法，把平均数应用到基本价格上的方法；调整数量的限制；支付的方法等。在价格稳定时期，伸缩条款常常被用于长期合同之中，前提是一定的成本可能上涨而供应商对于这种上涨却无能为力。在通货膨胀时期，短缺和卖方市场使得伸缩条款在短期合同中也得到了广泛的运用，因为供应商希望保留提高价格的权利，从而保证一定的利润。一旦双方接受了这个条款、合同中涉及伸缩条款的部分、修正的频率以及合同的期限，绝大多数伸缩条款就会自动生效。所以，在确定这些因素时需要特别小心。

4. **最惠客户条款**

最惠客户条款是另一种被广泛应用的价格保护条款，类似外贸中的最惠国条款。简单地说，就是要求供应商在合同期间不能提供给其他采购者更低的价格，或者在提供给其他采购者更低的价格时，先前签订的合同上的价格要随之降低到这个更低的价格水平。

【小资料】

沃尔玛在采购业务洽谈过程中，采取规范化、标准化的谈判业务程序。第一，谈判地点统一化。与供应商谈判的地点一律选择沃尔玛公司洽谈室，一方面作为谈判主战场，对公司谈判有利；另一方面使谈判透明度高，规避商务谈判风险，防止业务员的投机主义行为。第二，谈判内容标准化。按公司规定的《产品采购谈判格式》要求进行谈判。例如，谈判涉及的商品属性、产品质量、包装要求、采购数量、批次、交货时间和地点、价格折扣、付款要求、退货方式、退货数量、退货费用分摊、产品促销配合、促销费用分摊等相关内容。

五、折扣条款

折扣可以分为两类：第一类折扣包括内部价格以及其他多种价格优惠。这类折扣不完全受法律和商业上的保护；第二类折扣包括日常的现金折扣、商业折扣和数量折扣，它们是完全合法的也是公平的。

区分这两类折扣很困难。因为有时到底是否合法很难确定。显然，现实中存在着几种明显的价格优惠，如内部价格。任何有责任感的连锁经营采购商都不会要求供应商提供内部价格。因为供应商提供给某一采购者内部价格，也可能会提供给另一家采购者相似的或者更低的内部价格。在价格政策上不坦白、不诚实的供应商是不值得与其进行交易的。因此，与第一类折扣相比较，第二类折扣需要更多的关注。

1. 现金折扣

虽然实际的折扣条件受交易惯例的影响，并且在不同的行业有很大的区别，但是事实上几乎每一家工业产品的供应商都提供现金折扣。现金折扣的目的是为了鼓励采购者尽快地支付货款。大部分供应商都希望大多数采购者都按照这个折扣价格付款，那些没有在规定期限内付款的采购者将受到“惩罚”，即支付全价。然而，现金折扣数量的变化常常背离使用现金折扣者的原意。在现实中，现金折扣常常被作为变动价格的另一种方法。如果一家采购商得到了以前不太可能得到的现金折扣，那么他会认定实际上商品是降价了，只不过采用了不同的说法而已。另一方面，现金折扣数量的减少实际上被看作是价格的上涨。所以，现金折扣有时会带来价格政策方面的难题。但是如果现金折扣不是以相同的条件给予所有的采购者，那么各公司的采购部门就会十分重视现金折扣的问题，并把这个问题让合适的财务主管来处理。如果得不到现金折扣，采购者通常对此是不负责的。因为现金折扣的取得依赖于公司的财务政策，准确地说，现金折扣是一种财务政策而不是采购政策。

连锁经营采购者应该尽可能地保证企业能够获得通常情况下供应商都给予的现金折扣。对于采购者来说，他们的职责是及时地检查收货过程是否存在不必要的时间浪费，各种文件是否都已经按照预期计划进行了处理，从而确保能够获得现金折扣。如果信用条件是 10 天内付款，现金折扣为 2%，信用期为 30 天，那么如果能够获得这个现金折扣，就相当于获得了大约 36%的年利率。这是因为，如果采购企业不在 10 天的折扣期内付款而是在 30 天的时候付款，对于这部分货款 20 天占用的实际成本是 2%（即失去的折扣），一年按 360 天计算，大约有 18 个 20 天，那么，2%×18=36%。这就是实际的年利率，至于现金折扣对于采购方是否具有吸引力，这要看资金对于采购方是不是稀缺的。为了确定能够取得现金折扣而必须付款的确切日期，并且避免供应商开出的不合要求的发票所造成的麻烦，一些企业在采购订单中增加了一项条款，上面注明“能够获取现金折扣的信用期间的计算要从收到合格的商品或者收到正确开出的发票算起，如果这两个日期不一致，则取较晚的一个日期。”一些客户即使过了折扣期限付款仍能够取得现金折扣。采购者的一部分职责是保证其公司真正履行合同的条款。这就意味着采购者要在其他职能方面进行一些协作工作来保证适时地付款。这一点对于合伙或者联盟连锁经营企业尤为重要。

2. **商业折扣**

商业折扣是制造商提供给那些作为分销商的采购者的折扣。一般说来，制造商给分销商提供商业折扣，结果会使用户从分销商处进货比从制造商处直接采购的成本更低。制造商通常会依赖分销商（如连锁经营企业）来销售他们的商品。为了保证商品在选定的渠道中流通，分销商会得到其应有的商业折扣价。然而，商业折扣并不是总能够得到合理的运用。一些没有资格的分销商有时得到了商业折扣，而他们提供给客户的服务与其得到的商业折扣是不相称的，违背了制造商实施商业折扣的初衷。一般来说，经营规模较小，但是从单一货源获得多种商品或者频繁并且迅速进行分销的分销商更容易从制造商或者其他的分销商处得到有商业折扣的供货。对于大批量的销售，制造商自己会直接进行，当然它们也可能把那些同一地区批量较小的业务留给分销商。因为有些制造商对于约定购货量在最小标准以下的订货是拒绝进行交易的。

3. **数量折扣**

数量折扣可以在购买达到特定数量商品的时候获得，并且与所购买的数量大致成比例。从供应商的角度来看，提供数量折扣的合理性在于采购企业采购的数量导致了供应商成本的节约，这就使为其带来成本节约的采购企业能够获得较低的价格。这种成本节约可以分为两类：第一类是市场营销或者分销费用的节约；第二类是生产费用的节约（规模经济效益）。

市场营销或者分销费用并不随交易批量的增大而增大，所以交易批量越大，得到的利益也就越大；广告费用也是类似的情况；包装、装箱和装船的成本并不随批量增加而等比例地增加。由于这些原因，不超过处理大小批量成本差异的直接数量折扣是合理的。

从节省生产成本的角度来看，企业应采取大批量生产而不是小批量生产，因为生产准备成本（固定成本）对于不同的生产批量可能是相同的；单位材料成本可能会随批量增大而下降。

从采购者的角度来看，数量折扣的问题与存货策略是密切相关的。虽然订货批量越大，商品单价可能越低，但是持有更多存货的储存费用也会相应增加。因此，订货批量上产生的节约必须与增加的存货成本相比较，从而作出合理的决策。

六、折扣与成本的权衡

1. **价格折扣与采购批量选择**

在连锁经营采购过程中如果采购的批量很大，获得价格折扣就很正常。但接受较大批量货物会形成更多的存货，从而增加库存成本。如何解决这一矛盾呢？关键在于：是否应该增加存货量以取得更低价格下的利益。总的原则应该是：如果接受大批量采购获得的价格折扣大于因大批量进货而增加的库存成本，那么大批量采购就是经济的、可行的；反之，就是不经济的、不可行的。

当然，从采购者的角度出发，最好能以小批量的进货取得较低的价格，这就只能通过每年的合同、累积折扣或者集中订单来实现。这一类型的分析同样也能够用来确定采购者为了避免过多的存货而愿意接受多大程度上的价格差别。

2. **数量折扣与货源选择**

数量折扣之所以能够引起许多连锁经营采购者的兴趣，是因为随着采购批量的增加，采购价格会越来越优惠。但是所有类型的数量折扣，尤其是累积折扣，都是以减少供应商的数量为代价的，因而限制了采购商对于货源的选择。

既然适当运用数量折扣具有合理性，采购者就应该在任何可能的情况下取得这样的折扣。一般来说，数量折扣是供应商竞争的常用手段。但有的供应商在给予数量折扣的同时加收服务费用，这是不可取的。因为采购者是在购买货物或者商品，不应该自行装箱、包装货物，或者运输。供应商应该从制造和销售其加工的商品的过程中，而不是从提供那些完全辅助性的服务过程中获得利润。尽管这些辅助性的服务是必需的，也应该得到相应的报酬，并且由采购者来为这些服务支付报酬是正常的，但是采购者不应付出比这些辅助性服务的实际成本更高的代价。

对于一些行业，产量越大，单位产品的间接生产费用就越低。没有大批量订货的客户，生产的平均成本将会很高。然而，所有小批量客户的订货总量在供应商的业务总量中所占的比例可能比大批量客户的要大。因此，就提供降低生产成本所必需的产量而言，小批量客户可能比大批量客户对供应商作出的贡献更大。

由于大客户的订货常在季度初进行或者在季度商品实际生产前进行，因此，有人认为它们应该得到更多的折扣，因为它们的订货给制造商的生产带来了方便。其实这样的折扣称作数量折扣是不恰当的，它实际上是一种时间折扣，因为这种折扣是由于较早的订货而获得，而与订货量无关。

3. **累积（数量）折扣与货源选择**

还有一种数量折扣是累积折扣，它是根据采购者所累计采购的商品数量而给予的折扣，数量越多折扣率越高。这里的数量不是根据某一次的采购量来确定的，而是根据某一时期内总的采购数量来确定的。这种折扣的目的是用来刺激客户的长期惠顾。通过提供累积数量折扣，供应商希望促使采购者只从其一处货源订货，而不是从许多货源订货，这能给提供折扣的供应商带来好处。一般来讲，采购者不应该从多个货源订货，因为把订货分散到多个货源是不经济的。在这种情况下，没有供应商愿意像它能够得到采购者业务量较大的份额那样对采购者的需求给予同等的重视。

累积折扣的应用与其他数量折扣一样，也必须符合有关法律的规定。这里会涉及折扣的合法和非法使用问题。折扣有其存在的理由，然而，折扣也是能够被非法运用的。它们可以被用来提供价格让步，以合法的商业行为的伪装来降低价格，或者用来给予不同类型的采购者不同的待遇。

第二节　连锁经营采购谈判技巧

连锁经营采购谈判技巧对于谈判成功与否关系极大，采购人员有必要对此认真研究和探讨，以提高采购谈判能力，为连锁经营企业创造更多的效益。以下介绍一些常用的连锁经营采购谈判技巧。

一、准备充分

常言道：知己知彼，百战百胜。采购人员在谈判前必须了解采购商品的知识、品类市场及价格、该类商品供需情况、本企业情况、本企业所能接受的价格底线，以及其他谈判的目标。特别要注意的是：一定要把各种条件列出优先顺序，将重点、要点简短地写在纸片上，以便在谈判时随时参阅、提醒。

二、找准关键人物

谈判之前，最好先了解和判断谈判对方的权限。采购人员接触的对象可能是业务代表、各级业务主管、经理、副总经理、总经理甚至董事长，依供应商的大小而异。这些人的权限都不一样，采购人员应尽量避免与无权决定事务的人谈判，以免浪费自己的时间，同时也可避免事先将本企业的立场透露给对方。

三、选择有利地点

连锁经营企业通常明确要求采购员只能在本企业的业务洽谈室里谈业务。除了提高采购活动的透明度、杜绝个人交易行为之外，最大的目的其实是在帮助采购人员创造谈判的优势地位。在自己的地盘上谈判，除了有心理上的优势外，还可以随时得到其他同事、部门或主管的必要支援，同时还可以节省时间和旅行的开支，提高采购员自己的时间利用率和工作效率。当然这不是必要条件，只能因地制宜，尽力而为。

四、对等原则

不要单独与供应商的一群人员谈判，因为这样对采购员极为不利。一个人的智力通常是比不过一群人的。谈判时应注意“对等原则”，也就是说：我方的人数与级别应与对方大致相同。如果对方极想集体谈，先拒绝，再研究对策。

五、掩盖喜悦

交易开始前，供应商的期待值会决定最终的交易条件。所以，有经验的采购员，无论遇到多好的商品和价格，都不会过度表露内心的喜悦。让供应商得到一个印象：费九牛二虎之力，终于获取了一点宝贵的进步！永远不要忘记：在谈判的每一分钟，都要保持怀疑态度，不要流露与对方合作的兴趣，让供应商感觉在你心中可有可无，这样可以比较容易获得有利的交易条件。对供商第一次提出的条件，有礼貌地拒绝或持反对意见。采购员可以说："什么？"或者"你该不是开玩笑吧！"等类似的话，从而使对方产生心理负担，降低谈判标准和期望。

六、进退有度

有经验的采购员会想办法知道对手的需要，因此尽量在小处着手满足对方，然后渐渐引导对方满足采购人员的需要，以图在大的方面有所收获。但采购员要避免先让对手知道本企业的需要，否则对手会利用此弱点要求采购人员先作出让步。因此采购人员不要先让步，或不能让步太多。

七、询问探路

采购员要善用咨询技术，在谈判中，询问及征求要比论断及攻击更有效，而且在大多数情况下，供应商在其领域中要比采购员还专业，多询问，就可获得更多的市场信息。故采购员应尽量将自己预先准备好的问题，以"开放式"的提问，让对方尽量暴露出其立场。然后再采取主动，乘胜追击，给对方足够的压力。对方若难以招架，自然会作出让步。

八、转移话题

若买卖双方在谈判中对某一细节争论不休，无法继续谈判，有经验的采购人员会转移话题，或暂停讨论去喝茶，以缓和紧张气氛，并寻找新的切入点或更合适的谈判时机。

九、避免谈判破裂

有经验的采购人员，不会让谈判完全破裂，而是总会给对方留一点退路，以待下次谈判达成协议。但另一方面，采购人员也要知道勉强达成的协议可能后患无穷。

十、肯定对方

在谈判期间，对于对方有建设性的或自认为很好的意见和发言，如果采取否定的语气容易激怒对方，让对方比较难堪，谈判因此会难以进行，故采购人员应尽量肯定对方，称赞对方，给对方留有余地。

十一、做一个好的倾听者

一般而言，供应商业务人员总认为自己能言善辩，比较喜欢讲话。采购人员知道这一点，应尽量让他们讲，从他们的言谈举止之中，采购人员可听出他们的优势和缺点，也可以了解他们谈判的立场。

十二、易位思考

很多人误以为在谈判时，应毫不让步。但事实证明，大部分成功的采购谈判都要在彼此和谐的气氛下进行才可能达到目的。在相同交涉条件上，要站在对方的立场上去说明，这样往往更有说服力。因为这使对方感觉到：达成交易的前提是双方都能获得预期的利益。

十三、以退为进

有些谈判事项可能超出采购人员的权限或知识范围，在这种情况下，采购人员不应操之过急，不应装出自己有此权限或已经了解，作出不明智的决定。此时不妨以退为进，请示领导或与同事研究弄清事实情况后，再答复或决定，毕竟没有人是万事通。草率仓促的决定通常都不是好的决定，智者总是深思熟虑，再作决定。古语云：“三思而后行”或“小不忍而乱大谋”，事情拖到下次解决可能会更好。这样还可以为自己争取到更多的时间来考虑是否拒绝或重新考虑一份方案。

十四、突出优势

告诉对方本企业的优势，如销售量、市场占有率、成长率等，以及未来的发展及目标，让供应商对本企业有信心。不要过多谈及本企业的弱势点，因为这样容易受到对方的攻击。

十五、用事实说话

无论什么时候都要以事实为依据。这里说的事实主要是指充分运用准确的数据分析，如销售额分析、市场份额分析、品类表现分析、毛利分析等，进行横向及纵向的比较。特别是连锁经营企业的销售量对供应商来讲是最有吸引力的。

十六、控制谈判时间

谈判时间一到，就应结束谈判离开，让对方紧张，以便作出更大的让步。可能的话，把其竞争对手也同时约过来，让助理故意进来告知下一个约谈的对象即其竞争对手已经在等待。

第三节　连锁经营采购合同

一、连锁经营采购合同的基本内容

连锁经营采购合同是连锁经营企业和供应商在采购谈判达成一致的基础上，

双方就交易条件、权利义务关系等内容签订的具有法律效力的书面文件，是双方执行采购业务活动的基本依据。合同内容一般包括：采购方名称、地址、法定代表人、供应方名称、地址、标的、标的的数量和质量、价格、包装要求、运输方式及运费、验收方式与期限、货款结算方式、违约责任、合同变更与解除条件及其他合同必备内容。

【小资料】

鲜蛋购销合同

供　　方：________________　　地　　址：________________

邮政编码：________________　　电　　话：________________

法定代表人：______________　　职　　务：________________

需　　方：________________　　地　　址：________________

邮政编码：________________　　电　　话：________________

法定代表人：______________　　职　　务：________________

根据《中华人民共和国合同法》等有关法律的规定，经双方协商，签订本合同，共同信守，严格履行。

品名	计量单位合计	交售时间与数量											
		1月	2月	3月	4月	5月	6月	7月	8月	9月	10月	11月	12月
鸡蛋A	百公斤												
鸡蛋B	百公斤												
备注：													

第一条　品名、计量单位、数量。

第二条　产品质量与标准：供方出售给需方的鲜蛋应新鲜完整、不破损、不变质、鲜蛋表面清洁，不沾附泥污等物。

第三条　包装要求：自备或向需方租用硬塑箱及木箱，由供方付给需方押金与使用费。

第四条　价格或作价办法：全年实行季节差价。收购旺季实行最低保护价，鸡蛋每公斤________元，补贴饲料________公斤；收购淡季实行最高限价，鸡蛋每公斤________元，补贴饲料________公斤。

第五条　收购地点：____。

第六条　交货方式及运费负担：供方鲜蛋送往需方仓库，必须自备车辆、船只或其他运输工具。需方收货后则应按实际数量，每百公斤补贴运输费、损耗________元，交食品站不补贴运杂费及损耗。

第七条　验收方式与期限：供方将鲜蛋送到后，需方依次过磅检验，在 24 小时内验收完毕，逾期验收由需方补贴损耗______%。

第八条　货款结算方式：需方通过验收后，应向供方及时支付货款。

第九条　超欠幅度：交售数量在合同中规定，超欠5%以内不作违约论处。

第十条　违约责任：供方违约每欠1公斤鲜蛋，应补给需方损失______元。需方违约拒收一公斤鲜蛋，则补给供方损失______元。

第十一条　其他约定：供方现存生产蛋鸡______只、蛋鸭______只，若需淘汰更新，须经双方协商同意，才能减少供货数量。

本合同一经签字，即具有法律约束力，双方必须全面履行合同规定的义务，不得单方任意变更或解除，若遇不可抗力，不能履行合同时，应及时通知对方，以书面形式变更或解除合同。

第十二条　本合同正本二份，购销双方各执一份，两份具有同等效力。

第十三条　本合同有效期为____年____月____日至____年____月____日。

供　　方：__________（盖章）　代表人：____　____年____月____日

需　　方：__________（盖章）　代表人：____　____年____月____日

二、连锁经营采购合同的管理

连锁经营企业与供应商建立的商品购销关系，一般要通过签订商品购销合同来加以确认。商品购销合同是买卖合同的一种，是指卖方将商品所有权或经营权转移给买方，买方支付价款的合同。商品购销合同规定供需双方在组织商品购销中的权利和义务，具有法律效力。商品购销合同是供需双方签订的，站在供方的角度，称为供应合同；站在连锁经营企业采购的角度，则称为连锁经营采购合同。

对于连锁经营企业来说，连锁经营采购合同是企业落实商品来源的主要形式，是与供应商连系的纽带；对于供应商来讲，通过采购合同，能加强企业的经济责任，建立商品供应的正常秩序，使企业能更加主动、有效地安排和改进供应活动。因此，加强采购合同的管理，对双方企业来讲都是十分重要的。

连锁经营采购合同的管理贯穿于自签订到执行完毕的整个过程，合同管理就是对整个过程的组织、检查和监督，必须抓好以下几个方面的工作：

（一）建立连锁经营采购合同的管理体系和管理制度

连锁经营采购合同关系到企业的多个部门，为加强合同管理，不仅要设立管理机构（专职人员），而且还要形成一个管理体系。管理体系是由企业主管领导为首的，由采购主管部门、合同管理机构，以及计划、业务、财务、销售、储运等部门共同组成的合同管理网络。

连锁经营企业应建立采购合同管理制度，使合同从签订、承诺到履行、结清的全过程，都处于有效的受控状态。采购合同管理的主要制度包括签约制度、审批制度、法人授权委托制度、印鉴使用制度、履行报告制度、纠纷处理制度、变更解除制度、归档制度和监督管理制度等。

（二）抓好连锁经营采购合同的签订工作

采购合同不能履行或发生合同纠纷的原因，不少是由于签订合同时考虑不周到和不细致造成的。所以，在签订合同时要细致分析影响采购的各种因素，供需双方彼此了解和充分协商，合同条文具体明确、切合实际，这是顺利履行合同和减少争端的关键。特别要指出的是，合同签订首先要符合有关法律要求，例如，当事人应具有相应的民事权利能力和民事行为能力，购销合同的标的必须合法。当事人的意思表示必须真实，合同内容必须完善，订立合同的手续必须完善。为提高采购合同质量，企业要掌握合乎实际的明细需要和使用期限，要了解供方的生产情况、产品质量、管理水平和按时供货的可能性。此外，在合同中规定明确的经济责任，也是保证合同顺利履行的重要一环。

同时，为顺利履行合同和减少合同纠纷，建立科学的合同审批流程也是非常必要的。合同审批流程如图 11-1 所示。

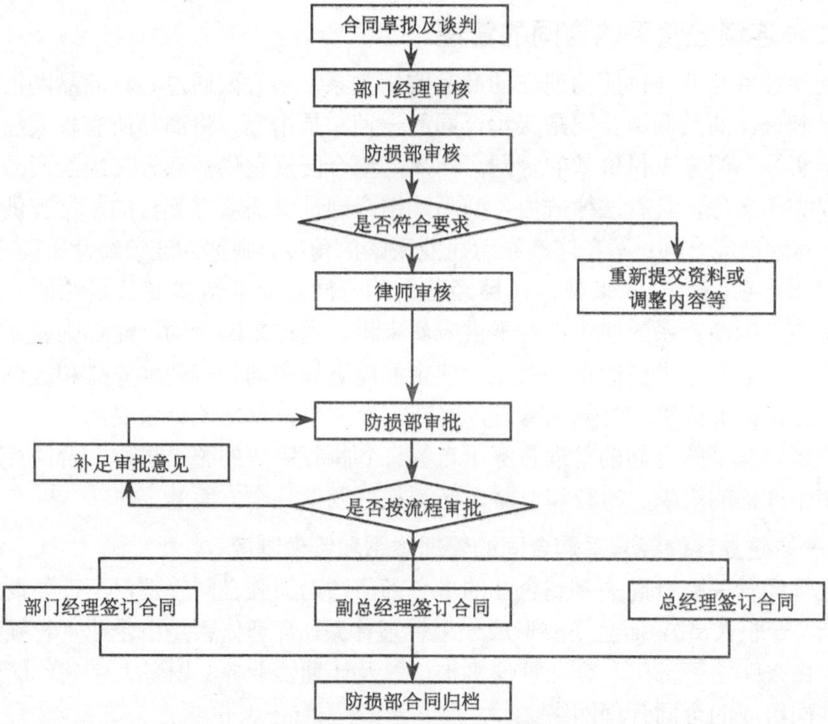

图 11-1　合同审批流程

（三）加强连锁经营采购合同签订后的管理工作

企业对签订的连锁经营采购合同，要按合同所列各项详细核对。在核对无误的基础上，要及时进行分类整理，装订成册，设专人管理。一般可按供应单位建立合同登记台账，或按商品品种建立登记台账，同时要按商品的明细规格建立进、销、存明细台账，以便对合同进行核销与监督。采购部门应将合同签订结果通知企业内计划、营销、财务、储运等有关部门，以便据此组织经营活动，规划货位，及时接运、验收，按时承付货款。对于误期交货的合同，要组织督催并按合同规定处理。合同督催，不仅是监督合同履行的一项措施，也是密切供需双方关系、沟通了解、加强协作的重要途径。对有关合同签订的资料及合同供应单位的来往函电、文件等应及时处理，妥善保存。

【小资料】

毅力集团是一家专门生产音响系列的公司，与沃尔玛的合作始于 1995 年。沃尔玛向该公司下的第一笔订金是 30 万美元。毅力集团为了加大对沃尔玛的供货量，努力提高自身综合素质。经过十余年的合作，沃尔玛对该公司的采购量已达到 2 亿美元。毅力集团的工人人数从 1995 年的 7 000 人发展到 2006 年的 2 万人，而其中的一半是在为沃尔玛生产。为了能赶上沃尔玛订单的增长速度，毅力集团扩建的生产基地也将投入使用。

（四）做好连锁经营采购合同执行情况的分析工作

连锁经营企业要定期地、经常地对连锁经营采购合同的执行情况进行检查分析。采购合同执行情况用合同完成率（兑现率）来表示：

合同完成率=合同交货期实际交货数量/合同交货期应交货数量×100%

上式中，分子与分母中合同交货期应一致，如都是按月、按季度或按年。不属于本交货期合同的供货，如补交过去欠交的商品或合同外供货，以及供货经检验质量不符合合同规定，而且导致需方拒付的那部分商品数量，均不应列入合同交货期的交货数量。

企业分析合同完成率，是为了掌握商品的保证供应程度，对不能按时到货的合同及时采取督催措施；同时，通过分析合同完成率，也能对供应商作出评析和进行比较以供选择或淘汰供应商时参考，以及对本企业的采购人员和采购工作进行考核，以改善以后的采购工作。

三、合同的变更与解除

合同的变更是指合同当事人双方在合同成立之后、履约完毕之前，根据客观情况的变化，依据法律规定的条件和程序，对原合同的内容进行修改或补充的行为。

在实际的连锁经营采购中，在价格下跌的时期，连锁经营企业可以向供应商提出合同变更的要求，经双方协商，修改或补充原合同。出于长期合作的考虑，供应商一般会同意变更请求。如果供应商不同意，连锁经营企业切不可利用采购合同或者业务协议中的一些漏洞来拒绝接受商品，遵守合同的约定才是明智的选择。

合同的解除是指在合同生效之后、未全部履约之前，基于当事人一方或双方的意思表示，使合同关系提前归于灭失的行为。连锁经营采购中，因某些原因采购商与供应商可以约定解除合同；当事人一方在法律规定的条件出现时，可以单方行使解除权来解除合同，如因自然灾害而不能采购等。

本 章 小 结

连锁经营是一个庞大的销售网络系统，是众多供应商理想的销售渠道，但连锁经营企业受卖场面积和经营品种的限制，必须对希望进入连锁系统的众多供应商进行选择，设立供应商准入制度，其目的是从一开始就淘汰和筛选不合格的供应商，节约谈判时间。供应商准入制度的核心是对供应商资格的审查。

连锁经营采购业务员与供应商进行谈判的依据是连锁经营企业制订的采购计划、商品促销计划以及供应商文件。

谈判内容主要包括采购的商品、采购数量、送货、退货、促销、价格及价格折扣优惠、付款条件、售后服务保证等。

价格变化条款通常包括价格下跌的担保、价格保护条款、伸缩条款、最惠客户条款。折扣可以分为两类：第一类包括内部价格以及其他多种价格优惠。这类折扣不完全受法律和商业上的保护；第二类折扣包括日常的现金折扣、商业折扣和数量折扣。它们是完全合法的也是公平的。在这里关注的是第二类折扣。

连锁经营采购谈判技巧对于谈判成功与否关系极大，采购人员有必要对此认真研究和探讨，以提高采购谈判能力，为连锁经营企业创造更多的效益。

连锁经营采购合同是连锁经营企业和供应商在采购谈判达成一致的基础上，双方就交易条件、权利义务关系等内容签订的具有法律效力的契约文件，是双方执行采购业务活动的基本依据。商品购销合同是供需双方签订的，站在供方角度，称为供应合同；站在需方角度，则称为采购合同。

复习思考题

一、选择题

1．采购业务员同供应商进行谈判的依据是（　　）。

A．连锁经营制订的采购计划　　B．商品促销计划

C．供应商文件　　D．供应商销售计划

2．采购谈判的价格变化条款通常包括（　　）：

A．价格下跌的担保　　B．价格保护条款

C．伸缩条款　　D．最惠客户条款

3．在与供应商进行某种新采购业务谈判的过程中，要求供应商提供该商品详细、准确、真实的各种资料，这属于（　　）。

A．事前控制　　B．事中控制

C．事后控制　　D．过程控制

4．连锁经营企业开发自有品牌的商品应主要集中在以下几个商品群（　　）。

A．目前企业经营中高周转率、高购买频率商品群的替代商品

B．高竞争性商品群

C．高成长性商品群

D．普通供应商与配送中心无法生产加工的商品群

二、判断题

1．供应商准入制度的核心是对供应商资格的要求。（　　）

2．谈判中要表露对供应商的认可和对商品的兴趣。（　　）

3．谈判是价格确定过程中最复杂也是成本最低的一种方法。（　　）

4．从采购者的角度出发，最好能以小批量的进货取得较低的价格，这可以通过每年的合同、累积折扣或者集中订单来进行谈判。（　　）

三、问答题

1．连锁经营采购业务谈判的三项制约文件是什么？

2．连锁经营采购业务谈判主要包括哪些内容？

3．价格变化条款一般包括哪几种类型？

4．举例分析现金折扣、商业折扣和数量折扣的运用。

5．连锁经营企业开发自有品牌有什么意义？

6．简述退货的处理方式及选择依据。

7．连锁经营采购谈判技巧除了书上介绍的几种，你还能找到哪些？

四、案例分析

某连锁经营企业采购员的谈判高招

以下是某连锁经营企业采购代表常用的谈判技巧。

1．永远不要试图喜欢一个销售代表，但需要说他是你的合作者。

2．要特别重视和用心对待销售代表。

3．永远不要接受对方的第一次报价，这将为我们提供一个更好的机会。

4．随时使用口号：你能做得更好！（这句口号既用来激励采购代表自己，

也用来鼓动销售代表作出更大的让步）

5. 时时保持最低价的记录，并不断要求更低，直到销售代表真正停止提供折扣。

6. 永远把自己当作某人的下级，并认为销售代表始终有一个上级，这个上级总是有可能提供额外的折扣。

7. 当一个销售代表轻易接受条件，或到休息室去打电话并获得了批准，可以认为他所做的让步还不够，应进一步向他提要求。

8. 记住：当一个销售代表来要求某事时，他肯定会准备一些条件给予的。

9. 记住：销售代表总会等待着采购代表提要求。

10. 要求有回报的销售代表通常更有计划性，更了解情况，因此应尽量花时间同无条件的销售代表打交道。

11. 毫不犹豫地使用结论，即使它们是假的。例如，声称销售代表的竞争对手总是给我们提供最好的报价和付款条件等。

问题：

你赞同这家连锁经营企业采购员总结的谈判技巧吗？为什么？

第十二章 连锁经营采购绩效考核评估

12

学习目标

技能目标： 1. 学会根据考核指标和标准对连锁经营采购绩效全面考核
2. 能够为提高企业采购绩效提出建议
3. 能够有效防止连锁经营采购腐败

知识目标： 1. 掌握连锁经营采购绩效考核评估的标准和内容
2. 熟悉连锁经营采购绩效考核评估的指标
3. 熟悉连锁经营采购回扣产生的原因

引导案例

权力分散、相互制约的企业组织

为了提高采购绩效，从内部管理上杜绝供应风险的发生，亚星集团建立了权力分散、相互制约的组织基础。在组织建设上，亚星集团坚持了合理分工与相互制约原则，不相容职务分离、协调原则和责任原则，分别设置了计划、购销、质检、仓储、审计、财务、考核和服务等职能部门，并明确了各自的职责范围，保证了领导到位、人员到位的集体研究、民主决策制度的顺利展开。在具体业务环节上，通过购销比价管理把原来垄断的购销权力转变为民主、分散的权力，购销行为变得公开、透明，同时把购销决策权同业务交割及监督检查等权力进行了职能分离，割断了权力与腐败的联系。此外，在采购员管理上，实行轮岗和淘汰制，使得过去由采购员和个别人所拥有的采购物品中定客户、定价格、定数量、定付款的权力得到了有效的控制、分散和监督，在采购环节中节约了大量的资金，增加了企业的效益，严格地控制了供应风险。

采购部门的工作对连锁经营企业的整体运作起着很重要的作用，关系到整个企业的目标能否实现。因此，在制订了采购方针、战略、目标及实现相应目标的行动计划后，在计划实施时还要建立监督制约机制，用于对采购过程进行检查控制，并在一定的阶段根据绩效指标对工作进行考核总结，在此基础上再提出下一阶段的行动目标与计划，如此才能使连锁经营采购工作不断改进，不断提高。

第一节　采购绩效考核评估的标准和内容

一、连锁经营采购绩效考核评估的作用

连锁经营采购绩效评估是对采购工作进行全面系统地评价，准确掌握采购部门及其员工的工作状况，从而找到现状与目标的差距，以利于奖勤罚懒，提升工作效率，促进目标的实现。具体说，采购绩效考核评估的作用体现在以下几个方面。

（1）有效地保证采购目标的实现。各个连锁经营企业可根据其性质和状况的不同，设定不同的采购目标，如果企业采购偏重于维持现状、防止作弊，则采购目标要按期、按质、按量制订；如果企业的采购目标注重增收节支，则采购工作除了维持正常的经营活动外，要特别注重经营成本的降低。为此，各个企业需要针对采购目标加以评估，并督促目标的实现。

（2）可作为改进绩效的依据。连锁经营企业绩效评估可以提供客观的标准来衡量采购目标是否达成，也可以确定采购部门目前的工作绩效如何。正确的绩效评估，有助于找出采购工作的缺陷所在，从而据此拟订改善措施。

（3）作为个人或部门奖惩的参考。良好的绩效评估方法能将采购部门的绩效独立于其他部门体现出来，并反映采购人员的个人表现，成为各种人事考核的参考资料。人事部门依据客观的绩效评估，进行公正的奖惩，有利于调动采购人员的积极性和创造性，发挥团队合作精神，进一步提高整个采购部门的效能。

（4）为选拔和培养优秀的采购人员提供依据。根据绩效评估结果，针对现有采购人员的工作能力及缺陷，拟订培养计划，有针对性地进行专业性的教育训练，有的放矢地选拔人才，建立一支优秀的采购队伍。

（5）促进各部门合作，建立利益共同体。采购部门的绩效受其他部门配合程度的影响很大，因此，采购部门的职责是否明确，表单、流程是否简单、合理，付款条件及交货方式是否符合企业管理规章制度，各部门的目标是否一致等，都可以通过绩效评估予以判定。这样有利于改善部门之间的合作关系，提高企业整体工作效率。

（6）提高采购人员的士气。有效且公平的绩效评估制度，可以使采购人员的

工作成果获得认可。采购人员通过绩效评估，可以与业务人员或财务人员一样，显示出其对连锁经营企业利润的贡献，成为受到肯定的员工。由此看出，采购绩效评估不仅对采购工作，而且对企业整体工作和效益都有着重大的影响。

二、连锁经营采购绩效考核评估的标准

连锁经营企业在进行绩效考核时，必须考虑将何种标准与目前实际绩效比较，否则考核将无法进行。一般常见的标准有以下几种。

1．历史绩效

在连锁经营企业采购部门的组织结构、职责或人员等均没有重大变动的情况下，可选择企业历史绩效作为评估目前绩效的基础。

2．预算绩效（标准绩效）

如果历史绩效难以取得或者采购业务变化比较大，可以使用标准绩效作为衡量的基础。标准绩效设定要遵循三个原则。

（1）标准要固定。标准绩效一旦建立，就不能随意变动，要有一致性和连续性。

（2）标准要富有挑战性。标准的实现应具有一定的难度，采购部门和人员必须经过努力才能完成。

（3）标准是可实现的。可实现是指在现在内外环境和条件下，经过努力，确实应该可以达到的水平。一般依据当前的绩效加以衡量设定。

3．行业平均绩效

可以借鉴与本企业采购部门的组织结构、职责以及人员等方面相似的同行业其他企业的绩效标准，也可以应用整个行业绩效的平均标准。

4．目标绩效

预算或标准绩效是代表当前应该可以达成的工作绩效，而目标绩效则是当前要经过一番特别的努力才能达到的较高境界。目标绩效代表企业管理者对工作人员追求最佳绩效的期望值。

三、连锁经营采购绩效考核评估的内容体系

有一套完整的采购绩效考核评估体系是做好连锁经营采购绩效考核评估工作的必要保证。既要考核采购效果，又要考核采购效率。对于采购体系不太健全的企业，刚开始可以选择批次、质量合格率、准时交货率等几个重要指标考核采购部门的表现；而平均降价幅度则可用于考核采购部门的采购成本业绩。随着连锁经营企业的供应商管理程序的逐步健全、采购管理制度的日益完善、采购人员的专业化水平以及供应商管理水平的不断提高，采购绩效考核的范围可以扩大，

可以相应地系统化、整体化，并且不断细化。总之，绩效考核要切合实际，现实可行。连锁经营采购绩效考核体系如图 12-1 所示。

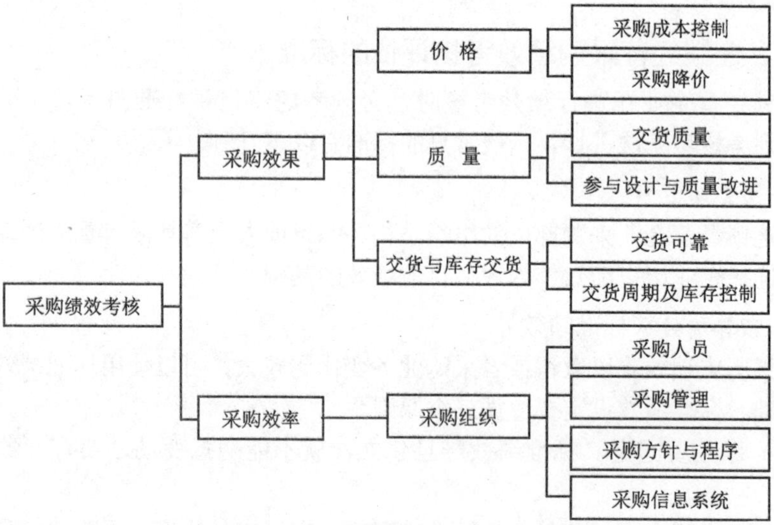

图 12-1 连锁经营采购绩效考核体系

第二节 连锁经营采购绩效考核评估的指标

一、采购绩效考核评估的指标体系

连锁经营采购绩效考核评估的关键是要制订一套客观的、能够充分显示采购人员绩效的、对考核对象有导向作用的指标体系，同时要制订相应的、合理的、适度的标准，只有这样才能真正发挥采购绩效考核评估的监督、激励、奖惩的作用。

连锁经营采购人员在其工作职责上，必须做到适时、适量、适质、适价及适地。因此，其绩效评估应该以“五适”为中心，并以数量指标作为衡量绩效的尺度，把采购部门及人员的考核指标划分为五大类，还可细分为质量、成本、及时、柔性、实力、效率、服务、稳定性等八个方面。如图 12-2 所示。

1. 质量绩效指标

质量绩效指标主要是指供应商的质量水平以及供应商所提供的商品或服务的质量表现，它包括供应商的质量体系、商品品质等方面，这些可通过验收记录及销售记录来判断。

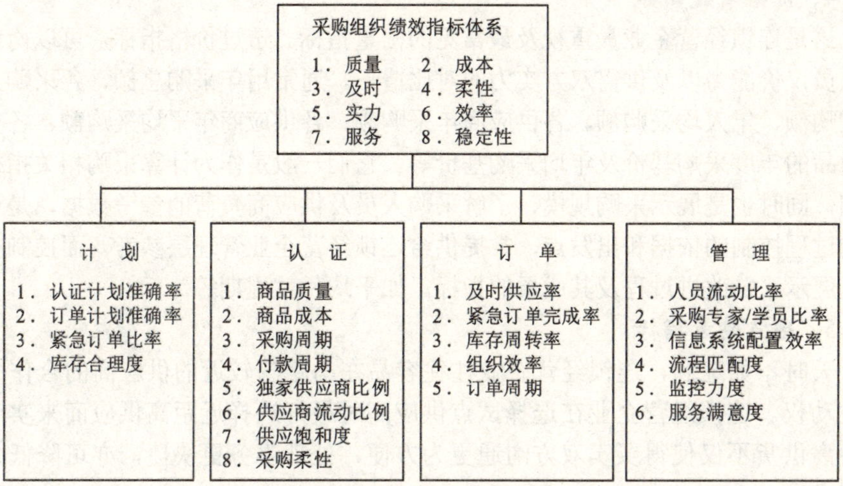

图 12-2　连锁经营采购组织绩效评估指标体系

（1）商品品质，包括批次质量合格率、商品抽检缺陷率、商品免检率、退货率等。

（2）质量体系，包括通过 ISO 9000 的供应商比例、免检商品的供应商比例、免检商品的价值比例、围绕自身的产品开展专项质量改进的供应商数目及比例、参与本企业质量改进小组的供应商人数及供应商比例等。

2．数量绩效指标

当采购人员为争取数量折扣，以达到降低价格的目的时，却可能导致存货过多的情况。采购商品的数量与库存成本密切相关。

（1）储存费用指标，即现有存货利息及保管费用与正常存货水准利息及保管费用之间的差额。

（2）积压商品处理损失指标，即处理积压商品的收入与其取得成本的差额。存货积压越多，利息及保管的费用越大，积压商品处理的损失越高，表示采购人员的数量绩效越差。

3．时间绩效指标

这项指标主要是用以衡量采购人员处理订单的效率，及对供应商交货时间的控制。延迟交货，固然可能造成缺货损失，但是提早交货，也可能导致连锁经营企业负担不必要的存货成本或增加提前付款的利息费用。

（1）准时到货率指标，即准时到货的次数与送货总次数之比。

（2）缺货损失指标。除了延迟交货直接减少的营业额损失外，还有企业形象受损等间接损失。

4. 价格绩效指标

这是连锁经营企业最重视及最常见的衡量指标。透过价格指标，可以衡量采购人员议价能力以及供需双方实力的对比情形。通常用年采购总额、各采购人员年采购额、年人均采购额、各供应商年采购额、各供应商年平均采购额、各类采购商品的年度采购基价及年均采购基价等。它们一般是作为计算采购相关指标的基础，同时也是展示采购规模、了解采购人员及供应商负荷的参考数据，是进行采购过程控制的依据和出发点，常提供给连锁经营企业管理层参考。而控制指标则是展示采购改进过程及其成果的指标，如平均付款周期等。

5. 地点绩效指标

天时不如地利，连锁经营企业往往容易在与距离较近的供应商的合作中取得主动权。连锁经营企业在选择试点供应商时最好选择近距离供应商来实施。近距离供货不仅使得买卖双方沟通更为方便，处理事务更快捷，亦可降低采购物流成本。

越来越多的连锁经营企业甚至在投建之初就考虑到选择供应商的“群聚效应”，即在周边地区能否找到企业所需的大部分供应商，这对企业长期的发展有着不可估量的作用。

另外，不能把货物送到正确的地方，对连锁经营企业来说就可能导致缺货，降低客户的满意度，造成很大的损失。因此，采购物流成本、本地供应商与外地供应商比例、送货正确率等是考核地点绩效的指标。

二、采购绩效考核评估指标体系的设定

连锁经营企业商品采购绩效指标设定时应注意以下两个方面的问题：

1. 选择衡量指标要合适

采购绩效指标的选择要同企业的总体采购水平相适应。对于采购体系尚不健全的企业，刚开始可以只选择几个重要指标来考核采购部门的表现，随着供应商管理水平的不断提高，商品采购绩效指标也就可以相应地系统化、整体化并且不断深化了。

2. 绩效指标的目标值要客观可行

确定商品采购绩效指标的目标值时要考虑以下前提：一是顾客的需求；二是所选择的目标以及绩效指标要同本企业的总体目标保持一致；三是具体设定的目标既要实事求是又要具有挑战性，要以过去成绩作为参考，更加重要的是要与同行业的佼佼者的绩效进行比较。

商品采购绩效指标体系的选择是否适当，可以用国外学者提出的“SMART”检查，即符合明确具体（Specific）、量化（Measurable）、可达到（Attainable）、现实可行（Realistic）、时限（Time-bound）要求等。

第三节　连锁经营采购绩效考核评估的实施

在设立连锁经营采购绩效考核评估指标的同时，也要考虑如何实施采购考核评估。第一，谁考核、评估？哪些部门、哪些人员可作为考评对象？第二，考核评估周期应多长？第三，评估程序有哪些？

一、连锁经营采购绩效考核评估人员

评估人员的选择与评估的目标有着密切的联系，要选择最了解采购工作情况的人员、与评估目标的实现关联最紧密的部门参与评估。连锁经营企业常选择以下几类部门和人员参与评估：

1. **采购部门主管**

采购部门主管应该是对所管辖的采购人员实施采购绩效考核评估的第一人，因为采购主管最熟悉采购人员的工作任务以及工作绩效的优劣，因此，由采购主管负责评估，可以更全面、公平、客观地评价每个采购人员的采购绩效，但也应考虑主管进行评估可能包含的一些个人情感、私利等因素，以免使评估结果出现偏差。

2. **财务会计部门**

财务会计部门掌握着企业经营成本的所有数据，全盘管制着资金的获得与付出，因此，财务会计部门可以从采购成本的节约对企业利润的贡献、采购成本节约对资金周转的影响等方面来评价采购部门的工作绩效。

3. **销售部门**

当采购商品的品质与数量对连锁经营企业销售影响重大时，销售主管人员应参与采购绩效的评估。

4. **供应商**

供应商与采购人员工作接触最多、最频繁，通过供应商对企业采购部门或人员的意见，可以间接了解采购工作绩效和采购人员的素质，但对供应商的意见要全面分析、正确对待。

5. **外界专家或管理顾问**

聘请外部采购专家或管理顾问，针对全盘的采购制度、组织、人员及工作绩效作客观的分析，这些可以避免企业各部门的本位主义和它们之间矛盾的产生。

二、连锁经营采购绩效考核评估方式

对连锁经营采购人员进行的工作绩效考核评估可以定期或不定期地进行。

（1）定期绩效考核评估一般以目标管理的方式进行，即从各种绩效指标当中，

选择在当年比较重要的项目作为考核目标，对年终目标实际达成情况加以考核。这样有利于提升个人或部门的采购绩效。

使用这种方法主要是以工作业绩为考核重点，比较客观公正。

（2）不定期绩效考核评估一般以特定项目管理的方式进行。例如，企业要求某项特定产品的连锁经营采购成本降低 4%，若实现了就给予采购人员适当的奖惩。这种评估方式对提高采购人员的士气有很大帮助。这种评估方式特别适用于新产品的采购。

三、连锁经营采购绩效考核评估方法

1．排序法

排序法是指考核者对采购人员的绩效表现按从好到坏的顺序依次排序，对排在前面的给予奖励；对排在后面的给予惩罚。例如，依据新供应商开发个数、订单处理的时间、错误采购次数、采购计划完成率等考核指标衡量出来的绩效，都可以用排序法来决定对采购人员的奖惩。

2．平行比较法

平行比较法指在某一绩效标准的基础上把每一个员工都与其他员工相比较，判断谁“更好”，记录每一个员工和任何其他员工比较时被认为“更好”的次数，根据次数的高低给员工排序。这种方法类似于两两对抗赛中的循环赛。

3．业绩评定表法

业绩评定表法能够克服上述两种方法中的考核标准单一、难以量化等弊病。这种方法由评估小组或主管先拟定有关的评估项目，按评估项目对员工的绩效进行评估，将评估结果分为不同的等级，如优秀、良好、合格、稍差、不合格几个等级。

此外，连锁经营企业绩效考核还会用到其他方法，如工作标准法、民意测验法等。

第四节　改进连锁经营采购绩效的途径

有的连锁经营采购组织及采购人员明明知道自己的采购绩效不佳，但却不知道如何改进。下面，我们介绍一些先进的连锁经营采购组织的经验，以供参考。

一、营造良好的工作氛围，充分挖掘潜力

如果采购组织内部存在尖锐的矛盾，采购人员之间以及采购人员与供应商之间互相不信任，缺乏合作诚意，工作人员的感觉是如履薄冰，处处小心行事，结果就会形成严重的内耗，本来全部精力应放在主要工作上，但事实上却严重分散了

注意力。在这种工作氛围中有怎么能提高工作绩效呢？因此，任何采购组织，包括供应商，融洽、和谐的工作气氛是搞好工作的基础。

二、参照行业先进指标，不断寻找差距，优化工作方法

就连锁经营企业来讲，应该向有较长经营历史及有健全的企业制度的跨国连锁经营企业学习。例如沃尔玛连锁经营集团，就有很多值得学习和借鉴的地方。沃尔玛素以采购成本低而闻名，除了量大等因素外，还有一点就是，沃尔玛的采购人员必须对自己采购来的商品的销售和利润情况负责，所以沃尔玛的采购人员工作起来格外卖力。

三、提供必要的人力资源培训

按照采购人员必备的品德、知识和能力要求选聘德才兼备的专业人才担任采购人员，组成合格的采购队伍，并在必要时提供有针对性的人力资源培训。

四、设立工作目标

给采购部门及采购人员设立具有挑战性而又可行的工作目标，对表现突出的采购人员给予物质及精神上的奖励。

五、优化采购流程

大多采购工作的效率都与采购流程设置的合理性有关。流程简单实用，采购工作效率就会提高。

六、构建网上沟通渠道，积极应用网上采购方式

企业规模越大，就越有必要建立网上沟通渠道。网上沟通渠道的构建对于采购人员来说作用是非常明显的。因为采购人员的大部分工作就是与企业内部相关人员及供应商进行沟通，对内部来讲，它免去了频繁召集会议的辛苦，同时也方便了须获得信息的人；对外部来说，利用这些网上交流工具传送工程图纸或技术文件等资料给供应商，不仅快，而且能让供应商获得清晰的原件。

目前，连锁经营企业可以很方便地访问国际互联网，这使采购人员能经常从网上获取供应商信息或发布求购信息。国际互联网为采购人员展示了一个巨大的虚实结合的市场，合理利用它毫无疑问会有效提升采购绩效。电子商务采购虽然还有很多方面亟待完善，在短期内还不能取代传统采购方式的地位，但是未来它必将成为一种主要的采购方式。

七、普及微型计算机及推行MRP（物料需求计划）系统

目前，我国连锁经营采购人员中还普遍存在依靠手工抄写采购业务数据与资料的现象，这样不仅容易出错，而且数据与资料难于整理、检索和保管。如采购

人员没有电脑，会将相当部分的时间耗在繁琐的日常公文处理上，这样不仅效率低下，而且出错率高。要提升采购绩效，就必须将采购人员从费时的机械性事务中解脱出来，把精力与时间放到可以增值的采购活动中去。普及微型计算机及推行 MRP 系统是解决上述问题的有效途径。

MRP 原来主要用于生产企业，其基本原理是由主生产进度计划、主产品结构文件和产品库存文件逐个地求出主产品所有零部件的生产时间和生产数量。简单地说，MRP 是根据最终产品的完成时间来安排进度，再将其转换为特定时间生产成品所需部件、组件以及原材料的时间进度安排。因此，控制库存最基本的一点，就是准确地知道物料需求时间。MRP 能回答三个问题：需要什么商品，需要多少，以及何时需要。因此，高效的 MRP 系统、强大的计算功能可以有效地降低库存。

MRP 系统中的数据不仅全面而且时效性强，许多采购人员所需的数据，如以前的采购量、历史价格、以前的供应商采购，还有一种商品有几个可以采购的合格供应商、供应商的基本情况（地址、联系方式等）、采购前置时间、采购申请单、收货状态、库存量、供应商货款的支付状况等均可从 MRP 系统中查询到。这些数据对采购人员无疑是非常重要的，没有这些数据就无法作出适宜有效的采购决策，甚至无法开展工作。MRP 系统的推行极大地方便了供应商的货款支付。在没有 MRP 系统的企业的采购人员，要花很多时间在“该不该付款及何时付款、可不可以付款”这些问题上。而 MRP 系统会自动提示财务人员，采购人员可从系统中查到某供应商的某笔款项有没有支付，从而免去了月底对账工作，把采购人员从付款这项本属于财务部门的工作中解放出来。可以说，MRP 系统的使用对规范采购作业、提升采购绩效有不可替代的作用。

八、使用条形码及与供应商进行电子数据交换（EDI）

对于采购来说，条形码在收货时特别有用。它不仅可以使收货作业迅速快捷，而且还避免了手工输入容易出错情况的发生。产品包装上使用的条形码，包含了商品名称、商品编号、价格、制造商等信息，工作人员只需用读码器扫描一下便可得到这些信息并自动输入到计算机中。

连锁经营企业与供应商之间建立电子数据交换（Electronic Data Inter change，EDI）系统，可极大地缩小供需双方的时空距离，从而更容易将企业内部的优秀管理延伸到供应商，把供应商作为企业的一个部门来管理。

九、与供应商建立合作伙伴关系，改进商品采购绩效

以上讲的都是如何从企业内部去提升商品采购绩效，其实采购部门的合作对象——供应商的表现在很大程度上也制约着采购绩效的提升，供应商的表现与供

需双方之间的关系密切相关。一般来说，与企业建立了长期合作伙伴关系的供应商会有较好的表现，这种供应商能较好地配合企业的降价计划、促销计划等，实现商品采购成本的降低，从而改进商品采购绩效。

十、通过开发优秀的新供应商来降低采购总成本

许多连锁经营企业发现：为了降低采购总成本，采购人员应该把相当部分的精力放到开发优秀的新供应商上。许多大企业的采购部门成立了“供应商开发小组”，甚至有的企业把它作为一个独立的部门来运作。从节约运输成本的角度来看，一般要求新供应商的地理位置在采购方所在地附近，如果一个企业因历史原因致使大部分或主要供应商在海外，那么它的供应商开发工作其实就是“本地化”，本地化不仅可大大缩短交货期，而且采购单价一般可降低 20%～40%。对大部分商品而言，我国国内廉价的制造成本已使得海外制造企业在价格上无法和国内企业进行竞争。

第五节 连锁经营采购回扣的产生及其对策

一、产生回扣的原因

连锁经营采购中的回扣问题一直是一个不容易杜绝的现象。回扣是指卖方企业（商品的供应商）非法支付给买方企业或买方企业员工（采购人员）的佣金。卖方企业给买方企业回扣通常意在获取以下两种利益：

1. 非法争取业务

一些企业运用回扣，买通采购人员以期获得长期稳定的大客户，或者先于竞争对手获取有关买方企业计划和战略方案等信息以及买方企业估价小组所使用的未公开的商品采购投标估价准则，偷看竞争对手的密封投标，向竞争对手提供误导性信息，从中破坏，笼络买方企业有影响的要员否决其他竞争对手，以此来达到自己企业的目的。

2. 非法提高利润率

提高利润率是卖方企业支付回扣的主要目的。卖方企业通过支付回扣给买方企业有关的员工，使其同意不正当的订单变动、价格上涨；买通买方企业的检验和质量控制部门，使低于标准的材料和不符合规格要求的产品得以购进，并设法避开买方企业其他职能部门对质量和价格的检验。

二、回扣资金的支付方式

商品的供应商支付给采购人员的回扣资金不能在账上有所体现。回扣通常有

以下两种类型：

1. **非现金贿赂**

非现金贿赂可以作为公司一项正常开支予以抵消，如供应商为其工作人员购买或租用汽车时，可以为那些曾经给它“好处”的买方企业员工赠送若干纪念品、飞机票等。

2. **现金贿赂**

现金贿赂是指使用现金进行贿赂。例如，卖方企业在支付给对方的支票上，只注明是一笔应付给受贿人或一家并不存在的公司的款项，并同时将其作为销售费用、咨询费用等列支。这样，可以在某种程度上掩盖回扣行为；有的还直接以在赠送给采购人员的有价证券、小礼品中夹带现金的方式贿赂。

【小资料】

什么是商业贿赂

商业贿赂是指经营者为争取交易机会，暗中给予交易对方有关人员和能够影响交易的其他相关人员以财物或者其他好处的行为。《反不正当竞争法》第八条规定：经营者不得采用财物或者其他手段进行贿赂以销售或者购买商品。在账外暗中给予对方单位或者个人回扣的，以行贿论处；对方单位或者个人在账外收受回扣的，以受贿论处。经营者销售或者购买商品，可以以明示方式给对方折扣，可以给中间人佣金。经营者给对方的折扣、给中间人的佣金，必须如实入账，接受折扣、佣金的经营者也必须如实记账。

三、卖方企业欺诈的促成因素

采购商品的供应商支付给采购人员回扣的实质就是卖方对买方进行欺诈。卖方欺诈的原因往往是多方面的，其促成因素主要有：

1. **采购企业警惕性低**

对于那些对卖方企业欺诈的先兆一无所知的企业来说，发生欺诈事件的可能性更大。若采购企业对卖方企业的欺诈方式不了解或不具备相关知识，对卖方企业欺诈行为无明确的制约制度，则很容易成为卖方企业欺诈的对象。

2. **采购企业自身存在腐败行为或不道德行为**

促成卖方企业欺诈发生的重要原因，还有采购企业本身存在腐败行为或不道德行为。采购企业的自身风纪很重要，俗语说：苍蝇不叮无缝的蛋。如果采购企业管理者本身的行为不道德或可以容忍不道德行为的发生，上梁不正则下梁歪，那么员工接受卖方企业回扣的现象就会频繁发生。

四、供应商欺诈的审计线索

卖方企业欺诈的审计线索有：

1. 企业采购人员奢华的生活方式

采购人员的奢侈生活方式和其收入明显不符，特别是那些有权决定供应商或掌握了大量对供应商有帮助的信息的员工，他们的奢华生活方式往往隐含着受贿和卖方企业的欺诈活动。有关管理人员只要多加注意，不难发觉这些异常信息。

2. 没有设立良好的防范制度或制度未落实

有的连锁经营企业没有供应商行贿方面的防范制度，也没有明确一旦供应商发生欺诈行为将采取何种措施。这样就很可能使想要进行欺诈的供应商有机可乘。

3. 长期的单一供应商渠道

如果一个好的供应商具备了连锁经营企业要求的一切条件，而被连锁经营企业选为单一渠道的供应商是很正常的事情。但是采购企业对单一渠道的供应商必须要有一定的防范制度，如安排定期的检查等，以确认货物的质量是否达到了规定的要求，并在合同条款中明确指出。一旦供应商的产品供应出现了问题，如不适当的价格上涨或质量达不到要求，买方企业应当能及时采取应变措施，而不是过分依赖单一供应商。如果缺乏以上这些控制制度，而采用单一的供应商渠道，则可能就是欺诈行为发生的先兆。

4. 其他供应商的抱怨和申诉

对于竞争者而言，自然不愿意看见其他企业以不正当的手段夺去其业务。当利益发生显著冲突时，其他供应商会向采购企业进行抱怨或申诉。这种抱怨或申诉可能说明供应商正在进行欺诈活动。如果不诚实的供应商成功地买通了采购企业的某些员工，并利用他们逼走了其他的供应商，被逼走的供应商会通过抱怨的方式提醒采购企业上层管理者注意到受贿行为及欺诈的发生。然而，如果被买通的员工是一位有决策权的经理，与其他卖方企业团体有着非常重要的业务联系，则其他的供应商为了自身的利益只能采取睁一只眼闭一只眼的策略，以免丧失它们已有的业务利益。

5. 供应商与采购人员之间的亲密关系

供应商与采购人员之间成为好朋友，在无利害冲突时是完全可以的。只是在某些情况下，采购人员可能会有意无意地为供应商进行欺诈提供信息帮助，这种帮助并不以接受回扣或报酬为目的，而可能是出于私人感情或其他原因。

6. 对供应商产品的投诉

供应商欺诈的审计线索还包括经常发生但却一直得不到解决的对供应商提供的商品的投诉。销售人员可能对供应商提供的商品或设备的质量很不满意，财务人员也可能觉得供应商价格过高，而采购部门仍然将订单交给同一供应商。

五、如何防止商业贿赂

虽然回扣现象一直存在，不可能完全杜绝它的发生，但是可以采取措施减少此类现象的出现，下面我们就介绍几种方法：

1．三权分离，协调统一

三权分离是指市场采购权、价格控制权、质量验收权要做到三权分离，各自负责，互不越位。协调统一是指合同的签订，特别是结算付款一律统一管理。商品管理人员、验收管理人员和财务人员都不能够与客户见面，实行严格的封闭式管理。财务部门依据合同规定的质量标准，对照化验单和数量测量结果，认真核算后付款。这样，就可以形成一个以财务管理为核心，以最终降低成本为目的的制约机制。

2．“三统一分”管理机制

设备、服务设施的采购要实行“三统一分”的管理机制。“三统”是指所有外购设备、设施都要统一采购验收，统一审核结果，统一转账付款，如各连锁店的电脑设备、POS 系统、条码视读器、货架、空调以及各种办公用品等采购都要统一。“一分”则是指专项费用要分开控制，不能超支。各部门要对费用的超支负责，并有权享受节约所带来的收益，有权决定采购计划和项目。这样，商品采购管理部门和营业单位自然形成了一种以减少支出为基础的相互制约的机制。

3．“三公开两必须”制度

“三公开”是指采购品种、数量和质量指标公开，参与供货的客户和价格竞争程序公开，采购完成后的结果公开；“两必须”是指必须在货比三家后采购，必须按程序要求签订采购合同。

4．手续齐全、负责到底制度

手续齐全是指企业采购的每一笔商品都必须由五方签字，即只有采购人、验收人、证明人、批准人、财务审查人员都在凭证上签字，才被视为有效，才能报销入账。负责到底就是指谁采购谁负责，且要一包到底，包括价格、质量、使用效果等都要记录在案。

5．全过程、全方位的监督制度

全过程监督是指采购前，采购过程中和采购完成后都要有监督。从采购计划的制订开始，到采购商品销售的结束，其中共有九个需要进行监督的环节（计划、审批、询价、招标、签合同、验收、核算、付款、领用）。虽然每一个环节都有监督，但重点在于制订计划、签订合同、质量验收和结账付款四个环节。计划监督主要是保证计划的合理性和准确性，使其按正常渠道进行；合同监督主要是监督其合法性和公平程序，保证合同的有效性；质量监督是保证验收过程不降低标准，不弄虚作假，每一个入库商品都符合要求；付款监督是确保资金安全，所有付款操作都按程序、按合同履行。如果能够把监督贯穿于采购活动的全过程，就可以建立确保采购管理规范和保护企业利益的第二道防线。所谓全方位的监督，是指行政监督、财务审计、制度考核三管齐下，做到方方面面都没有遗漏，形成严密的监督网。

最后，还有一点需要我们注意：监督机制的生命在于责任追究。拥有严格完备的监督机制而没有相应的惩罚措施，所有的制度都会形同虚设，因此监督的关键还在于及时进行的责任追究。科学、规范的连锁经营采购机制，严格完备的连锁经营采购控制不仅可以降低企业的商品采购价格，提高商品采购质量，还可以保护采购人员不受外部利益的诱惑。

本章小结

连锁经营采购绩效考核评估的指标包括质量绩效指标、数量绩效指标、时间绩效指标、价格绩效指标、地点绩效指标。连锁经营采购绩效考核评估的标准主要有历史绩效、标准绩效、行业平均绩效和目标绩效。

连锁经营采购绩效的改进一般可以从几个方面入手：营造良好的组织氛围，充分发掘潜力；参照行业先进指标，不断寻找差距，优化工作方法；设立工作目标；提供必要的人力资源培训；优化采购流程；建立网上沟通渠道，积极应用网上采购；普及微型计算机及推行 MRP 系统，使用条形码及与供应商进行电子数据交换；通过开发优秀新供应商来降低采购总成本；与供应商建立合作伙伴关系；改进商品采购绩效。

供应商支付回扣给连锁经营员工进行串通欺诈时，目的是非法争取业务，或者是非法提高利润率。采购商品的供应商支付给采购人员回扣其实质就是卖方对买方的欺诈。

卖方企业欺诈的审计线索有：企业采购人员奢华的生活方式；没有设立良好的防范制度或制度未落实；长期的单一供应商渠道；其他供应商的抱怨和申诉；供应商与采购人员之间的亲密关系；对供应商产品的投诉等。

为减少回扣现象的出现，可采取的措施有：三权分离，协调统一；“三统一分”管理机制；“三公开两必须”制度；手续齐全、负责到底制度；全过程、全方位的监督制度。

复习思考题

一、选择题

1．下列属于采购组织绩效考核评估指标的有（　　）。

A．采购效率指标　　B．价格绩效指标

C．时间绩效指标　　D．数量绩效指标

2．采购绩效考核评估的标准包括下列哪几项（　　）。

A. 行业平均绩效　　B. 历史绩效
C. 目标绩效　　D. 标准绩效

3. 连锁经营企业常选择以下几类部门和人员参与评估（　　）。
A. 采购部门主管　　B. 财务会计部门
C. 销售部门　　D. 外界专家

4. 在采购工作中常见的作弊方法有（　　）。
A. 虚列采购　　B. 押金抵货
C. 有单无货　　D. 涂改发票单价

5. 采购控制要实现保证采购业务合法有效、采购材料物美价廉、采购成本核算准确、采购记录真实完整的目标，应设置控制点和关键控制点。以下属于关键控制点的是（　　）。
A. 记账　　B. 承付　　C. 验收　　D. 审核

二、判断题

1. 正确的绩效评估，有助于找出采购工作的缺陷所在，从而据此拟订改善措施。（　　）

2. 采购绩效的考核指标通常可分为采购效果指标和采购效率指标两大类。（　　）

3. 对垄断技术的独家供应商尽量不使用，仅非常重要时才使用独家供应商。（　　）

4. "三分一统"中的"三分"是指市场采购权、价格控制权、质量验收权要做到三权分离，各自负责，互不越位。"一统"即合同的签约特别是结算付款一律统一管理。（　　）

三、问答题

1. 连锁经营采购绩效考核评估的意义是什么？
2. 连锁经营采购绩效考核评估的指标主要有哪些？
3. 连锁经营采购绩效考核评估的标准主要有哪些？
4. 参与连锁经营采购绩效考核评估的人员通常包括哪几类？
5. 有哪些信号说明卖方企业的欺诈行为可能正在发生？

四、案例分析

跨国公司是如何杜绝采购员拿回扣的

那些供应商们为什么要给采购员回扣？无非是想提高价格或在质量等方面打折扣，如果采购员参与这些腐败行为，也许具体情节不为人知，但必然体现在它的业务绩效上。如果对采购人员有绩效考核这个紧箍咒，采购腐败的机会就小得多。所以，绩效考核是减少采购腐败主观因素的法宝。如何对采购人员进行绩效考核？跨国公司有许多很成熟的经验可以借鉴，其中的精髓是量化业务目标和等级评价。在跨国公司，考核制度、企业文化和采购制度建设是限制采购人员腐败的主要手段，这些做法值得国内企业借鉴。

1．考核为先

好的绩效考核可以达到这样的效果：采购人员主观上必须为公司的利益着想，客观上必须为公司的利益服务，没有为个人谋利的空间。

在考核中，跨国公司交替运用两套指标体系，即业务指标体系和个人素质指标体系。业务指标体系主要包括：采购成本是否降低了，卖方市场条件下是否维持了原有的成本水平，采购质量是否提高了，质量事故造成的损失是否得到了有效的控制，供应商的服务是否增值了，采购活动是否有效地支援了其他部门，采购管理水平和技能是否得到了提高。

当然，这些指标还可以进一步细化、量化，并同上半年的相同指标进行对比，得到的综合评价就是业务绩效。这些指标都是硬性的，很难加以伪饰，所以这种评价有时显得很残酷，那些只会搞人际关系而没有业绩的采购人员这时会原形毕露，评估的结果当然就不会如其所愿。

对个人素质的评价可相对灵活一些，因为它不仅包括现有的能力评价，还要包括进步的幅度和潜力。其主要内容则可能包括：谈判技巧、沟通技巧、合作能力、创新能力、决策能力等。这些能力评价都是与业绩的评价联系在一起的。

当前，国内企业也进行绩效考核，但是，这些考核有些往往流于形式。其缺陷就是没有量化的指标和能力评价，考核时也不够严肃。

2．采购制度建设

控制采购人员拿回扣的现象主要应从建立一套严格的，完善的管理监控奖惩机制入手，使得采购人员拿回扣更加困难，更加容易被发现，受到的惩罚更大，从而大大增加采购人员拿回扣的风险成本。当采购人员发现拿回扣的风险代价大于拿回扣可获得的经济利益时，其一般就不会去做这种得不偿失的事。

为了规范跨国采购行为，公司编写了诸如《对外业务开展手册》、《全球采购人员手册》等制度和政策说明。例如，有些跨国公司规定，只有存在回请机会的前提下，采购人员才可以出席供应商的宴会；在出差的发票上必须注明费用发生的时间、地点等。规模较小的公司由总经理本人定期抽查采购价格，与来自其他非供应商的价格相比较，从中分析出是否存在问题。小公司由于人员少，采购工作不复杂，因而总经理亲自监督是可行的。其关键是总经理必须能及时、准确地获得采购产品价格质量方面的信息。规模较大的公司则应建立正式的监督系统。监督系统的职能是全面监控采购工作，包括对采购产品价格信息的收集，对采购合同的签定和执行的监督，对采购物品入库和出库的监督及对采购结果的评价。

3．**开放采购渠道**

公司要定期招标，做到货比三家，择优择廉选购。在招标中，有的供应商未能中标，可由监察部门定期与其联系或请来座谈，责成采购部门定期向供应商发出公开信，要求供应商就产品的质量、价格经常与公司联系，以此打破供应渠道的封闭性，了解对方的供货质量和价格情况，再将其与已中标的供应商产品的质量和价格进行综合比较，以确定招标结果是否合理。

4．**提高采购人员的工资**

许多企业认为采购工作比推销工作容易得多，因而往往会派一些能力平平的人从事采购工作，显然其工资待遇也会比较低。殊不知采购工作对降低公司运营成本的作用十分重要。因而，应选派最优秀的人才承担采购任务，并从利益分配上对其予以激励。提高采购人员的工资待遇可以使得采购工作的吸引力增加，进而增进采购人员对企业的忠诚度，同时高工资待遇也使得采购回扣对其的诱惑相对减小。在制订内部分配方案时，可适当向采购人员倾斜，或基本工资，或岗位工资，或奖金，可适当提高一个档位，以便使其体会到公司的关心和照顾，安守本分地为公司工作。

5．**轮换采购人员**

一般来说，公司每年都要进行一次机构调整，可借机构调整之机，对采购员进行调整，避免“轻车熟路”，“老朋友好办事”的现象出现。常言道“常在河边走，哪能不湿鞋”，对于企业的敏感性岗位应当经常进行轮换才能避免出现大的问题。经常对采购人员进行轮换，有以下几点好处：推销员知道采购人员要经常轮换，从而无法建立长期的关系，这将使得他大大减少付出回扣的积极性；同时，采购员经常轮换也使得其不容易与供应商建立密切的关系；轮换采购员的同时必然要对他的前一段工作情况进行总结考核，这也使得采购员拿回扣的风险更大。

问题：

跨国公司杜绝采购员拿回扣的措施给你什么启示？

第十三章 连锁经营采购方式的发展

13

学习目标

技能目标： 1. 初步学会 MRO 外包操作

2. 初步学会网上招标、网上采购的操作步骤

知识目标： 1. 了解全球采购、采购外包、电子商务采购等采购方式的含义和特点

2. 熟悉全球采购的基本程序

3. 了解全球采购等采购方式适应的不同采购领域

引导案例

中国是采购的理想之地

在 16 个国家拥有超过 2 900 家连锁店的英国翠丰集团（Kingfisher Group）是欧洲主要的零售集团之一，集团亚洲分公司总经理 Andrew Hewett 对中国大为赞叹："这里的产品真是让我吃惊！质量不佳的产品当然随处可见，但好的产品也多，并且价格低廉。中国无疑是采购的理想之地。"Kingfisher 从亚洲的采购总量中，有 80%来自中国，包括中国的香港和台湾地区，这其中中国大陆又占了 80%。从 2000 年开始，Kingfisher 从中国大陆发运的货物价值就开始突破 1 亿美元，2007 年的采购量为 4.5 亿美元，并且，这种增长速度一直在加快。

经济全球化使全球正在变成一个统一的大市场，哪里成本低，产品就在哪里生产；哪里价格低就在哪里采购。在这种背景下，供应链和采购的全球化显得越来越重要，采购外包、电子商务采购等采购方式也越来越受到重视。

第一节 全球采购

全球采购已经不是一个新的概念了，很多公司都正在从低成本国家采购某些产品以降低成本。例如，埃森哲公司2005年的研究报告显示，90%以上的企业计划增加在低成本国家和地区的采购规模。

一、全球采购的原因

全球性采购商品或服务的原因是多方面的，其中最基本、最简单的原因——全球采购商品或服务可以使企业获得更多的利益。虽然全球性采购具有吸引力的原因会因商品的不同而不同，但使得全球采购倍受推崇的具体原因还是有一些共性的，归纳起来主要有以下几个方面：

（一）价格

多数研究表明，对发达国家来说，国外供应商提供产品的总成本总要比国内供应商的低一些，如美国的沃尔玛每年都从中国采购大量的商品，这是进行全球性采购的主要原因。我们也许会提出疑问，为什么国外供应商能以较低的成本进行生产，并且即使将产品运往千里之外也具有价格优势呢？其主要原因包括以下几个方面。

1．劳动力成本

发展中国家的劳动力成本要比发达国家低很多，亚洲许多生产厂家属于这种情况。这也是许多发达国家公司在亚洲开设工厂的主要原因。公司寻求低劳动力成本，哪里的工资较低，工厂就迁往哪里。许多原来将工厂迁往韩国、中国香港地区、新加坡和中国台湾地区的公司现在又开始将工厂迁至马来西亚、泰国、中国大陆或者是菲律宾等地。但是，由于机器人的使用和自动化的实现减少了工人的数量，所以劳动力成本带来的差异也逐渐减小，而且随着发展中国家的发展，其劳动力成本也有逐渐升高的趋势。前面我们所提到的韩国、新加坡，中国台湾等国家和地区曾经就是劳动力成本很低的地方，而今随着经济的发展，这些国家的劳动力成本也不再具有吸引力了。

2．汇率

汇率对全球性采购的影响力也是显而易见的，由于汇率的影响，许多公司购买国外产品更为有利。如人民币不断升值，则我国若从国外购买同样价格的产品就会因为汇率的上升而获得收益。

3．生产技术

发达国家具有技术领先的优势，其生产的商品在性能上往往高于发展中国家。因此，基于消费者对高档商品的需求，需要从国外进口技术含量高、功能强的高档商品。有的时候一些国家由于历史因素在某些产品的生产方面具有特定优势，例如瑞士的手表、法国的香水等。

4．垄断

国际上有些原材料供应商将生产集中在某些商品上，为了扩大销量实施垄断，而将出口商品定位在一个相对较低的价位上以扩大出口量，对于采购商来说这是一个极好的机会。尽管有反垄断和反不正当竞争法，但是对其中的控制却是复杂的，而且效果也不明显。

（二）质量

总体来说，国外供应商的产品质量不一定比国内供应商好，但正如我们前面所说的，在某些产品上，国外供应商的产品质量更稳定，如德国的汽车、以色列的滴水灌溉设备等。影响质量的因素有很多，如性能优良的新式设备，更精细的质量控制系统等。日本一些供应商的成功之处在于其员工的终身归属感，使他们接受一次性做好的理念与责任，同时他们还拥有更先进的质量控制系统。

（三）某些货物在国内无法得到

随着相对经济优势的改变，一些制造业生产的产品，比如说某些办公设备，各计算机相连的桌面式打印机、录像设备的生产等也开始逐渐向发展中国家转移，而发达国家只能从国外进口这些产品。

（四）更快的交货和供应能力

受设备及生产能力所限，在一些情况下，国外的大型供应商交货速度要比国内的快，他们甚至可能在世界各地都持有产品库存，一旦需要，就可以立即发运。有实力的供应商为了防止缺货风险可能会有大量库存，从而能够保持供应的连续性，即使遇到一些特殊情况也不会影响采购方的销售。

（五）更好的技术服务

由于国际化分工的不断发展，特定专业的专有技术在不断变化，领先国家也不断交替，为了能从最好的地方采购到最好的商品，或者是在适当的地点获得适当的技术，需要在全球范围内选择供应商。假如国外厂家在本地有一个组织完善的分销网络，那么所能提供的担保服务及技术咨询相关服务会做得比国内厂家更好，那么我们就没有理由不采购它们的商品和服务。

（六）贸易谈判的结果

国际贸易中，为了能在其他国家出售本国生产的产品，可能会答应向那些国家的供应商采购一定金额的货物，以此作为交换的条件，数量由双方协商决定。这在国际贸易中是司空见惯的事情。

（七）竞争需要

引进国外供应商，通常会给国内供应商带来压力。供应商为了使自己和采购商的合作关系能够长期维持下去，他们会不断提高生产效率，使其保持国际先进水平。另一方面，采购方还可以从国外供应商处进口作为砝码，向国内供应厂商施加压力，以获得价格或其他方面的让步。

（八）全球采购环境的好转

除了上述这些原因外，全球采购环境的好转也促进了全球性采购的发展，使有利可图的全球采购成为可能。具体说来有以下几点。

1．质量标准化

采用 ISO 9000 标准后，有了统一的国际质量标准，甚至连公司兼并收购也建立了标准化的细则。

2．沟通加强

现代技术的发展降低了电子通信的成本，如今世界各地的企业都可以通过电信网络进行交流。特别是互联网的迅速发展，使通信沟通更加简单且成本低廉。

3．数据传输成本更低

软件和硬件处理数据的成本在不断降低，而且互联网的发展也在不断改善，实现快速低成本的数据传输已不再是一种设想。

4．政治经济环境好转

关税在不断降低和取消，虽然大规模的地区贸易壁垒，如欧洲一体化市场还存在，但在局部范围内各国政府已放宽了对贸易的管制。经济全球化的趋势日益明显，也为全球采购创造了条件。

5．运输成本降低

由于各国政府解除管制，与海洋、航空和陆地运输方式相关联的成本不断降低。

6．创新使新产品不断出现

现代企业主要面临着市场竞争和先进技术的竞争，特别是技术创新导致新产品不断出现。

从整体上看，在这个环境中，成本持续下降，政府对贸易的管制在不断改善。因此，连锁经营企业的采购组织必须适应上述环境的变化，进行全新采购。

二、全球采购的过程

全球采购的具体操作过程比较复杂，下面我们介绍一种通用的采购过程，此过程分为三个阶段。

（一）收集数据

第一阶段是收集数据。为了实现采购效益的最大化，获得最大的收益，连锁经营企业采购组织必须收集相关的数据，为实施全球采购打好基础。

（二）确定产品或服务的价格

第二阶段是确定产品或服务的价格。传统采购活动的重点在于将供应商的不同报价详细比较，从而作出选择。如果在单个地理区域的供应商市场中采购，可以采用这种方法；但是如果公司愿意采用全球性采购的方法进行采购，这些传统的方法就不一定是最理想的方式了，搜集所有的数据进行比较是一个既耗时又耗力的工作，几乎是行不通的。更有效的方法是直接寻找在全球市场上最低的商品价格，而后进行谈判，在谈判前，采购组织必须知道它们所期望的某种特定商品的最低支付价格是多少。

（三）制订和执行采购战略

1．制订战略

在确定了期望价格之后，应制订一个能够实现目标的采购战略。传统采购主要以在供应商中新增采购规模带来的收益最大化为目标，希望签下一个或少数几个大订单。然而全球采购更有效的方法是直接寻找在全球市场上价格最低的商品，而后进行谈判，使每个阶段的利益都最大化。

2．战略监督和谈判

制订了战略之后，就可以开始为实现战略目标而谈判了。采购方在谈判的组织、内容、程序上都必须谨慎，以便实现最大利益。

（1）谈判的组织。在全球性的采购谈判中，首先必须非常清楚谁负责谈判的进程，谁是最终合同的最终决策者，被授权作出最终决策的个人也应该选择谈判小组成员，制订谈判内容和程序。在组织谈判阶段应做一些准备工作，例如，分析供应商的地位，考察采购商品，分析供应商的财务状况、生产能力等。

（2）谈判的内容结构。谈判内容必须安排合理，以便实现组织的利益最大化，使谈判向着有利于自己的方向进行。谈判中应考虑到组织目标、时限、候选供应商、合同条款和数量敏感性等问题。

谈判目标必须建立在谈判能力之上，谈判能力主要包括是否能够在现有或新的供应商中重新分配订货数量以及是否可以通过减少供应商数量来集中采购数量。这些能力将决定谈判的最终内容和采购方在谈判中的地位。

（3）谈判的程序。如果谈判程序恰当，往往会给采购方带来意想不到的收获。因此，采购方必须对此加以重视，在谈判小组建立后就应当赋予谈判小组领导和小组成员一定的谈判决定权。小组领导和成员必须认真规划谈判程序，以便在谈判各阶段都安排有足够的反应时间，得到有价值的结果。

三、全球采购的风险

在进行全球化采购时，会涉及到许多问题，我们称之为全球采购风险。因此必须认识这些风险，从而采取措施将其影响最小化。

1. 供应商的选择是否合适

进行有效采购的关键问题应该是选择高效、负责的供应商。由于得到评估所需的数据既昂贵又耗时间，所以，做到这一点有时比较困难。特别是当供应商远在异国他乡时，收集资料消息就更困难了，因而供应商的选择充满风险。有时候，供应商为了自己的利益会使出各种方法诱惑前去调查的采购人员，使他们在不知不觉中落入供应商的圈套。

2. 交货时间是否准时

运输和通信的发展使全球采购中的交货时间得以大大缩短，但是，以下几个方面会使交货时间延长，须引起采购者的注意。

（1）如果采购者是首次进行全球采购，通常需要开立信用证，这一般需要几个星期的时间。

（2）虽然交通运输有了很大发展，但采购者在运输过程中还是难免会遇到一些意外情况而延误几天，尤其是货物还在国外的时候。

（3）货物在港口存放的时间取决于在港口等待卸载的船只的数量，而且，船只的卸载只有在规定工作时间内才可进行，因而也存在交货延误的风险。

3. 监督生产是否可行

由于某种原因国外供应商可能延误交货时间，这就有必要让海外公司加快生产、运输，以尽快完成订单供货，这就需要经常不断地进行催单。为了确保有效性，要求采购企业必须了解供应商的生产情况并确保能对其进行监督。为了实现这一点，可以在合同中约定在供应商那里安排监督人员，或者委派来自其附属公司的员工到供应商处督促其加快完成生产供货。

4. 政治问题

受供应商所在国政治问题的影响，供应中断的风险可能会很大，例如供应商所在国发生战争或者暴乱等。采购者必须对此类风险作出评估，如果风险过高，购买者必须采取一些措施监测事态的发展，并制订对策和备用方案。

5. 隐含成本过高

在进行国外采购时，往往会忽略国外采购中某些成本的计算，例如一些突发事件有时也会使全球采购的成本增加，这些都是全球采购的隐含成本。采购者在选择国外供应商之前，必须全面考虑可能发生的隐含成本。

6. 汇率波动

因为汇率的原因，在签订采购合同时会涉及到用本国货币还是用供应商国家的货币付款的问题。一般来说，如果交款时间较短，就不会出现汇率波动问题，选用哪种货币都无关紧要。但是，如果交款时间为几个月，汇率就会有较大的波动，此时的价格会随着选用货币的不同而产生较大的出入。目前国际上实行自由浮动汇率，由于政治、经济和社会因素的影响，汇率变化相当快，所以在签订合同时，采购方应该预测从当前到付款这段时间内汇率的变动趋势。

7. **付款方式**

全球采购在付款方式上与国内不同。基于信用风险的考虑，国外供应商往往要求采购方在订货时或发货前支付货款。当然，那些和采购方已建立长期合作关系的供应商可能同意在赊账的情况下发货，即使这样供应商也不会在货款未支付前就将货物的所有权转让。同国内采购一样，全球采购经常用商业汇票作为支付工具。商业汇票是供应商对采购方开出的票据，它连同货运单一起汇给供应商所在地的银行，由该银行收取货款。该银行将这些单据寄送给采购方所在地的银行，并附上何时由采购方付单的说明书。最保守的供应商会要求对方开立信用证。信用证是采购方所在地的银行应采购方请求向供应商开立的有条件地承担付款责任的凭证。它保证开证银行在供应商完成了所有规定义务后给供应商支付预先商定的款项。

8. **质量**

随着国际质量标准的建立，国际采购中关于商品的质量、规格方面的问题已经变得简单化，但是如果买卖双方没有同时采用国际标准，还是会在一些方面出现问题，双方产生分歧后，一系列后续事件的处理费用是十分昂贵的。另外，买卖双方就采用什么样的质量控制、验收过程的问题上达成一致也很重要。否则供应方发出的货物很有可能被采购方拒收，因为商品不符合采购方的某一验收质量标准。由于买卖双方地域上的差距，退货或重新发货都是比较复杂的，也是很浪费时间的。这类问题应在采购之前进行协商，以达成一致。

9. **关税**

关税是一个国家对其进口货物征收的税金，虽然从理论上讲世界各国都在通过世界贸易组织来努力削减关税，但是出于保护本国利益的目的，关税仍然存在。购买者必须了解有关关税的各项条款和税金如何计算。另外，合同应注明由哪一方支付关税。

10. **法律问题**

如果在进行采购时存在潜在的法律问题，那么进行全球采购的风险要比国内采购大得多。如果采购方对运输时间要求严格，那么就应该设有防止延期运送而设置的罚金或辅助消除延期风险的条款。双方约定违约处罚条款也是必要的，可以由银行为指定的违约项目提供担保。由于起诉费用昂贵且浪费时间，采购方经常采用由国际仲裁机构来解决贸易争端引发的各种问题。

11. **语言**

不同的文化背景下的人对同一个词的理解会有不同，同一个英语单词在美国、英国或者南非的意思会大相径庭。相同语言在交流起来都存在这些困难，那么可以想象，不同语种之间的人交流起来其困难有多大。这给国际采购工作带来极大的困难。所以，采购方应坚持让那些经常和非本语种国家的供应商打交道的采购管理人员进行短期语言培训，以便和国外供应商进行采购交流。

12．**文化和社会习惯**

一个国家或地区的社会发展文明程度不同，会导致他们的价值观、风俗习惯、民族传统、宗教信仰等方面的不同，商业习惯也会因国家和地区的不同而不同。文化和习惯的差异会严重影响国际采购活动的顺利进行。所以采购方若要和供应商更有效地进行商谈，就要使自己尽可能地去了解和适应供应商所在国的文化和社会习惯。

第二节 连锁经营企业采购外包

一、第三方物流服务

连锁经营企业采购外包主要是指采用第三方物流服务。它对企业物流的供应链管理体系、经营管理体系、经营绩效和物流成本等方面将产生重大的影响。它对于成立时间不长、采购配送物流能力不强的连锁经营企业尤其具有现实意义。因此，在计划采用第三方物流服务的过程中，应该先考虑以下方面的问题。

（一）积极进行企业内部改革

引进第三方物流服务是企业经营方式的重大改变，因此它也需要企业内部进行大量的改革，才能使第三方物流为企业带来预期的竞争优势。使用第三方物流有可能引起公司内部人员的排外和抵触情绪，促使物流部门人员削减，产生人员培训需要，增加人力资源部门工作，这就需要新的物流成本核算体系，要求整合双方的信息系统。因此企业高层领导必须参与外包物流过程，加强外包物流的宣传和动员工作，拟定富余人员安排方案和相关人员培训方案，制订物流成本的核算体系，加强企业信息系统建设，为与第三方物流提供者的合作做好准备。

（二）制订合理选择程序

由于我国第三方物流刚刚兴起，多数第三方物流提供者素质不够高，这就使得筛选第三方物流提供者的决策过程显得尤为重要。根据成功企业选择第三方物流决策的经验，要特别注重下列几点：

（1）组成一个外包物流的决策团，包括物流、营销、财务、人力资源等部门的负责人以及企业高层领导，共同制订选择程序与实施方案。

（2）要明确外包物流的具体目的既是为了进行市场扩展、集中采购和快速分销，也是为了提高服务水平，满足消费群体不断增长的期望，更是为了降低企业成本，提高经营效益。

（3）制订外包的阶段计划，根据阶段计划制订不同时期外包的物流功能，如首先外包干线运输，然后逐步外包同城配送、仓储，逐步增加增值服务内容，最终达到计划的第三方物流外包目标，同时在逐步外包的过程中考察和培养第三方物流服务公司。

（4）制订主要的评选方法，评选方法包括公开招标、内部议标、专项考察、试用评价等方法。要通过合理的筛选程序，经过调查、发函、评审等程序筛选出价格低、服务质量好、公司信誉高、有从业经验的第三方物流提供者。

（5）制订主要的评选标准，根据企业外包的目的与阶段计划，制订评选标准。它可以包括企业规模、企业信誉、服务理念、管理体系、物流操作水平以及价格等。特别需要注意的是第三方物流企业的服务意识、联盟意识和管理意识，同时也要注意考察企业的管理理念，这样才能更好地形成稳固的联盟关系。

（三）加强第三方物流合作关系管理

在与所选的第三方物流服务提供者合作后，需加强其合作关系管理，使双方合作关系朝着健康方向发展，使物流服务作为企业竞争优势得以保持。根据世界第三方物流合作的成功经验，需要特别注意加强以下几点：

（1）双方责任分工明确。企业在程序和系统的设计方面起领导作用，而物流服务提供者则在执行这些活动时起领导作用。

（2）紧密的合作关系。物流服务提供者提供客户化定制服务，并在很大程度上将其资产投资致力于关键顾客的特别需求，双方在合作中不断加强交流，共同促进合作关系的发展。

（3）强有力的绩效管理。将企业物流活动外包给第三方物流提供者后，并不意味着企业对外包的物流活动可以不闻不问，相反必须定期或不定期地对第三方物流提供者进行绩效评估，确保外包物流的质量。所使用的物流绩效指标主要有及时运输、存货清单正确率、顾客满意度、运输差错等。可由外包决策团组成评审小组或聘请独立的外部人员对第三方物流提供者的绩效进行监控，发现问题及时进行改正，并可根据合同中的激励和惩罚条款进行适当的处理。

第三方物流供应商为客户提供所有的或一部分供应链物流服务，在实际的运作中，如何使连锁经营企业实现持续运作成本降低、区别于传统的外包业务，要依靠业内优秀的第三方物流供应商、技术供应商、管理咨询顾问和其他增值服务商，为客户提供独特的和广泛的供应链解决方案。这是任何一家公司所不能单独提供的，充分利用和发挥各方优势，对公司内部和具有互补性的服务供应商所拥有的不同资源、能力和技术进行整合和管理，实现供应链的整体利益与企业自身利益有机的结合，才能最终形成连锁经营企业核心竞争力。

二、MRO 外包

MRO 是英文 Maintenance（维护）、Repair（修理）and Operating / Operations（和操作）等服务的缩写，也就是有关办公室用品、电脑设备、维修服务等的管理和服务。MRO 采购外包如今已迅速发展为一个全新的采购方式。许多公司发现有 50%～80%的供应链采购行为涉及到 MRO。MRO 采购的管理因其独特性必须有别于其他产品采购。一般而言，MRO 定义包括的材料和服务主要包含以下一些内容：

（1）元件、仪器、计算机和终端设备。

（2）专业设施，如条码视读器、货架等。

（3）安全和保健器械，如摄象机、出口报警系统等。

（4）环境设施，如空调、音响设备。

（5）化学供应品和设备，如灭火器。

（6）办公用耗材和设备，如办公用品、顾客物品存放柜。

显然，连锁经营采购也会涉及 MRO 采购外包。MRO 材料自身的价值占采购总成本的比例还不到 25%，但所有运输、库存、应收款和应付款及交易过程成本经常超过了材料本身的成本。一般来说，MRO 是个无差异市场，有上千个销售者和采购者在进行占成本 75%的采购、运输、储存、库存和可支付的交易。它的特征通常是长时间无价值的拖延和许多的隐藏成本。销售者关注较多的是订货管理成本、后勤成本和财务风险，采购者关注的则是材料成本、管理成本和质量标准。

表 13-1 概述了产品和 MRO 之间的一些不同。

表 13-1　产品与 MRO

项　　目	产　　品	MRO
前景	好	差
订货形式	数据	电话或传真
订货频率	有规律	无规律
单价	确定	不确定
运输方式	公路、铁路	邮政包裹、航空
供应商数目	小于 250	大于 5 000
占采购支出百分比	大于 80%	小于 20%
占交易量的百分比	小于 20%	大于 80%
管理成本占材料成本的比重	小于 0.5%	大于 25%

MRO 的采购和后勤管理是降低成本、提高质量、进行创新、减少中间环节周转时间的一个重要目标领域。美国一些机构的调查显示，超过一半公司的 MRO

交易额还不到整个公司和组织采购额的 2%，每笔交易的平均支出低于 50 美元，而获取及管理的平均成本却高达 65 美元。

在现代的经营环境中，连锁经营企业为了适应变化，经常不断地调整公司结构，合理安排供应链中的每一个环节以获得成本优势。此时，MRO 外包是降低人力、投资、设备和管理成本的一个重要手段。有效的 MRO 外包需要对使用者进行培训和教育，需要对绩效进行反馈。完善的制度，是 MRO 外包获得良好效果的必要保证。

第三节　连锁经营电子商务采购

一、电子商务采购的含义

所谓电子商务采购，就是利用电子商务形式进行的采购活动。因为电子商务主要是在计算机网络上进行的，所以电子商务采购又称为网上采购。电子商务是电子商务采购的基础和环境。

电子商务的发展使得电子商务采购成为可能，如许多采购商已经经常运用网上采购。电子商务可以实现很多功能，主要有以下几种。

（1）网络广告。

（2）电子交易。

（3）电子安全。

（4）电子支付。

（5）电子邮件等。

这几种功能可以独立使用，也可以联合使用。其中电子交易是最主要的功能，是电子商务的支柱，其他的功能虽然也可以独立使用，但它们基本上都是为电子交易服务的。

电子交易又可以分为以下两大功能。

（1）电子商务销售。

（2）电子商务采购。

两者虽然都是电子交易，但是它们的内容不同，处理方法也完全不同。电子商务销售主要是接受用户的订货，向用户提供商品销售服务。而电子商务采购则主要是寻找自已的供应商，开展从供应商处采购和进货的工作，这正是连锁经营企业采购所需要的。本节则只讨论电子商务采购。

二、电子商务采购的方式及特点

电子商务的方式是多种多样的，因此，电子商务采购的方式也可以有多种方式，但是最主要的是以下两种方式。

（1）网上招标，网下采购。

（2）网上招标，网上采购。

如果在网上实施采购招标，世界各地的供应商都可以看到采购方的招标公告，都可以前来投标。网络没有边界，所有的供应商都可以向采购方投标，采购方也可以通过网络调查供应商的情况。采购方与供应商的网上联系也十分方便，可以通过电子邮件或聊天的方式进行信息交流。所以，网上采购具有公开性、广泛性、交互性、高效率的特点。

三、电子商务采购的优势

与其他连锁经营采购方式比较，电子商务采购具有明显的优势：

(1) 有了电子采购，可以让采购方发现以前不知道的供应商，而供货商越多，采购者越受益。这会带来及时送货、生产专业化，质量更可靠等诸多好处。

（2）可以降低成本，增加竞争能力。网上操作可以节省大量人工业务环节，省人、省时间、省工作量，总成本最小。作为连锁经营采购商，可以通过电子采购以低廉的价格购买自己需要的东西。而且如果供货商自己的产品积压，也会采取同样的方式在网上拍卖。这样的话就会形成良性循环，例如，某连锁经营企业采购支出占营业额的50%，利润率为5%，其他支出占45%。如该企业的老板希望提高利润率到7.5%的水平，则有两种选择：一是提高销售量；二是降低采购成本。前者需要在现有基础上提高销售量50%才能实现；后者只需在以往采购统计基础上降低采购成本5%即可实现。

（3）以网络技术为基础的电子采购，可以将现货/期货、即期/远期等多种交易方式融为一体。在降低采购商品市场价格和采购风险的同时，还可以充分发挥专业知识和技能在采购活动中的作用，吸引外来投资、保障商品供给，真正实现多方受益，互惠、共赢的局面。所以，实现以网络为基础的电子采购已经成为连锁经营企业降低成本、提高整体竞争能力的战略发展方向，正日趋流行。

四、电子商务采购的步骤

网上采购过程的一般步骤如下。

（1）建立企业内部网、管理信息系统，建立业务数据库，实现计算机管理。

（2）建立包括电子采购功能的企业电子商务网站。

（3）利用电子商务网站和企业内部网络收集企业内部的采购申请。

（4）统计整理企业内部的采购申请，形成采购招标任务。

（5）针对既定的电子商务采购任务进行网上采购的策划和计划。

（6）进行网上采购的实施。

1）设计采购招标书。

2）发布网上招标公告。

3）供应商向采购方的电子商务网站投标。

4）采购方收集投标书，并且进行供应商调查和信息联系。

5）组织评估小组，进行评估。

6）网上公布评估结果。

7）通知中标单位，订立采购合同。

8）执行采购合同。

在上面所述的网上采购过程中，在企业的内部，采购申请主要通过局域网进行传递。在申请被批准并形成订单后，再在企业外部的互联网上进行网上采购，其途径也十分多样化。目前国际流行的网上采购数据传送途径主要包括以下几种形式：电子商务网站招标；人工向供应商发送电话或书面文件，传真订购（网上招标，网下采购）；向供应商发送电子邮件订单；向供应商的网站提交订单；与供应商的 ERP 系统进行集成；通过电子交易平台进行等。但是，最常用的还是电子商务网站招标。

本章小结

全球采购商品或服务的原因有很多，主要有：价格优势，质量稳定，某些货物在国内无法得到，更快地交货和供应能力，出于竞争的考虑，贸易谈判的结果，更好的技术服务等。全球采购的具体操作过程分为三个阶段，包括收集数据，制订和执行采购战略，确定产品或服务的价格。全球采购存在风险。因此，必须考虑供应商的选择是否合适、政治问题、监督生产是否可行、交货时间是否准时、隐含成本是否过高、汇率波动、付款方式、质量、关税、法律问题、语言、文化和社会习惯等因素。

外包决策制订前必须先考虑一些问题：积极进行企业内部改革、制订合理选择程序、加强第三方物流合作关系管理。MRO 外包是降低人力、投资、设备和管理成本的一个重要手段。有效的 MRO 外包需要对使用者进行培训和教育，需要对绩效进行反馈，如果制度完善，大多数 MRO 外包关系都会获得良好的结果。

电子商务采购的方式主要有两种：网上招标，网下采购；网上招标，网上采购。网上采购的一般步骤是：建立企业内部网、管理信息系统，实现业务数据的计算机管理；建立企业的电子商务网站，在电子商务网站的功能中应当有电子采购的功能；利用电子商务网站和企业内部网络收集企业内部各个单位的采购申请；对企业内部的采购申请进行统计整理，形成采购招标任务；针对既定的电子商务采购任务进行网上采购的策划和计划；进行网上采购的实施。

复习思考题

一、选择题

1. 全球性采购风险有（　　）。

A. 交货时间不准时　　B. 汇率波动

C. 政治问题　　D. 隐含成本过高

2. 电子商务可以实现很多的功能，主要有（　　）。

A. 网络广告　　B. 网上交易

C. 电子安全　　D. 电子支付

3. 全球采购环境的好转主要表现为（　　）。

A. 政治经济环境好转　　B. 运输成本降低

C. 沟通加强　　D. 数据传输成本更低

二、判断题

1. MRO 是办公室用品、电脑设备、维修服务等的管理和服务。　（　　）

2. 完善的制度，是 MRO 外包获得良好效果的必要保证。　（　　）

3. 以网络技术为基础的电子采购，可以将现货/期货、即期/远期等多种交易方式融为一体。　（　　）

4. 国外供应商的产品质量比国内供应商好。　（　　）

三、问答题

1. 全球性采购的原因有哪些？

2. 电子商务采购的基本步骤是什么？

3. 外包决策制订前应注意哪些问题？

4. 电子商务采购的主要特点是什么？

四、案例分析

电子商务采购优势的具体体现

据上海市电子商务行业协会秘书长裔勇介绍，目前，上海 500 多家大中型商业企业建立了管理信息系统，5 000 多家中小企业应用电子收款机。连锁超市、便利店、大卖场实现了计算机联网管理，并建立了上海商业电子商务服务中心平台，实现了网上信息交换、网上采购和分销。传统工业企业，如钢铁、化工、医药、汽车等，完成信息化改造后，普遍开展网上采购和营销。2007 年上海电子商务交易额突破了 2 300 亿元，是 2002 年的 9 倍。预计到 2010 年，这个数字将突破 3 400 亿元。广州易初莲花连锁超市有限公司自有品牌副总经理罗芳说：“目前，易初莲花已开始向供应商开放提供有关贸易信息的电子信息平台，在华南地区的一千多家供应商中，已有一些开始使用易初莲花B to B供应电子商务服务了。”随着网络技术的高速发展，网上采购工程迅速发展起来，我国传统零售企业在尝到了互联网应用带来的效率增加和成本的极大降低的好处后，纷纷建立网站或涉足在线交易活动，积极架设电子商务系统。

据广州博商软件首席运营官叶海介绍，电子商务的应用可以使信息准时准确，不受时间地点限制，加快了贸易流程，减少了贸易中由于传统手工方式所带来的差错，也减少了不必要的贸易损失。尤其重要的是，电子商务促进了零售商与供应商之间的信息沟通，有利于双方进一步合作以及保持良好的商业合作关系。

问题：

电子商务采购可以给连锁经营企业带来哪些好处？

附　录

采购部月报表

序　号	项　目	内　容	备　注
1	本月销售额（含税）		
2	本月引进新商品		
3	本月清退滞销商品		
4	本月非营业收入		
5	顾客投诉次数		
6	本月促销商品销售占部门比例		
7	本月促销活动评估结果		
8	供应商供货情况		
9	供应商数量升降（比上年同期）情况		
10	其他事项		

注：每月第一个工作日 17:00 前交至采购部经理。

采购部周报表也可用此表格式，将“月”改成“周”即可，每周一 17:00 前交至采购部经理。

淘汰商品目录表

第_____页　　共_____页　　共淘汰_____个单品

厂　商	供应商	商品编码	商品名称	规　格	退场原因	分店库存	总库存

填报人：　　　　日期：　　　　采购部经理：　　　　日期：

注：退场原因处只需填写以下原因序号。

1. 商品质量欠佳　　2. 商品销售欠佳，在同类商品排名靠后
3. 商品在公司确定的商品结构以外　　4. 商品落令换季
5. 不符合各级政府部门的有关要求　　6. 供应商要求退场　　7. 其他

供应商管理评审表

采购组：

<table>
<tr><td>评审内容</td><td colspan="3">1．旧商品转为新代理商供货□　　2．新商品新供应商□
3．商品与供应商同时淘汰　□　　4．厂商转代理商　□
商品品牌：______　　商品类别：______
具体内容：______</td></tr>
<tr><td>分类假设单品数</td><td></td><td>小分类实际单品数</td><td></td></tr>
<tr><td>供应商合作商品数</td><td></td><td>供应商月销售金额或预估销售金额</td><td></td></tr>
<tr><td>旧退佣/配送条件</td><td></td><td>新退佣/配送条件</td><td></td></tr>
<tr><td>旧固定年度费用</td><td></td><td>新固定年度费用</td><td></td></tr>
<tr><td>旧付款条件</td><td></td><td>新付款条件</td><td></td></tr>
<tr><td>旧商品进价</td><td></td><td>新商品进价</td><td></td></tr>
<tr><td>小分类商品销售占比</td><td colspan="3"></td></tr>
</table>

商品价格带：______

在同类商品中的档次：高□　　中□　　低□

<table>
<tr><td>原因评述</td><td>采购主任签名：______
注：原因评述包括品牌重要性评述、供应商评述、商品价格评述及商品品质评述。</td></tr>
<tr><td>审核意见</td><td>采购经理签名：______</td></tr>
<tr><td>评审结果</td><td>评审日期：______</td></tr>
</table>

商品价格变动备忘录

供应商编号：____________________

供应商组编号：__________________

甲方：×××公司

乙方：

甲乙双方经协商一致，同意因下述原因改变商品价格，双方签定本备忘录。

一、商品价格变动的原因____

____

二、价格变动明细：

商品名称	规格	单位	国际条码	原进价	现进价	原售价	现售价

三、变动生效日期：从____年____月____日起执行。

四、此备忘录一式四联：采购小组白联，采购部黄联，财务部红联，供应商蓝联。

甲方（盖章）：本公司　　　　　　　　　　乙方（盖章）：

采购主任：　　　　　　　　　　　　　　　业务代表：

采购部经理：　　　　　　　　　　　　　　业务经理：

日期：　　　　　　　　　　　　　　　　　日期：

新商品销售追踪表

组别：________________

商品编码	商品名称	试销期销量（金额）				合　计	销售分析
		1～15 天	16～30 天	31～45 天	46～60 天		

制表人：__________　采购主任：__________　采购经理：__________

供应商评估表

____年 第___季度

供应商编号	供应商名称	销售排名	销售额	促销次数	广告宣传次数	商品质量投诉	送货投诉	评级

制表：__________　复核：__________　日期：__________

转换供应商说明单

原供应商：________________ 供应商编号：________________

新供应商：________________ 供应商编号：________________

转换供应商原因说明：1. ________________________________

2. ________________________________

3. ________________________________

4. ________________________________

交易条件情况：1. 进价 升 降 不变

2. 付款方式 原付款方式：____________________

现付款方式：____________________

采购主任：________________ 采购部经理：________________

____年____月____日

供应商退场申请表

商品所在分店：	经营类别：
供应商名称：	供应商编码：
原结算形式：☐购销 ☐实销实结	☐时期（ ）天 ☐分成专柜
过往半年经营情况：平均______万元/月，同类商品销售排倒数第______位	
退场原因：（在适用号码前打“√”） ☐ 1. 供应商供货服务欠佳 ☐ 2. 商品质量欠佳 ☐ 3. 商品销路欠佳，近 3 个月平均商品周转天数：__________天 ☐ 4. 商品销售业绩在同类商品排名中排在末位 ☐ 5. 不符合各级政府部门的有关要求 ☐ 6. 违反合约要求 ☐ 7. 供应商要求退场 ☐ 8. 其他	
退货数量：__________	总金额：__________元（大写）
填报人：__________	日 期：____年____月____日
采购主任/日期： 采购经理/日期： 总经理/日期：	
备注：退场执行时间：__________ 经办人/日期：__________	结算中心经理签章：__________

节日性商品供货补充协议

供应商编号：________

供应商组编号：_______

甲方：

乙方：

为保证节日性商品的顺利销售，达到更好的效果，甲乙双方本着平等友好、互惠互利的合作精神，经协商一致，签定本补充协议，作为《供货协议》的附件，同具法律效力。

1．乙方保证所提供的季节商品完全符合中华人民共和国关于质量、计量、卫生的所有法律、法规、制度及国家各专业部门、主管机关的有关规定，并提供相应证明、证件。

2．乙方保证提供的商品的折实含税进价在广州地区为最低，若发现同类货仓商场的价格低于甲方，一经核实后甲方有权扣除30%的货款。

3．乙方必须为甲方提供稳定的货源，并保证在收到甲方分店订货单的第二日将商品送到指定地点。如因乙方问题不能及时按订单送货，甲方将追究乙方的相应责任。

4．因乙方商品出现质量问题所造成的责任和损失全部由乙方负责。

5．为使乙方商品在各分店更好地销售，甲方须在快讯、专柜宣传等方面开支一定费用，因此乙方应缴纳：陈列费________元，快讯费________元，冷柜租用电费________元，合计________元，（大写）________________________________元整。

6．乙方应于_____年_____月_____日前一次性交齐本协议的有关费用，合计________元。

7．结算期限为：_____年_____月_____日。乙方在结算期前应将所有货品，包括残损全数清退完毕后方可进行结算。

8．本协议有效期自_____年_____月_____日至_____年_____月_____日。

9．双方约定的其他事宜：

9.1____

9.2____

9.3____

9.4____

统一合同文本格式

农副产品购销合同

合同编号：　　　　　　　　　　供方__________________

签订地点：　　　　　　　　　　需方__________________

签订时间：　　年　　月　　日

一、产品名称、品种等级、数量、金额、交售时间

产品名称	品　牌	计量单位	数　量	单　价	合　计	交提货时间及数量

合计人民币金额（大写）__________________

二、质量标准__________________

三、验收办法及时间、地点__________________

四、检验及检疫办法、地点及费用负担__________________

五、交（提）货地点及运输方式，到达站和费用负担__________________

六、超欠幅度，损耗及计算方法__________________

七、包装标准，包装物的供应与回收和费用负担__________________

八、结算方式及期限__________________

九、给付定金的金额、时间__________________

十、如需提供担保，另立合同担保书，作为本合同附件__________________

十一、违约责任__________________

十二、解决合同纠纷的方式__________________

十三、其他约定事项__________________

供　方	需　方	鉴（公）证意见：
单位名称（章） 单位地址 法定代表人 委托代表人 电　话 电　挂 开户银行 账　号 邮政编码	单位名称（章） 单位地址 法定代表人 委托代表人 电　话 电　挂 开户银行 账　号 邮政编码	经办人 鉴（公）证机关（章） 年　月　日

有效期至　　　年　　月　　日

参 考 文 献

[1] 甘华鸣．采购[M]．北京：中国国际广播出版社，2002．

[2] 王忠宗．采购管理实务[M]．广州：广东经济出版社，2001．

[3] 余文生．采购管理[M]．广州：广东经济出版社，2005．

[4] 牛鱼龙．经营物流：采购与销售[M]．广州：海天出版社，2004．

[5] 白继州．采购管理实务[M]．广州：广东经济出版社，2003．

[6] 胡学庆．连锁企业商品采购管理[M]．上海：立信会计出版社，2004．

[7] 朱新民，林敏晖．物流采购管理[M]．北京：机械工业出版社，2004．

[8] 周锡冰．国美攻略[M]．北京：民主与建设出版社，2003．

[9] 萧野．连锁经营管理 300 问答[M]．北京：中国纺织出版社，2005．

[10] 郑昕，王汝志．商场服务技术与规范[M]．北京：高等教育出版社，2005．